# 法学实践综合教程

主编：凌萍萍

编委：焦冶　杨怡敏　乔治　刘毅庭



气象出版社
China Meteorological Press

## 内 容 简 介

法学实践教学是一个完整的学科体系，与法学理论教学构成了法学教育的整体。法学实践教学包括法学实践的基础理论与法学实践的各类课程，本教材从法学实践教学的整体出发，对法学实践教学的各个环节进行全面的梳理，对法学实践的基础概念、原则以及实践教学课程的分类等问题进行研究，同时对模拟审判、疑案辩论、社会调查、法律诊所等课程相关内容进行了较为全面的论述。

本教材以法学本科学生为使用对象，针对法学本科实践教学的需要与学生的实际需求来进行编写，内容全面，体系性较强，能够为学生的法学实践学习提供必要的指导。

**图书在版编目(CIP)数据**

法学实践综合教程 / 凌萍萍主编. -- 北京 : 气象出版社，2016.8

ISBN 978-7-5029-6358-3

Ⅰ.①法… Ⅱ.①凌… Ⅲ.①法学教育-教材 Ⅳ.①D90-4

中国版本图书馆 CIP 数据核字(2016)第 134578 号

FAXUE SHIJIAN ZONGHE JIAOCHENG

**法学实践综合教程**

---

**出版发行**：气象出版社

**地　　址**：北京市海淀区中关村南大街 46 号　**邮政编码**：100081

**电　　话**：010-68407112(总编室)　010-68409198(发行部)

**网　　址**：http://www.qxcbs.com　**E-mail**：qxcbs@cma.gov.cn

**责任编辑**：黄红丽　黄海燕　**终　　审**：邵俊年

**责任校对**：王丽梅　**责任技编**：赵相宁

**封面设计**：博雅思企划

**印　　刷**：北京中石油彩色印刷有限公司

**开　　本**：720 mm×960 mm　1/16　**印　　张**：13.125

**字　　数**：265 千字

**版　　次**：2016 年 8 月第 1 版　**印　　次**：2016 年 8 月第 1 次印刷

**定　　价**：38.00 元

---

# 前　　言

法学是一门实务性很强的社会科学，法学专业学生学习法律的主要目的是学习法律知识，掌握法律技能，进而进入法学实践部门从事相关的业务工作。法律社会工作对法律工作者提出了综合性、应用性的能力要求，除了掌握基本的理论知识，还需要具备各类实践能力，而单纯的理论课程体系尚不能满足这种要求，因此，学生需要通过参与模拟审判、疑案辩论、社会调查等活动，在老师的指导下，学习运用实体法律知识分析案情，运用程序法律知识操作审判流程和法学案例的实际操作与研究，来训练法律工作者应当具备的综合性能力。从课程性质上看，法学实践课程可以提供这样一种实践性训练。同时，法学实践课程可以锻炼学生关于法律实践的基本技巧和创造性思维。例如，通过起诉书、答辩状、代理词、判决书等法律文书的撰写来培养学生写作能力，通过模拟审判实践中法官整理争议焦点、律师陈述代理意见、检察官发表公诉词等，锻炼学生的语言技能与法学逻辑思维能力。

国内法学专业教学内容目前仍多以实体与程序法知识讲授为主，在校学习期间实践教学训练匮乏，学生对法律问题的认识主要局限于实体法知识，而实务部门所需要的程序与实务操作则相当缺乏。由于法学是应用性极强的专业，在课堂教学主要以实体法为主的法学教育模式现状下，法学实践教学就成为高校法学专业不可或缺的教学课程。但是各法学院校专业的法学实践课程并没有形成体系，法学实践方面也很少形成具有专业性的教材。一般的实践教学基本是在相关专业课程教学的过程中包含一些相关的实践内容，同时结合相关的辅助资料进行教学，这样无论从实践性、专业性还是时间上都远远不能满足学生实践学习的需要；另外，各法学专业课程与实践内容分别由各专业课老师讲授与指导，各个老师分别使用自己的教案、讲稿和讲义，在指导学生实践应用时也没有统一的程序标准，不利于学生系统地掌握各种诉讼与审判知识；再者，由于没有系统规范的法学实践教程，学生和指导老师在收集整理案例事实材料的工作上花费时间很长，案例是否适合法学实践教学也是一个需要考虑的问题，而对学生真正需要掌握的重要程序与关键知识点可能无暇顾及。另外，由于使用的案例讲义的零散性，不利于形成系统规范的课程资源，也不利于对学生形成系统持续的课程教学考核目标评价系统，从长远上看，也不利于本专业师资教学、科研水平的强化与提升，以及本学科的建设与发展。因此，法学实践教材的体系性编写是必要的。本教材以基础和主题两大结构为根本，基础部分较为详细地介绍了各类法学实践课程的概念、课程理念、课程模式等基础性内容，主体部分则将各类实践课程进行了单独的介绍，对模拟审判、疑案辩论、社会调查、法律诊所等实践课程的课程内容、学习方法、操作流程以及相关的范例等进行了详尽的论述，以满足学生的实践学习需求。本教材从法学实践总体概述入手，对刑事、民事和行政诉讼各级审判程序分别做了系统的指导；对于三大诉讼中的常用法律文书的写作，既有方法和格式指导，又有范例参考；在本书法学实践脚本部分将法官、律师、检察官在审判过程中各自的诉讼规范程序进行了融合，使得学生可以从不同角度全面掌握各诉讼当事人的诉讼程序规范要求。

作者

2016 年 5 月

# 目　录

# 第一章　法学实践课程概述

我国的《高等教育法》第16条规定:"本科教育应当使学生比较系统地掌握本学科、专业必需的基础理论、基本知识,掌握本专业必要的基本技能、方法和相关知识,具有从事本专业实际工作和研究工作的初步能力。"这对我国高等法学教育的基本目标提出了较为明确的要求。法学教育在建设社会主义法治国家过程中具有前瞻性、全局性和基础性的战略作用。从社会意义上说,法学教育是审视社会文明程度高低和法制建设进程快慢的重要表现形式。而这一时期的法学教育效果的好与坏不仅影响法律人才培养质量的高低,而且最终也会影响法治建设的进程。

作为中华法系的创始国,中国的法律教育历史源远流长,有着深厚的历史文化积淀,其中最早的可以追溯到公元前2世纪左右。据记载,那时候就有人提出"以法为教"。春秋时期,著名的法学家邓析开创了私家法律教育的先河。秦统一六国后,以法治国、厉行法治,同时采用李斯"以吏为师"的建议,禁绝私学,逐渐垄断了古代形成的法律教育。经过2000多年的发展,中国的封建法制也日臻完善。19世纪后半叶至20世纪早期,当时的清政府掀起了一场旨在引进"西法"的法制变革。在此变革中,诞生了中国历史上第一个近代意义上的法律专门学校——京师法律学堂。1949年后,新中国开始学习苏联的法律制度,此时法学教育也发生了很大的变化,法学教育从此进入了一个快速发展的时期。但是法学教学重理论、轻实践的思想却根深蒂固,实践教学存在较多问题。

法律职业是一种专业性和实践性很强的社会职业,而在中国,大学的法学教育一直偏理论化。近年来,我国的一些高校尽管也尝试诊所式教学、模拟法庭、案例讨论等方式,但受教育体制影响,课堂教学仍停留在解释概念、阐述理论、注释条文等模式上。法学教育的人才培养目标应当是多元的,但无论何种目标,都应当注重对法律规则、法律实践的学习。

司法是一个国家的最后一道正义屏障,而法律职业大多与这一屏障直接相关,法律职业共同体的职业操守直接关系到国家的法治未来。对于绝大多数学生而言,只有深入认识实践、了解实践、经历实践,才能够理解法律的作用,才能够体会法律职业的地位,才能够建立起法律职业的伦理观念。所以,必须通过加强专业实践教学来建立和强化法律职业伦理。综观世界当前法学教育的潮流，法学职业教育是法学教育正规化的必然途径。

## 第一节 法学实践课程的概念和性质

### 一、法学实践课程的概念

对于法学实践课程这样一个新概念，需要结合法学教学实践的特征进行界定。在1991年出版的《国际课程百科全书》中，曾列举了多种有代表性的课程的定义，如有学者认为课程是为达成训练儿童和青年在集体中思维和行动而建立的一系列经验的总结。有学者认为课程是学生在学校指导下获得的全部经验。纵观国内外相关文献，课程的定义多达上百种，其中较有影响的定义为以下几种：(1)课程是一种学习方案。这是中国和苏联较为普遍的对课程的理解。把教学计划作为课程的总规划，把教学大纲作为具体知识材料来叙述。(2)课程是一个具体学科的内容。(3)课程是有计划的学习经验。这是西方最为流行与最有影响力的课程定义，认为课程是学生在学校教师领导下所获得的全部经验。而相对于课程概念的多元化，实践的含义则较为统一，主要有四个方面的要素：一是一种活动；二是改造自然和社会的活动；三是客观的活动；四是与理论相对的活动。结合实践的概念，并考虑到法学教学的实际，法学实践课程是指贯穿着法学学科运行整个过程的活动，与法学理论课程相对，注重学生的参与体验与反思，通过知情意行的个性化体验来完成。

### 二、法学实践课程的特点

从其形式的角度，相对于课堂教师讲授而言，法学实践课程特指通过一定真实的和模拟的实践形式，培养学生实践能力的教学方式。据此可以看出，法学实践课程具有以下主要特点。

第一，实践性。法律实践是一种具有创造性的工作，并不是简单的逻辑推理过程。实践教学主要通过课堂外有计划、有组织的一系列实践活动，来培养法学专业学生具体应用法律基本知识、解决实际问题的能力。法学实践课程在目标上注重学生实践技能的培养，以能力为本位，具体包括学生的法律思维能力和法律操作能力。

就法律思维能力而言，司法实践是复杂灵活的，不像书本知识那样相对凝固，没有现成和绝对确定的答案，教师应当在与学生讨论的过程中，假设各种可能性，引导学生去发现有关的事实材料、法律规范、各种可变因素以及各因素之间的复杂关系。通过这种思考和分析，找出最佳的可行方案，培养学生的法律思维能力。

就法律操作技能而言，传统教学目的在于引导学生掌握系统的知识体系，学会通过分析条文和逻辑推理得出正确的答案，却使学生无法得心应手地应用法律解决具体问题。法学实践课程的主要内容就是学习如何收集、分析、判断和确认事实，如何运用心理学语言行为分析的方法以及经济、文化、社会、道德等方法分析法律的实际运行和操作。通过这些课程内容来实现对学生法律操作能力的培养。

第二，启发性。《教育部关于进一步深化本科教学改革全面提高教学质量的若干意见》中指出："要大力推进教学方法的改革，提倡启发式教学，注重因材施教。"在实践性课程中，教师为学生提供解决案情的方法和思路，通过讨论式、问题式、交互式等启发式教学方法，采用社会实践、社会调查等形式来提高学生研究和探索的兴趣，从而激发学生的全面性、主动性、批判性思维，增强学生对新知识的解释、推理、运用能力。因此，法学实践课程在方法上的启发式，有利于因材施教，增强教学效果。

第三，灵活多样性。与法学理论性课程的教学相比，法学实践课程的学习和实践形式更加灵活多样。强调课内与课外相结合，课上与课下相结合，校内与校外相结合。同时，每门具体的课程都有自己独特的实践形式。比如，观摩实习中，学生们以旁观者的身份认真观察各类司法机关的运作模式，获得直观上的认知感。而在模拟法庭上，学生们则通过亲身饰演法官、检察官、律师、原告、被告等不同角色来体验庭前、庭中和庭后的情况；又如法律诊所，学生们以代理人的身份接触真实的案件，直接为当事人提供法律援助，完整地体验案件的整个处理过程。

第四，综合性。法学实践课程把学生置于真实或近乎真实的环境中，以学生亲身参与实践为主，以教师指导为辅，在实际的工作或模拟的实践活动中让学生学会主动应用所学知识，并结合自身能力解决问题。学生不仅要综合地运用各章节的法律知识进行分析，而且要综合地运用本学科的知识进行分析，建立起优化的认知结构。实践教学培养了学生的操作能力、自学能力、组织能力、观察能力、写作能力、表达能力、管理能力以及专业意识等综合性能力。

## 第二节　法学实践课程的意义

教学目标的实现应当根据不同学科的不同要求来确定，法学教学目标的双重性决定了实践教学的必要性。实践教学既能提高学生分析问题和解决问题的能力，又能活跃学生的思维，强化学生主动学习的意识，弥补课堂讲授中的不足，全面提高学生的专业素质和能力。法学实践课程设置的意义主要体现在以下几个方面。

## 一、实现教育国际化

美国法律哲学家博登海默指出：如果一个人只是一个法律的工匠，只知道审判程序之规程和精通实在法的专门规则，那么他的确不能成为第一流的法律工作者。柯克爵士则认为，司法是一种“人为理性”，需通过长期直接接触司法实践才可能形成。从未来社会经济和科学技术发展对高等教育人才需求的基本趋势及其质量标准看，人才的素质问题越来越成为人们关注的焦点；而人才素质的核心之一，就是人才的创新意识、创新思维和创新能力。法学人才的培养模式决定着社会法律的运转模式，因此，法学教育必须树立国际意识和全球意识，以具有国际性和国际竞争能力的法学教育来应对经济和法律的全球化，培养具有应变能力和适应能力的高素质人才。

## 二、克服传统法学教学方法弊端

我国的传统法学教育通常是以传授系统和科学的法律知识为目的，教学方法注重书本和课堂理论教学，忽视对学生分析和处理实际法律案件能力的培养。这种法学教学模式过于抽象，学生的主动性和创造性受到极大压制。同时由于实际应用的欠缺，也使得学生对其所学的知识得不到准确的认识和理解，知识掌握难以牢固。单纯的讲授式教学存在明显的弊端：不利于培养学生的创造性思维，也不利于培养学生运用法律独立分析和解决问题的能力。因此，通过实践教学，对学生进行实践性法律教育，可以训练学生解决具体案件的能力，并从中学习选择法律、分析法律、解释法律和使用法律的方法。

## 三、培养高素质法律人才

在激烈的社会竞争中，具有竞争力的人才必须具备很强的以创新能力为基础的适应能力、分析问题的能力、解决问题的能力。为此，法学教育必须注重对学生的分析问题、解决问题能力的培养。教师必须在观念上从被动接受型向主动思维型转变，通过实践教学使学生在实际工作中发现自己的潜能和价值，培养自己的个性，锻炼自己的能力和素质。实践性课程的开展可以使学生真实体会法律职业的特色，增长职业技能。在概念、原理这些思辨性的规则之外，依靠主体的情感体验来完成知识的现实应用。同时，由于法学实践教学使用的策略也并不是单纯的法律规定，而是综合运用社会学、政治学、心理学、经济学、医学等多学科的知识，这样能够对学生多方面的能力进行全面的培养。

### 四、衡量法学教育质量的重要指标

高校的教学质量水平是高等教育质量水平的重要体现。提高法学教学质量，培养理论扎实又具备创新能力与实践能力的复合型法律人才，一直是法学教学孜孜以求的目标。从当代高等教育的人才培养来说，课程设置应当满足时代性、实践性、探索性、综合性的要求。法学实践课程正是对以上课程设置要求的满足。法学实践课程可以反映立法与司法的最新进展，反映法学学科研究的最新学术成果，可以很好地体现时代性。法学实践课程以实践为主要形式，能够满足学生走上社会的实际需要，具有很强的实践性。法学实践课程重视培养学生的创新精神，具有较强的探索性。法学实践课程打破了部门法教学的局限，完整地体现了司法实务的整个流程，学习的内容上不仅使学生们学到了法律应用常识，还增长了其他方面的社会知识和自然知识，全面完善学生的知识体系，具有综合性。由此可见，实践性课程开展的好坏可以作为衡量法学教育质量的重要指标。

## 第三节　法学实践课程的目标

法学实践教学体系构建必须以实践教学目标体系为前提和依据。我国法学实践教学的目标应当是培养符合社会需求，具备法律职业技能以及专业素养的专门性人才。这个目标应当具备以下几个方面的内容。

### 一、培养法律职业技能

法律职业肩负的特殊使命要求其从业者必须具备广泛而专精的职业技能。法学专业的本科教育应强化学生的职业技能，使他们毕业后能尽快适应法律职业的要求，培养法律职业技能具体体现在以下几个方面。

#### （一）基础性能力

这种能力主要包括以下几个方面：社会认知能力、人际沟通能力和社会适应能力。培养社会认知能力是法学实践教学最基本的教学目标，也是培养人际沟通能力和社会适应能力的前提和基础。作为法律人，应当有一定的生活经验、社会阅历以及对社会现象的感知力、适应力和理解力。因此，首先要学会与社会接触，了解社会、认知社会，实现其最基本目标。在此基础上训练良好的人际沟通能力，善于使用社会群体语言与社会成员沟通，帮助其正确认识自己和恰当地展示自己。同时必须具有较强的社会适应能力。社会适应能力是社会对学生的总体期望，也是判断办学效果的基本标准。因此，训练人际沟通能力和社会适应能力也是法学实践教学最基本的目标。这种能力的形成需要通过法学整体实践教学过程来实现。

### （二）应用能力和基本操作技能

法学专业学生的应用能力是指能准确、适当、熟练地将法律运用于社会问题，在法的适用过程中善于发现问题，运用法律思维观察、分析问题，最终以法律手段解决问题的能力。法学专业学生的基本操作技能主要包括语言表达能力、掌握和运用信息能力、推理能力与论证能力。语言表达能力是指学生应当具备准确掌握法律术语，以口头或文字语言的方式与他人交流，表达自己对特定事实或问题的看法的能力。英国著名法官丹宁勋爵指出：要想在与法律有关的职业中取得成功，你必须尽力培养自己掌握语言的能力。语言是律师的职业工具。语言表达能力是法学专业学生的重要技能。除此之外，学生还应当掌握运用现代办公设备的技能，获取信息的技能，以及严密的推理能力和严谨的论证能力。正如英国学者麦考密克所言：我们需要法律的技术人员，能干和有想象力的技术人员，但是，要成为这样一个技术人员，其任务就是要仔细研究技术。在律师们的技术中主要的就是正确的推理和有力的论证技术。因此，推理能力和论证能力也是一种法律职业者的基本技能。该目标主要通过完善的各类实践教学环节来实现。

### （三）拓展性能力

这种能力在法学专业中主要指的是创新能力。创新能力是参与全球化人才竞争的重要砝码，也是法律工作者必备的能力之一。因此，培养学生的创新能力，也必定成为法学实践教学的重要目标之一。法学专业学生创新能力的培养需要在具备基础能力的基础之上来实现。这要求教师在日常教学中拓宽学生的视野，对其进行拓展性引导，让学生在实践课程中广泛接触具有典型特征或争议的案件，对其独立性思考能力和创新能力进行针对性培养。

## 二、培育学生法律职业道德

法律职业道德是基于法律职业的特殊性而演化出来的相当严格、非常详细和具体的职业规则。虽然这些规则不是由国家的强制力保证实施，却是由职业团体强制实行的，具有一定的法律效力。法律职业道德关注的是法律职业者应该如何从事社会的法律事务，它不仅要关注职业道德之于法律职业的意义，还要关注法律职业行为对错、好坏的标准，以及证明法律职业行为正当与否的适当理由，并合理解决法律职业领域的道德冲突。孙晓楼先生在《法律教育》曾指出：只有法律知识，断不能算作法律人才；一定要于法律学问之外，再备有高尚的法律道德。因为一个人的人格或道德若是不好，那么他的学问或技术愈高，愈会损害社会。学法律的人若是没有人格或道德，那么他的法学愈精，愈会玩弄法律，作奸犯科。可见，法律职业道德修养是维护法律职业的一个不可或缺的因素。较高的法律道德修养，是法律职业者在实际工作中维护法律的尊严和价值的根本保证。立法者如果欠缺法律道德修养，那么所立之法难免会偏袒部分利益群体而背离广大人民的利益；执法者如果欠缺法律道德修养，就会在执行法律的过程中滥用职权，危害正常社会秩序；司法者如果欠缺法律道德修养，就更难以保持中立与公正，从而使法律的尊严荡然无存，依法治国沦为空谈。因此，培养法律职业道德，提高法律职业素养是法学实践教学追求的首要目标。

法律职业道德的培育，应从态度或情感教学入手。完善实践课程体系和教学方法，同时借鉴西方国家进行法律职业道德教育理论探索和实践经验的结晶，将讲授法、渗透法、案例教学法、示范和角色体验等方法引入法律职业道德教育，为学生创设情感体验场并为学生积累情感经验提供机会。例如在法律诊所里学生通过提供无偿法律援助和法律服务，培养对社会的奉献精神、职业荣誉感和社会正义感，养成法律职业共同体意识和相互之间尊重的品质。通过参与观摩、模拟和实际从事各种法律实践活动，启发学生的认知，在潜移默化中使学生将道德认知内化为道德判断和道德遵守，最终促进学生法律职业道德的养成，为其将来从事法律职业打下可靠的思想道德基础。

## 三、培植学生法律信仰

法律信仰一般是指人们对于法律的一种尊敬的态度，是自愿接受法律统治的一种信仰姿态。1999 年 3 月第九届全国人民代表大会第二次会议通过的宪法修正案，将依法治国，建设社会主义法治国家写入宪法。只有法治成为全体社会成员的共同信仰、追求和理想目标时，法治才能获得必要的精神支持；只有社会公众积极参与法治建设，法治的理想才会在实践中逐步实现。培植法科学生法律信仰是实现社会主义依法治国方略的需要，是发展社会主义物质文明、政治文明和精神文明的内在要求。法律人对法律有着更深层次的理解和探索，对法治社会的建设有着更为重要的作用，法学专业的学生是未来的法律职业者，他们的法律信仰如何对中国社会法治建设的进程有很大影响。因此，法学教育对法律人法律信仰的培植应当是法学教育的终极性或综合性目标。

然而我国深受法律工具主义的影响，法学教育被视为是实现某种社会目的的工具，因而强调培养学生为这种目的服务的专业素养。在法律职业化的时代，人们将目光转向法律职业所需要的专业知识和技能，学生自身的主体地位和价值需要没有获得应有的重视。因而法律信仰这一关乎法律人人格塑造的根本，成为法学教育的空白。因此，培养法学学生的法律信仰成为法学实践课程所包含的必要内容。培植学生法律信仰这个目标的实现必然会影响到教学的方方面面。

首先，要树立全新的以培养法律信仰为目标的教学理念，摒弃只注重理论的教学理念，重新树立一种注重知识的输送，更注重法治信仰的培养的新教学理念。其次，要注重法学师资队伍的思想建设。对于法学教师而言，不仅要具备渊博的法学理论知识，还应当热爱法学教育事业，有忠诚和献身于国家法治教育事业的崇高使命感和强烈的工作责任心。

## 第四节 目前我国法学实践课程存在的问题

### 一、法学实践教学理念的落后

法律只有在其实际运用于大多数人的情况下，即人们都期望其切实可行时，才会产生效果。这就要求法学教育必须与民众和社会沟通，必须注重法律的实践性环节，使从事法律的人具有法律实务能力。我国法学教育存在的实践性缺失，在一定程度上与法学教育的基本理念存在的问题有关。在传统教育理念的支配下，我国的法学本科教育一直注重法学基本理论的传授，而普遍将实践教学看作是弥补理论教学缺失的辅助工具，忽视了实践教学作为独立教学手段的效用性。长期以来，中国法学教育形成了“以课堂为中心、以教科书为中心、以教师为中心”的单纯传授式教学方法，在以教授传统知识为目的的理念下，课堂教学中把注意力集中在理论知识教学目标上，这种教学方法限制了学生创造性和独立性的发挥，抑制了学生的法律思维、逻辑思维和创造性思维。

### 二、法学实践课程规范性的欠缺

教学的规范性直接决定了教学的质量好坏与教学目标能否顺利实现。课程体系直接与学校培养目标相关联，是实现培养目标和提高培养规格的中心环节，课程体系设置是否科学、合理，直接影响法学教育培养目标的实现。在课程设置上，国家教育部虽然规定了法学专业开设的核心课程，但是并没有根据法学教育的目标来设置相应的实践课程。法学专业课程设置上存在的普遍问题是缺乏对学生职业技能的系统训练。对法学实践教学的内容、培养目标以及评价体系等缺乏科学、统一的认识，造成了法学实践的课程设置不科学、教学内容单一、质量控制缺失、教材建设落后和评价体系不健全等方面的缺陷。总体上来说，我国法学实践课程的规范性主要存在以下几个方面的问题。

### （一）案例教学的不足

第一，案例教学是课堂教学的一部分，在我国高校教育中，教师为保证教学进度，使得案例教学成为理论讲授的附属品，大多数教师所采用的只是一种“举例教学”，即在讲课中穿插一些生动典型案例，做到以案析法。但是这使得案例教学的功能仅限于解释和补充说明所讲授的理论内容，起不到应有的教学效果。

第二，传统的案例教学一般是教师先讲解相关理论知识，再举几个案例对理论加以巩固认识，这种方法由于只注重对课本理论的解释和说明，往往针对性与指向性过强，学生不需要做过多的思考就能做出准确的判断，因而导致一种思维上的惰性。

### （二）模拟审判的不足

模拟审判要求学生具备综合运用知识的能力。因此，在使用模拟审判教学方法之前，应该有一系列的学习过程：分析案例，熟悉实体法、程序法的法律规定。需要注意的是，承担不同角色的学生应有不同的学习重点。学生模拟整个法庭程序，必须拥有一定的实体法和程序法基础，因此导致模拟审判实际适用的阶段非常有限。这种训练的缺乏直接导致学生的应用能力得不到针对性的锻炼，大大降低了教学的效果。

### （三）观摩实习的不足

观摩实习作为一门直观型的实践课，对于学生来说能够最为直接地对其理论知识学习加以及时的巩固。但是由于法学专业的学生骤增，给实践教学的组织安排带来了很大的困难。同时，由于实习生众多，实习单位对实习生也不够重视，没有具体落实指导老师形成一套具体的指导方案等，实习效果参差不齐。

总体来说，目前的法学本科教学很少去研究如何培养学生应当具备的实践专业能力问题，未能形成一个关于法学实践教学法的系统研究，也未能上升到可以指导实践的理论高度层次，各高校大多还是处于自我研究、自我实践的初级阶段。除此以外，很多高校的法学实践教学也未能形成一个长效机制。大多数高校除了毕业实习和毕业论文，其他的实践教学环节都是比较零散，未能有意识地、强制性地、系统地将实践活动形式纳入教学要求和教育计划当中。

## 三、法学实践教学的评价机制不健全

由于法学教育的依据和教学过程存在着偏离实践的问题，所以，法律专业学生的考核标准基本与实践能力无关。以概念和原则体系为基础的教材和课堂教学导致考试形式单一。对于很多法学专业的学生而言，在整个专业学习期间，学校都极少以与实践相关的指标去考核学生、评价学生。学生在学校中考核、评价指标与实践脱节，学生自身也很少有动力去真正了解实践。对于大多数高校来讲，学生的法学实践活动都没有硬性的规定和考核标准。有的学校虽然通过出勤等德育考核指标来加强学生法学实践的管理与考核，但大多都不科学且欠缺操作性，其与法学实践教学的目标也有差异。由此可见，法学本科实践课程评价标准的科学性、规范性都有待提高。

## 第五节 国外法学实践的发展与现状

德国法学家茨威格特·克茨指出："法律并不纯粹是一种专业训练的对象，而是人们可以从中学习清晰的思维、透彻的表达以及练习修辞技巧的一个领域。"在大陆法系的德国、日本、韩国乃至我国台湾等主要国家和地区，往往将法学教育的目标定位于通识教育，在法学本科教育中强调法学基本素质的培养和锻炼，教育的直接目标是造就大众化的法律人才。在这种通识教育目标指导下，大陆法系国家的法学教育注重基础理论知识的讲授，而在大学法学本科教育阶段并未将法学实践教学放在主要层面上，法学实践教学被当成法学通识教育的一个部分，是理论教育的辅助性手段，法律实务训练更多的是在完成了本科学习后进行。在英美法系国家，法学教育以市场为导向，其主要目的是为社会输送符合其需要的法律职业人才。各大法学院对课程的设置、课程的内容以及教学方法等方面都强调理论知识与实践运用能力的结合，不仅着重于讲授法学基础知识来培养学生的法律素养，更致力于培养学生解决实际法律问题的能力。由此可见，两大法系的法学实践教学存在着一定程度的区别。

### 一、英国的法学实践教学模式

在英国，法律职业者是指那些精通法律专业知识并能实际操作和运用法律的人。英国的法学教育主要分为三个部分：基础教育、职业训练和实习。职业训练和实习都是针对法律实践开设的教育模式。职业训练主要是学生对法律职业相关知识的学习和训练。学生在学校工作人员的指导下，通过阅读相关书籍、参与模拟法庭、课堂交流等方式，提高法学各项实践能力与技巧。职业训练是衔接基础教育和实习的过渡阶段，是学生运用法学理论指导司法实践活动的开始，也是实习的准备阶段。法学院学生的实习通常在律师事务所进行，由于英国的律师按照业务范围分为出庭律师和事务律师，因此，学生的实习方式也会按照其今后职业发展目标的不同而有所区别。总体上说，英国的法学实践教学模式主要由以下几个部分构成。

#### （一）职业阶段

在英国，法律专业学生毕业之后不能直接从事法律职业，必须经过进一步的职业训练和学徒训练。出庭律师与事务律师的培养方式有着一定的差别，从理论培训上来看，两者的培养模式是一致的，当培养进入到职业阶段时，两者的培养模式开始有区分。事务律师需要学习法律实践课程，而出庭律师则需要学习律师职业课程。事务律师实践训练的主要内容是学习如何实际运用法律知识来满足企业或私人客户的要求。而出庭律师职业训练的主要内容是学习必需的诉讼业务技能和专项法律知识。所有职业训练阶段开设的课程都与学生将要从事的律师业务有最直接的联系，以确保学生从开始执业即具有相当的竞争实力。

（二）实习阶段

现代英国法学教育目的主要是为了培养职业性的法律从业者。实习阶段主要是学生在执业律师的指导下，在不同的法律领域获得实际经验。意愿成为事务律师的学生在结束法律实践课程后，需要与律师事务所或其他经批准的组织签订训练合同，学习职业技能课程。意愿成为出庭律师的学生在结束律师职业课程后，还需要在出庭律师的指导下进行学徒实践一年，这种被称为“学徒制”法学实践教学模式，是具有英国特色的实践教学模式。英国“学徒制”法学实践教育更侧重于法律实务操作训练，是与判例法制度相适应的实践性教育。“学徒制”法学实践教育的内容主要是教给学生最基本的法律知识、基础法学理论和法律技巧、法律职业特有的思维方式以及分析、判断、解决问题的能力。使学生能够像律师、法官和检察官那样去思考问题和驾驭、运用法律资源。总体来说，英国的法学实践教育具有较强的体系性和衔接性，能够针对学生在不同阶段的不同特点来进行。

## 二、美国的法学实践教学模式

美国的法律教育在其属性上是典型的一元主义。在美国，法律教育与人文教育相分离，法学教育的任务是集中力量进行各种技能训练。除了对学生进行实体法律和程序法律方面的基础训练以外，同时培养学生按照律师的习惯来思维和分析问题。正如美国一位法律教授所言：“法学院的学生们需要工作技能，忽略技能训练会给学生们带来危害。技能应该伴随学生度过他们整个工作生涯。”法律职业与法律教育目标的一元主义性质在法学院学制上的体现，构成了美国法律教育最突出的特征之一。美国法律教育的职业性质决定了各个法学院均以培养律师为其目标。从美国法学院的入学对象和条件来看，进入法学专业的学生必须已获得某个学院或者大学的文学士学位或者理学士学位，但对本科所学专业没有任何限制和偏重。学生入学后主要进行职业训练，注重法律案例分析，以教授分析问题的技能、语言表达的技能为主要教学形式。在课程设计上也有着其独特的模式：开设诊所性课程，如家庭法、移民法、行政法等培养学生实际办案的能力；开设民事法案例课堂实践训练、争议解决的选择方式训练、多方协商训练等课程培养学生分析、辩论、解决问题的能力；开设法律职业规范和伦理课程培养学生未来的执业意识。

美国法律教育与人文教育相分离，学生在学习法律之前已经被假定掌握了必要的人文科学知识。一般而言，学生在申请就读法学院时应掌握下列知识：(1)历史知识，特别是美国历史知识；(2)基本的政治思想和理论知识；(3)基本的伦理学知识；(4)初步的经济学，特别是微观经济学知识；(5)基本的数学和金融学技能；(6)基本的社会学知识；(7)其他的多元文化知识。

美国律师协会要求律师应具备的基本技能是：(1)解决问题的能力；(2)法律分析和推理能力；(3)法律研究能力；(4)调查事实的能力；(5)交际能力；(6)咨询能力；(7)谈判能力；(8)对诉讼和其他纠纷解决的替代方法程序的掌握；(9)法律工作的组织和管理能力；(10)认识和解决伦理难题的能力。法律教育应当将以上能力的培养作为其课程设计的主要目标。

在法社会学和现实主义法学运动的影响下，通过多种教学方法，如专题式教学、课堂讨论、计算机辅助法律教学、模拟问题法等来对学生各种技能进行针对性的培养。在众多的教育方法中诊所式法律教育较为引人注目。通过诊所教师指导学生参加实际的法律运用的过程，培养学生的法律实际运用能力和法律分析能力，将所学法律理论知识和真实的法律案件结合在一起。通过这种临场学习，学生们可以更深刻地体会到一名律师在处理各式各样的案件当中随时都要接触到的各种问题。经过半个多世纪的实践和不断发展，诊所式法律教育已被许多美国法学院采用而且取得不错的效果。

## 三、德国的法学实践教学模式

德国的法律教育分为两个阶段。第一阶段是基础教育，学习法学基础知识、理论与实践课程。这一阶段通过设置专题讨论课程、练习课程培养学生对法学理论的理解能力。除此之外，还设置了谈判理论、辩论、调解纠纷和听证等实践课程，以此来训练法律专业学生的附加技能。第二阶段是见习期，考生通过第一次州考试，就可以被接受参加见习服务，见习法官在严格的指导监督下工作，分别在初级法院或者州法院的民事庭或刑事庭、检察官办公室、行政机关、律师事务所进行实习。德国大学法学院的常见课程主要分为三类：讲座课、案例分析课和研讨课。讲座课是教师针对某一范畴的法学基本制度和原理进行讲解，是最为传统的教学方式，侧重理论性。为了实现多元化的法学教学需求，德国大学一般同时辅助以大量的案例分析课与研讨课，其目的是帮助学生将讲座课的内容融会贯通。案例分析课从基础教育阶段入手，培养学生的演绎推理能力以及运用理论知识解决实际问题的法律思维。研讨课设置的目的是为了训练学生的口头和文字表达及思辨能力，有助于培养独立、自由的研究精神。案例教学、研讨与讲座课相融合实现了法学各种能力的综合性培养，学生因此而获取知识、提高能力和培养素质，满足了“统一化法律人”的培养要求。

## 四、日本的法学实践教学模式

日本的法学教育属于通才式教育。法学教育模式的最大特点在于学生进行法律职业需要通过司法考试之后的实务训练。日本设立了司法研修所，为学生的实践学习提供了完善的教学模式。司法研修分三个阶段：第一阶段为前期研习阶段，这一阶段在司法研修所集中学习；第二阶段在法院民事裁判所、刑事裁判所、检察厅及律师事务所实习；第三阶段为后期研修，返回司法研修所实习。在司法研修所中通过让司法研修生阅读过去的案件，研究案件事实与法律，练习起草判决书、检察官调查书及其他司法文书等教学方式训练司法研修生的法律思维，其目的是培养司法研修生解决实际法律问题的能力。

同时，日本法科大学院引入诊所法学教育，以培养法律职业者所必需的实践知识以及运用能力。日本法科大学院开设的诊所法学教育的主要形式有：法律诊所（参加学生在有实践经验的律师的指导下针对现实案件、事例等进行分析，提供法律咨询等）；现场实习（由大学方面联系组织法科大学院学生到法律事务所、法院等地进行锻炼学习）；模拟教学（以现实案件、事例为教材，通过加工模仿真实的调查、交涉或者审判而进行的教育）。

# 第二章 法学实践课程设置

## 第一节 法学实践课程设置的原则

任何学科的课程设置必须考虑本学科的教学目标，法学实践课程的设置一方面要考察教学的实效性，另一方面也要考虑课程设置的可行性及效果，在设置法学实践课程之前，首先应当对其设立的原则予以明确。

### 一、科学性原则

课程的设置应当具有科学性。科学性原则要求我们在构建法学实践课程体系时，不能只停留在具体课程形态上，而需要整体考虑法律专业培养模式。具体而言包括两个层面的含义。一是全面性。全面性是建立在法律专业的整体教学基础之上的，课程体系的设计要反映与课程相关的所有要素。对教育目标的具体要素进行分析，为学生需要具备的每一种能力的培养而开设的课程进行全面的规划。二是系统性。实践性课程体系应当形成一个有机的整体，关注体系中各部分之间的联系。正如戴尔蒙德教授所言："优质教育的产生不是偶然的；它需要周详的计划，娴熟的教学，以及能确保每位学生有机会达到所修课程之目标的总体结构安排。"各门课程之间应当形成一种合力，实现实践教学效果的最佳化，需要注意的是，这里的系统性既包括课程体系内的系统性，也包括课程体系外配套制度的系统性。

### 二、可操作性原则

可操作性原则要求法学本科实践性课程体系具有实际操作性。实践性课程应当实现课上与课下相结合，课内与课外相结合的目标。增强实践性课程体系的操作性，是保证课程体系质量的手段。各高等院校的法学专业应当结合本校和本地区的实际情况，在设置课程时，需要保证实践课程的可操作性。可操作性的保障需要考虑以下三个方面的因素。一是本校的专业方向。每个学校的专业方向侧重有所不同，每个高校应当根据自身的专业特色来选定相应的课程。行业性高校则更应当根据自身的行业特色来确定自身的培养方向，从而设置相对应的实践课程。二是师资构成。要从单纯的理论型师资与实践型师资的差异着手，重点突出实践型师资对实践课程开设的重要性，具有实践型师资力量的方向才可以开设相对应的实践课程。三是实践基地资源。对实践课程的开设最为重要的一点就是实践基地的建立，如果实践课程没有对应的实践基地，那么实践课程的开设就形同虚设，或者达不到预期的效果。

### 三、多样性与开放性原则

司法实践的丰富性必然带来课程内容的多样性。高等教育的发展是在不断的改革与创新中逐步完善的，课程体系也需要根据司法实践的需求进行适度而及时地调整。课程形态多样化是确保实践性课程在法学教育中的地位的重要因素。从某种程度上来说，法学实践课程设置的唯一标准应当是社会的需求，越是稀缺性的行业需求越能体现实践课程开设的必要性。因此，法学实践课程体系应当是一个开放性的体系。随着社会的不断发展，需要法律人才的行业会越来越多，既有传统型行业，也有新型行业，新型行业对法律人才的需要必然呈现出新的状态，因此，法律实践课程应当与社会行业的变化紧密结合，同时也应当针对社会各行业对法律人才的需求量来确定实践课程的开设。各高校还应当根据自身的特点来开设特色的法学实践课，尤其是行业性较强的高校，应当根据自身的行业特点、行业需求来确定具体的实践课程。将传统的实践课程与特定的行业实践课程相结合，培养具有行业方向性，特色鲜明的专业人才。

## 第二节 法学实践课程的分类

就目前法学本科实践课程的内容模式上来看，我国多采用的是以专业实习和毕业论文为主要环节的“2＋x”实践教学体系，“2”指的是专业实习和毕业论文，“x”则指的是常规的观摩实习、模拟审判、模拟法庭、法律咨询、法律援助、诊所教育等多种方式。各大高校对法学实践教学的理解有着一定程度的区别，其进行实践教学的资源也有着其自身的特点，总体来看，法学本科实践课程内容体系可以分为以下几种类型。

### 一、观摩型课程体系

观摩型课程体系的特征在于使学生处于观察者的地位，通过对法律适用阶段以及与司法实践相关的形象观摩，加深对课堂学习内容的认识和了解，从而获取最为直观的司法感知。观摩型课程体系主要分为单纯认知型观摩(例如法院、检察院等司法机关的参观性观摩)和实践效仿型观摩(例如庭审观摩等)。单纯认知型观摩适合法学低年级学生,在其刚接触法律专业时,单纯认知型观摩有助于学生直观、全面地认识法律职业部门的工作模式与工作状态,为其进一步的专业学习提供基本的动力与方向。相对于单纯认知型观摩,实践效仿型观摩对学生实践能力的培养则显得更为重要与有效。其中的庭审观摩最具代表性。庭审观摩是指组织学生到法院现场观摩法庭审判的活动,这种活动主要适用于刚入校的学生,使其对法律的应用有一个感性的认识,是一种很重要的直观教学方法。它将学生置于现实审判场景之中,让学生直接观察实际的审判活动,既能观察到法官如何审判,又能观察到当事人、律师、证人以及刑事案件公诉人等的诉讼行为,使枯燥的法律知识更具有立体性,便于学生了解诉讼程序的实际运行、案件所含法律事实的认定与法律知识的运用。

## 二、实践知识型课程体系

实践知识型课程体系的特征在于通过讲授和自学,使学生系统地掌握有关司法实践的基本知识。这种课程的特点与一般的实践课程有着本质的不同,这类课程是实践课程的理论基础,因此,其教学手段通常是通过传统的传授型教学来实现的。具体方式主要是司法文书写作、法学讲座、法学论坛等。司法文书写作指的是教师向学生们讲解司法实践中常见的重要文书写作的一般方法和写作艺术的课程。该课程要求教师重在对文书写作的一般常识进行说明,指导学生针对不同的案件,草拟各种文书。法学讲座可以分为一般性的法学讲座与专题类的法学讲座。一般性的法学讲座主要是聘请某部门法的专家或者司法从业人员就法律实务中的技巧、方法或常见的问题进行讲解,以帮助学生更好地认识司法实践。而专题类的法学讲座主要是指针对某一具体的法律问题进行的针对性讲座,这种讲座的前沿性与专业性则更强。法学论坛是以学生为主体的一种讨论活动。

## 三、模拟体验型课程体系

模拟体验是指在教学中教师积极创设各种情境,引导学生由被动到主动、由依赖到自主、由接受性到创造性地对教学情境进行体验,达到促进学生主动、充分、自由地学习的目的。模拟体验型课程体系的特征在于学生通过模拟各类法律实务活动获得对司法实践的完整认识。具体方式主要有模拟审判、疑案辩论、证据试验等。在模拟审判中学生在教师的指导下,根据精选的典型案例,分别担任法官、检察官、律师、书记员、证人、当事人等不同的角色,经过精心准备,共同参与案件的模拟审理,将在课堂上学习的法学理论和司法实践紧密结合起来。疑案辩论是案例教学法的一种体现。案例教学实施的特点就是通过真实案例来启发学生学习法律的热情,提高运用法律的技能，提升法律的价值。疑案辩论是学生结合案件给定的情节，根据法律规定来认定案件事实、判断案件性质、提炼争议焦点、分析法律适用、论证法理阐述的综合性训练方式。这种针对个案的模拟进行的实践教学，往往能够加深学生对具体问题的发现和分析能力的培养，以及表达能力的提高。证据试验是对物证、书证中的痕迹检验、笔迹鉴定等，通过实验仪器的应用、提取和分析，获得证据，形成一般规律性的证据认识的过程。

## 四、直接参与型课程体系

直接参与型课程能够使学生对法律专业知识的运用有着更为直接、客观的认识和体会。这种课程将学生置身于一种完全真实的情景中，运用其所学的专业知识和综合素质，来面对实际发生的法律问题，并与真实的人员和机构进行交往。这种参与是对学生的专业知识、应用能力和人际交往能力的综合训练。具体方式主要有司法见习、法律诊所、专业实习、法律咨询、法律援助等。司法见习指的是学生到国家机关或社会组织，从事为期较短的司法实务工作的一种课程形式。司法见习的最大优势在于能够让学生在短时间内对部门法的具体适用有一个概括性的认识。法律诊所是在课程体系中设置法律诊所教育课程，使学生在院、系教师同时也是兼职律师的指导下，通过为处于不利地位的委托人提供法律服务的方式进行学习的一种实践性课程。法律诊所由于具有较强的针对性与独立性，因此，其对学生专业实践能力的训练效果最为明显。专业实习指的是利用一段较长的正式教学时间，安排学生到司法部门或律师事务所等地方从事一定实际工作，由实习单位和学校共同评定学生成绩的实践性课程。专业实习能够为学生提供更为完整的法学实践过程。法律咨询是指组织学生到学校、社区等公共场所或法律援助机构进行法律宣传并现场回答群众咨询的一种实践性活动。法律咨询既可以训练学生应变的能力，还可以提升学生用专业知识为社会大众服务的意识。法律援助是法律诊所和法律咨询两类课程形式的有机结合。实践中法学院通常与志愿者活动结合起来，为特定的群众群体提供义务的法律援助。

## 五、思考研究型课程体系

思考研究型课程主要通过学年论文、毕业论文等形式来实现学生理论水平和研究能力的提高。单纯的实践课程并不能够完全提升学生的实践运用能力，只有在实践之后再进行理论学习和总结，才能够获得更为深入的知识体系。在法学专业的学习过程中不仅需要单纯的吸入式学习，还需要拓展性和深入性学习，这种更深层次的学习模式需要通过思考类的课程来实现。学年论文是学生在教师的指导下，通过查阅资料，结合实践体验选择自己感兴趣的议题，撰写学术小论文，并将其作为课程成绩一部分的一种实践教学活动。毕业论文是法学专业本科教育的实践教学环节之一,是培养学生综合运用专业知识分析和解决问题的能力,是检验学生学习效果和理论研究水平的重要手段。毕业论文作为本科阶段学术最高成果的一门实践性课程,具有成果的理论性、导师指导的延续性、评价标准的高位性、适当的创新性等特点。

## 第三节　法学实践课程的参与主体

实践教学活动是教师的教和学生的学相统一的过程,教师是实践教学活动的主导者,学生是实践教学活动的参与者,只有实现教师教的主导性与学生学的主动性相结合,才能实现理论与实践的结合,达到“知”与“行”的统一,实现教育的最终目标。法学实践课程是一个相对复杂的互动过程,这个互动过程包括几种模式:一是教师与学生的“教”与“学”的互动模式;二是实践部门与学生之间的互动模式;三是学生之间在实践教学过程中的协作互动模式。这三种是最为基本的互动模式,除此之外,高校对实践教学的指导与规范也应当成为一种独立的参与互动模式。因此,高校、教师、实践部门的指导教师以及学生共同构成了法学实践课程的参与主体。

### 一、高校

高校作为法学实践课程的宏观指导者,虽然并不直接参与实践课程之中,但是作为实践课程的承载主体,必须为法学实践课程的开设创造以下条件。

#### (一)建立实践基地

实践基地是实践教学的基础性条件,任何实践教学必须依赖于实践基地的建立。实践教学基地建设是实践教学的重要支撑,是理论课教学的延伸,是促进产、学、研结合,加强学校和社会联系,利用社会力量和资源联合办学的重要举措,是确保实践质量,增强学生实践能力、创新能力的重要手段,建设高质量的实践教学基地直接关系到实践教学质量,是培养复合型应用人才的必备条件。

#### (二)制定实践教学管理制度

由于法学实践教学具有开放性、互动性、分散性、自主性等特点,实践教学如果要合理有秩序的进行,必须有一套规范的操作体系,需要制度化,以保障其成为一项常规工作。高校应当针对实践教学的各个环节,进行规章制度的建设,使得法学实践教学在一个制度体系的层面上进行。同时需要结合前沿性的社会需求,及时地调整实践教学的目标,保证实践教学与时代的接轨性。

## 二、校内指导教师

在任何教学活动中，教师都起着导向性作用，但是在不同的教学种类中，教师的地位有着区别，在理论教学中，教师的作用是主导性和主体性的，但是在实践教学中，由于强调学生的主体性与自主性，教师的主导性作用应当适当弱化，应当从传统的主导性参与者转变为引导性参与者。在传统教学模式中，实践教学是教师掌控下的教学过程，教师在法学教学的组织与实施过程中，始终处于方案设计、组织辅导、参与评估的主要角色，学生处于受动的客体位置，被动地接受教师组织实施的实践教学活动。随着实践教学的不断完善和发展，教师应当发挥方向指导、管理服务等职能，指导学生根据自己的专业特点、学科背景、性格特征等，自主创设教学情景与形式，充分发挥学生的主体能动性，学生则成为实践教学活动的主体。但是由于实践教学的特殊性，需要教师具备几个方面的条件：一是理论的充实性，实践必须在理论的指导下进行，充足的理论知识能使得实践具有更强的针对性与前沿性；二是实践经历的丰富性，这是实践教学对教师的特殊性要求，法学实践课程需要“双师型”的教师，教师必须具备基本的实践经历，能够合理、熟练地运用法律，这是从事实践教学的必备条件。

## 三、实践部门的指导教师

在英美国家，法学教授、法官和律师之间有良性的职业流通渠道，从事律师多年后可以担任法学教授，法学教授可以晋升为大法官。实践部门的工作人员具有丰富的实践经验，能够根据自身的行业特点对学生做出具有针对性的指导。而且就实践课程的内容来看，每个不同的实践课程需要不同类型的实践指导教师，这需要高校以及专职教师根据课程特点来进行有计划的调配，以期实现最佳的教学效果。除了高校指导教师之外，法学实践往往以课内课外结合的形式进行，这就对教师的多元化提出了相应的要求，除了校内的指导教师，还应当有富有经验的法官、检察官和律师以及其他从事法律实践工作的人员担任实践教学的指导教师，使学生接触真实的法律实践。除此之外，也可以从法律实践部门引进高素质、经验丰富的专业人员充实到教师队伍中。

## 四、学生

实践课程中学生的主体地位是指学生在整个教育教学过程中居于中心。由于法学实践课程的方式已经发生了较为明显的转变，法学实践课程的种类开始不断地丰富。实践课程主要以集中实践与分散实践相结合、课内实践与课外实践相结合、平时实践与假期实践相结合、专业实践与思想政治理论课相结合、全体实践与重点实践相结合的方式来实现。不同形式的实践教学课程决定了教师无法主导整个实践过程，很多实践课程必须依靠学生自主去完成。因此,学生主体地位的确立是保证法学实践教学能否顺利实施的重要前提。学生在这个过程中的主体性主要体现在以下两个方面:一是实践行为的独立性,学生在教师的指导下,独立完成实践行为,这种独立性既体现在行为上,也体现在思维方式上,学生必须结合自身的需求来设定实践的具体方案,保证方案的可行性与效用性;二是实践模式的自主性,学生在实践教学要求的指引下,可以根据自己的兴趣、专业方向来对实践课程的具体模式和具体内容进行选择。

法学实践课程是一个多主体参与的课程,需要各主体的统一协调才能顺利进行。

## 第四节　法学实践课程的考核

教育部《关于普通高等学校修订本科专业教学计划的原则意见》规定:实践教学可根据各专业的实际情况采取分散与集中相结合的办法进行安排,但要制定明确的评价、监测标准和方式。制定科学的考核制度是实施考核的前提,法学本科实践课程的考评体系是衡量课程开展效果和学生学习成果的重要标准,考核方式的科学性程度直接体现对学生个人专业能力的考察是否合理。考核制度应详细规定考核所依据的标准、采用的方法和实施的步骤,可以从以下几方面着手。

### 一、制定科学的考核标准

实践教学法是一种全新的尝试,应当对学生在实践过程中的表现进行综合性评价,而不应当按照传统考核标准进行单纯的结果考核,实现从对结果的考核向对过程的考核转移。具体的考核标准应当包括以下几个方面的内容。

#### (一)选题的合理性

选题是指学生在实践课程的学习过程中,能够根据自身的特点,选择适合自己的实践选题,保证选题的可操作性与前沿性。实践课程种类的多样性决定了每个学生都应该有一套与自身优势相配套的课程体系,在课程体系的选择过程中往往能够体现学生的判断能力与决策能力。

#### (二)综合能力的判断

实践课程通常来说都有一定的时间跨度,在实践课程的考核中不能仅仅根据实践课程的结果来判断学生专业能力的强弱,而应当根据每个学生在实践课程的学习中所体现出来的组织、协调、配合等能力以及对专业知识把握的熟练程度、灵活程度等因素来对学生进行合理的评价。

### (三)最终成果的鉴定

最终成果应当是指学生在实践课程学习过程中所总结出来的书面、口头以及其他种类的结论性成果。这种成果可以体现学生对整个实践课程学习所获得的收获,同时也能体现其在专业学习总结方面的能力。尤其是以具体实践行为作为结课方式的实践课程,这种最终成果的鉴定则显得尤为重要。

## 二、实践课成绩的评定模式

课程成绩的评定模式应当由课程的性质决定,理论课程与实践课程在课程性质、课程考察方式上具有很大程度的区别,其评定应当有着各自独立的模式。

### (一)综合考评模式

实践课程重在培养学生个体对法律知识和技能的体验与提高,不可能有完全一样的评价标准,必须结合学生的个体实际。在成绩评定时应当将学生成绩分为不同的部分来设定:学生自评、实践小组评定、实践工作者评定以及教师评定。学生自评将成为老师测评的重要依据。同时,实践课程往往是依托小组这一载体进行的,如法学论坛、学术沙龙、法律实务与案例研究、模拟法庭等,可以将学生间的互评作为考核的依据。实践工作者评定是指法官、检察官、律师等参与法学实践教学的人员对参与实践的学生的表现所做的评价。这是实践教学区别于其他课程评价的重要特征,也是实践教学开放性原则的重要体现。而教师的最终评定主要通过实践教学活动,考察学生的法律研修能力是否得到加强,对法律的学习方法是否有更深一步的了解以及在实践中学习到的方法能否应用到其他课程的学习来实现。

### (二)考核方式的多样化

实践内容的丰富性决定了实践形式的多样性。实践课程可以采用多种形式的综合考核,如实践报告、口试、笔试、现场操作等,以使考评成绩更趋于合理。每一种考核方式体现出学生不同的能力。例如实践报告能够反映出学生对法律问题的认识、思考、总结的整个过程,因此,实践报告对学生的综合分析能力有着一定的要求。口试能够体现出学生的专业术语运用能力、口头表达能力、应变能力、与人交往能力等。笔试能够考查学生对知识的掌握程度以及对写作技巧的把握。现场操作则最能体现学生综合性的实践能力。通过多种模式的考核,才能够全面、客观地对学生能力有一个准确的判断。

# 第三章　模拟审判总论

对于法律专业的教和学而言，将法律制度的理论与实践结合应用一直以来都是法学教学的弱势所在。教学者不知晓实务，学习者不会分析与应用，法学专业学生可能对法律关系的剖析与厘定以及法律程序的了解与辨识均存在一定的缺陷。因此，加强法律实务的认知，在法律实践中加强对实体法律关系和程序步骤的感性认识，进而提高对理论的感悟显得尤为重要。而这种法律实践以及实务的认知方式有多种，如法律咨询、疑案辩论、法院实习、模拟审判等，在这些方式中，模拟审判对于法律的感性认知起到全面的促进作用。因为模拟审判具有实体程序兼合、理论实践兼合、感性理性结合等多元性特点。法律的学习过程大致可以分为三个层面：认知法律；运用法律；完善法律。而模拟审判则是通过实践活动加强认知并提高法的运用能力，在这种认知与运用中形成独立自主的思维方式，进而加强法律理性思辨能力。在全国600多所开设法学专业的高校中，大多数都比较注重模拟法庭的建设，也比较注重模拟法庭的教学。大多数学校在成立法学院或法律系之初就将模拟审判列为教学基础要件。

## 第一节　模拟审判的性质

### 一、动静态结合说

动静态结合说认为，模拟审判应当从静态和动态的统一上来理解。在静态上，模拟审判表现为教学硬件，即法庭空间、设施等。在动态上，模拟审判表现为从分析到演练以及不断矫正的教学过程。因此，模拟审判是指在教师的指导下以模拟开庭审理的方式，通过学生亲身参与课堂，将所学到的法学理论知识、司法基本技能等综合运用于模拟案件审理的教学硬件和教学过程的统一。同时，这种动静态结合还可以看成是静态法条与动态法律应用的统一，即由散见于各种律例中的静态法走向生活中的应用法，使得法律从抽象走向具体，成为活的法律。因此，模拟审判的动静态结合表现为设施与活动的统一,法条与应用的统一。

## 二、教学活动说

教学活动说认为,模拟审判活动是法律教学过程中不可或缺的一个组成部分,与法律教学活动相辅相成,在各门实体法律教学中可以采用模拟审判使其更易于理解,同样在各个程序法律学习过程中也只有通过模拟审判活动才能使程序法更加形象化。在模拟审判过程中,教与学的互动更加全面、主动,教学相长的优势与本质更能展现。从这个角度分析,模拟审判贯穿于法学教育的全过程。

## 三、教学方法说

教学方法说认为,模拟审判是把主体与客体、解决问题与系统学习、知识传授与能力培养充分地结合起来,使学生在教师指导下,根据精选的典型案例分别担任不同的法庭角色,以法庭审判为参照来模拟审判的教学活动。它能提高学生综合运用实体法、程序法、文书制作、辩论技巧以及相关知识解决个案的实践能力,是将实践、理论与思想融于一体的教学方法。从认识论角度而言,是一个理论到实践的过程,由学生作为认识主体加强对法律这一客体的认识与应用,当然在这种实践方法中无疑又加强了对法律基础理论的认识,进而完成了在实践中进一步升华理论的飞跃。

## 四、法学辅助实践说

法学辅助实践说认为,法学教育过程中,传统基本的教育方法大致可以满足学生的知识体系需求,模拟审判是整个教学体系中的一个辅助性实践,该审判有助于加强学生对于疑难问题的理解与解决,或者对于实践空白起到一定的补充效果。从该观点分析,模拟审判可以作为一门选修课程,由学生根据自我实际情况有选择地进行学习。

## 五、法学独立实践说

法学独立实践说认为,模拟审判是整个法学教育过程中一个不依赖于其他任何课程而独立存在的实践课程。其价值在于实践性,也有其独立性,因此,这是法学教育中不能缺少也不能放弃更不能由学生选择的课程。因此,该门课作为法学中的实践课是必须存在的,法学学科的教育者和学习者都应当尊重并践行。

综合上述几种性质之说,模拟审判有着自身独特的价值,并非任意部门法的辅助实践或仅仅是一种教学方法,其综合全面性和对学生理解创造表达能力的严格要求,以及教师在选择、引导模拟审判时的细节考量和判断等,都足以说明模拟审判具有独立的实践价值。

## 第二节 模拟审判的特点

### 一、应用性

模拟审判最基本的特点就在于其应用性。这种应用具有较强的广泛性，包含实体法律知识、程序法律知识、逻辑推理知识、事实辨认知识。在模拟审判中，学生需要根据已有的材料和已学的知识辨析法律关系、事实关系，主动查询相关条文、规章和相应的案例，结合法理以及国内外理论和实践来进行相应的分析与应用。在此基础上，衍生出相应的与案例相关的知识体系。为整个模拟审判进行的准备是知识的全面应用，而真正的模拟庭审更是完整法学知识的应用与法律思维的拓展。

### 二、综合性

模拟审判是法律与角色的综合。在模拟审判中，涉及的法律门类众多，一个简单的法律关系可能会涉及基本法、部门法以及与该行业相关的规章、行业规范，甚至还可能出现行业惯例，除此之外，还包含司法解释。一个案例的模拟审判可能涉及的主体也相对广泛，审判人员、检察人员、辩护人、代理人、当事人、证人等，在主体的利益相互关联、关系相互牵连的基础上，每一主体要考虑的不仅仅是自身，还应当考虑对方甚至在共同行为中考虑本方其他主体的可能状况，在“知己知彼，方能百战不殆”的情境下进行假设与换位思考，并进行相应的策略应对，完成法律、事实、逻辑、人性与表达等多位一体的综合展现。

### 三、独立性

模拟审判对于学生的法律认知能力与应用能力具有较强的促进作用，对于法学教学不是一个可有可无的教学环节。这一环节的独立性主要取决于以下几个因素：一是教学环节的独立性，这个教学环节与一般的理论教学和实践教学均有着不同之处，模拟审判必须以集中实践的方式来实现，而且其跨越多个法学学科，因此，需要独立进行，不能依附于任何一门部门法学；二是教学性质的独立性，模拟审判以学生自主参与的方式来实现，学生在模拟审判中处于完全独立的地位，以自主性来发挥其自身的综合能力。因此，模拟审判的独立性在保证教学质量的前提下，很大程度上提高了学生的独立实践能力。

### 四、模拟性

模拟审判是模拟仿照法庭审判的真实场景进行的教学活动，模拟中不失真实，审判中又带有模拟。由于是仿真，在审判中的真实性表现为程序的严格合法性，但是在模仿中可以在一些争议较大或者新型案例中，尝试采用国际先进制度，突破现有的法律藩篱，进行创新性的审判进而凸显法律本性与法律精神，以模仿为基础，以追求真实为目标。

### 五、学生中心性

与常规法学教育科目相比，模拟审判在进行过程中，以学生活动为主，教师在模拟审判中仅作为协助性导师而存在，对于法律关系分析中的争议问题、疑难问题提供建设性观点与建议，对于细节中的一些常规错误进行校正，对于证据材料进行相关引导。在模拟审判过程中，学生可以保留自己对于法律的理解和独特的观点，可以进行即兴的发挥，甚至在表达中展现个人诙谐幽默的语言风格。无须填鸭式讲解，无须满堂灌传授，以学生的思维、判断、组织为主要课堂内容。学生成为模拟审判的主导，学生思想成为模拟审判的主要表达。

## 第三节　模拟审判的目的

### 一、实现理论与实践的结合

在法学课程教学中，传统的教学方式比较注重理论的教学，不够重视实践的教学。因此，法学毕业生的主要问题表现为知法不会用，知晓理论却不会实践。法学学科是实践性较强的一门学科，必须理论与实践相结合。模拟法庭通过对真实的或者虚拟的案件进行模拟审判，就可以达到理论与实践相结合的目的。因为模拟法庭活动，既需要学生掌握必需的基本理论知识，又必须懂得实际操作方法，只有两者有机的结合，才能够使模拟法庭活动演绎逼真，将实体、程序法律理论应用到现实的法律审判活动过程中，实现理论与实践的有效结合。

### 二、促进教与学之相长

在法学教学活动中，模拟法庭不仅仅是学生进行模拟审判的学习活动，而且也是教师进行实践教学的一项重要的教学活动，是典型的教与学的有机结合。学生在开展模拟法庭活动前需要教师的理论指导，在进行模拟法庭活动中需要教师现场指导，在模拟法庭活动结束后需要教师的点评指导。反过来，学生模拟法庭活动的成功与否，也是对教师教学效果的一次检验。同样在指导总结学生的审判活动过程中，老师也容易发现学生学习法律中存在的问题和容易产生的错误，并进行总结，在今后的教学过程中加以避免与防范。因此，模拟法庭活动是一项教学相长的教学活动。

## 三、实现程序与实体的结合

模拟审判活动中涉及法律关系与法律程序，审判活动解决的主要是实体问题，但是能看得见的法律正义更多地表现为程序正义，通过程序来表现法律的正义正是审判之价值所在。起诉书、代理词、判决书等是模拟审判中的主要法律文书，也是展现实体法律关系的文书，但是文书的提交、审查，在法庭上的宣读需要遵循一定的程序，法庭调查、法庭辩论的主要目的是解决实体问题，但是对各个主体的问话流程与内容以及程序权利的告知与保障，必须遵循相应的程序规定。

## 四、实现宏观与微观的结合

模拟审判的宏观领域包含法律关系的剖析以及诉讼程序的大致安排。但是，除了宏观方面，模拟审判的微观领域也是相当重要的组成部分。比如，案件的发生时间、地点、过程中的某种状态、主体身份特点乃至案情的因果关系都应当成为案件探究的重点与细节。而程序进行中的主体选择、权利告知，甚至庭审问话中的某种诱导以及证据形式都将成为庭审辩论重点。因此，所有参与庭审的主体为了使案件的发展走向对己方有利，往往需要宏观与微观并重对待。在模拟审判中，指导老师应在审判中注重细节，同时从宏观方面抓住问题的主要矛盾，培养学生在活动进行中的宏观和微观思维的结合。

## 五、实现证据与事实的结合

任何案件都是已经发生的事实，具有不可逆转性，即便是模拟审判，也必须清醒地认识到这一点。而证明发生的事实所能依靠的只有证据，因此，严格依靠证据来证明事实，遵循严密的证据裁判主义是每个法律理性人的基本原则。从这一点上来说，由证据进行拼图形成的事实只能是法律事实，而非客观事实。而由于以下的局限性，证据往往不能完全获得。其一，认识手段、认识能力在一定的时间和条件下总是受到限制的；其二，任何一个案件的探究时间总是受到期限以及审限等时间的限制；其三，不同主体对同一证据的认知常常带有一定主观性，从而形成一定的分歧；其四，由于客观事实的不可逆转性，证据形成的拼图是否与原始事实相同无法找到一个客观标准。因此，在证据裁判理念指引下，形成靠证据完成对事实的认知是模拟审判的主要目的之一。证据链形成，自然易于判决，但是当证明标准未达到时，同样需要以证据对事实的证明作为合法判决的依据。

## 第四节　模拟审判的流程

### 一、选择合适案例

在模拟审判中，首要的第一步就是选择合适的案例。所谓合适，主要表现在以下几个方面。其一，法律关系具有一定的可辨性。审判中对立双方都能找到自己有力的切入点，从而有利于双方展开激烈的辩论。其二，事实具有一定的可塑性。双方可以通过主动创造一些证据将案件变得更丰满，即指导老师只需给出一定的事实框架，学生可以根据具体的案情进行一定程度的填充。其三，法律主体的丰富性。由于模拟审判涉及的主体比较少，与整个班级的需求相比，涉及主体过少的话，会影响整体效果。因此，即便达不到人人参与的理想状态，也要尽量丰富主体的数量并赋予其更多的实体任务。其四，程序的去简单化。这一点在不同性质的案件中各有区别。在民事案件中，可以考虑将有独立请求权第三人或无独立请求权第三人纳入诉讼；在刑事案件中，尽量采用共同犯罪案件以强化对程序要点的认知，比如在诉讼中，法庭调查阶段必须分开讯问，甚至可以考虑采用《中华人民共和国刑事诉讼法》（以下简称《刑事诉讼法》）规定中的警察出庭作证制度，使得程序与国际接轨；在行政案件中，可考虑涉及利益主体的群体化，根据每个主体的不同情形阐述其对一个具体行政行为的合法性质疑。其五，案例的新型化。根据历年模拟审判的经验，在选择案例时如果使用传统案例，学生的积极性和潜在能力很难得到提升，但是一旦选择比较新型的案例，会使学生的积极性有所提高，如果法律存在空白，学生的主观能动空间则更为广阔。因此，选择一些网络侵权案件、电子商务纠纷、房屋拆迁争议等能取得较好的模拟审判效果。

### 二、合理分配角色

在模拟审判中，应该根据案情和每个主体的状况合理分配角色。首先，对于法官的选任，必须以法律基本理论功底、逻辑思维能力和组织能力为基础，这样才能有效地控制庭审有条不紊地进行，避免不恰当的问话、法庭秩序的混乱或者准备程序的严重不足等情况发生。其次，对于刑事案件辩护人的选择，则可以考虑具有严谨的逻辑思维能力的学生，从而有效避免辩护不足或辩护过度状况，辩护不足会导致庭审中对被告人人权保护的欠缺，而过度辩护则会形成庭审中剑拔弩张、火药味十足、法庭成战场的状态。对于控诉人的选择，则可以考虑有较强的控诉能力、反应能力以及应变能力的学生担任，这样才能确保控诉有效进行。对于证人类的，各类主体都可，证人身份对个人的各项能力要求相对宽松。

## 三、整理法律关系和相应资料

主体分配各自角色之后，每个主体明确自己的任务，从而准备相应的资料，主要包括证据资料收集和相应的文书写作。首先完成证据资料的收集、整理和分析，证据资料往往是事实法律关系的基础。比如，鉴定意见的制作，在行文用语时没有太严格的规范格式，但是其客观性要求相当高，一个即便听来符合逻辑的主观判断可能会导致鉴定意见的全部无效。在证据资料的收集过程中，必须注意双方的沟通，以防在庭审时形成证据突袭，但对于证据的辩论意见双方无须公开。对于文书的写作，主要包含起诉类文书，庭审中的演说词，即公诉词、代理词、辩护词等，起诉书在法庭上宣读是固定不可更改的，而演说词根据法庭调查结果可以临场进行一些客观的变更，每个文书的写作必须符合相应的规范文本格式规定。

## 四、沟通与演练

在相应的证据材料和法律文书撰写完成后，可以进行磋商与演练。主要包括进入法庭的程序，这是学习书本时基本接触不到的领域，这段时间要克服最初模拟审判时的不习惯状态，特别是大家都可能意识到表演性、随意性较强，严肃性不够。通过演练进行克服显得非常必要。另外，一些细节性问题也可以通过演练解决，比如刑事审判中证人参与庭审问题，证人是不能参与庭审全过程的，以防止庭审内容误导其记忆从而影响证明的客观性。法官的中立性以及法官对于法庭不当行为的认定意识培养都依赖于正式审判前的模拟演练。

## 五、正式审判

这是整个模拟审判的中心。学生根据所学法律知识，对事实和法律关系的理解，都将在审判活动中有所体现。案件中的争议焦点、事实形成、证据可采性、证明标准等诸多法律问题的解决都是法学基本理论功底的展现。在审判过程中，每个主体承担的角色各不相同，因此，对程序要求和各自任务所形成的视角也会有所不同。但是正是这诸多的视角、多元角色、多元表现才能将审判展现得丰富多彩和发人深省。在沟通中发现问题，在合作中解决问题。

## 六、审判后总结与反思

审判结束之后，并非是模拟审判的结束。模拟审判是法学学习过程，因此，总结审判过程中的问题与瑕疵，以便于后期在学习过程中改正错误，加强认识。审判中出现的问题可能有：法律关系认知问题、法律责任落实问题、证据链不健全问题、程序中不完善问题等。加强对审判中出现的问题之反思与纠正，也是模拟审判不可忽视的重要环节。

## 第五节　模拟审判的作用

### 一、加强逻辑思维

法律从来就是一个专门的学科，著名的“星期六上午会议”更是验证了这一点。詹姆士二世国王曾经想将司法权收归于皇权麾下，但是却被民事大法官爱德华以法律专属于“技艺理性”而打消念头。这种技艺理性主要表现在长期从业和学习过程中形成的严密逻辑思维。法律一直以来是统治阶级实现治理的最佳手段，也是公民安全感和归宿感的所在。通过审判来实现矛盾的彻底平息而非表面的暂时缓和。矛盾以合情、合理、合乎逻辑的方式解决才是法律的理想，只有合乎逻辑的法律判决才是能够说服矛盾双方的判决，只有合乎逻辑的过程才是矛盾双方能够认同的过程。合乎逻辑是法律的最基本要求，这种合乎逻辑将为普通公民提供评价事实的标准，并由此预测可能产生的法律后果，从而选择趋利避害，有效防范各种争端和违法行为的产生。对事实的认定需要有符合逻辑的严密证据链作为基础，对法律的适用需要有严密的事理、情理、法理逻辑论证。因此，法律适用的每一个环节都充满了对逻辑思维的严格要求。

### 二、促进沟通交流

审判的过程常常是法律谈判的过程，同时也是说服过程。在这个过程中，双方当事人竭尽所能说服法官支持己方诉讼请求，法官则需要说服双方当事人不要各执一端，尽量平和接受法官对争议的决断。对于矛盾的产生、发展、结果需要准确、清晰而完整的表达。双方的诉求、争议焦点往往是双方最为关注的一环，也是分歧最大所在。由于双方都关注自己的利益，在陈述事实、表达理由以及反映诉求时均会从单方角度出发，双方的分歧在最初审判时是最大的，因此，在模拟审判过程中面临的一大任务就是缩小双方的分歧，促使双方能够站在对方角度去分析整体事实与利益分配的可能性，形成双方易于接受的判决。

## 三、形成科学证据事实观

“证据是诉讼的脊梁”。科学的证据事实观，既表现为科学的证据链和证明标准，也表现为科学地对待获得的证据事实。在现代审判制度之下，通行的乃是证据裁判主义。尽管三大审判各有不同，但是对证据的客观信赖是相同的。在模拟审判中，应学会根据案件的性质不同，掌握不同的证据制度，如举证责任、证明标准。比如，刑事案件与民事案件的证明标准有所不同。由于刑事案件追究的是被追诉人的自由乃至生命责任，而且是由公权力主导的诉讼，所以必须从人权角度出发，珍视人的自由和生命，采用最为严格的证明标准，将“排除合理怀疑”，以“疑罪从无”作为审判基础理念。对于民事案件，由于双方当事人皆为平等主体，不存在优劣势之分，而且涉及的责任大多是经济责任，所以，与刑事领域相比，证明标准要宽松许多，通常采用所谓的“优势证明标准”。这两种证明标准之下的证据链的严密性自然有所不同，刑事领域更为严密，法律行业的“孤证不定罪”须严格遵循。美国最经典的辛普森案做出的判决“刑案无罪，民案巨赔”则是这两大领域证明标准迥异的典型彰显。

除此之外，还需要科学对待获得的证据事实。在模拟审判中，获得的事实只能是法律事实，而不是客观事实。在事实的比对中，根据逻辑去除不合理事实。在众多事实当中，加强举证、质证、认证的每个环节，去伪存真，分门别类，根据证据逐步逐项还原可能发生的事实。

## 四、促进程序感性认知

重实体轻程序是法学过程中经常出现的通病，很多人认为法律问题的解决，关键在于实体而不在程序。事实上，程序对于结果的重要性不可忽视。宣告法庭规则，告知当事人回避申请权利，平等中立的对待对立双方，类似的程序事项对于当事人的程序认同感和实体服从感具有很重要的影响作用。诉讼领域有句经典话语：“实体正义的标准往往难以把握，程序正义才是看得见的正义。”看得见的正义才能形成广泛的接纳，看得见的正义需要规范有序的过程展示，程序不是实体的工具，程序有着自身独特的价值和法律意义。严格的程序有利于约束公权力主体的行为依法进行，在行为方式、顺序、时间上遵从一定的约束，同时严格的程序有利于当事人行使程序监督权和程序参与权。

## 五、完善法律职业素养

在法律职业中，法官、检察官、律师乃是典型的法律职业共同体。在诉讼进行过程中，庭审之外的其他活动基本是各主体分散独自进行，大都是根据自己对于案情的理解、当事人一方的叙述进行相关活动，甚至是为了某一方的利益而采取行为。庭审过程中，双方同时在法庭上陈述事实，呈现证据并进行质证、辩论，唇枪舌战在所难免，而且各执一词之状态将长久持续。这要求：一方面，控辩双方诉讼代理人秉承法律理性立场，站在法官的角度分析事物的本质和过程，评估案件可能面对的结果以及及时矫正错误行为和不利行为；另一方面，法官既要保持自身的中立性，同时分别从对立双方当事人着眼，对当事人陈述事实和提交的证据进行换位思考和审慎查验，即从当事人双方立场出发，得出不偏不倚的决断。另外，法律职业素养的另一方面表现为通过模拟审判，抓住案件的关键点，学会从相关性角度分析事实、收集证据等，在法庭上，以严密的法律思维，理性对待庭审全过程，不把对方看成仇人，不将庭审变成你死我活的战场，不采用情感方式而代之以理性态度对待庭审。

## 六、优化教学相长

在模拟审判中，主要以学生为中心，学生在该活动中践行一种自主式学习，通过主观能动的选择，不断寻求需要攻坚的实践知识，完善自己的知识体系，发现在学习过程中应用的欠缺，真正做到学以致用，使得理论与实践较好地结合。老师在该活动中，转换了以往满堂灌的填鸭式教学方法，代之以一种启发式教学，抛出典型案例，提出关键性问题，及时发现学生在理论联系实际中的不足，快速反应，帮助学生及时解决问题。在此过程中，老师及时发现解决问题的过程也是总结教学问题和经验的过程。找到学生易犯的错误，尽最大努力防止相同错误再次发生，在指导模拟审判过程中总结学生在审判中的表现优势和缺陷，为日后的教和学积累经验，打下坚实的基础。

# 第四章　模拟审判分论

## 第一节　刑事案件模拟审判

### 一、刑事普通程序的基本理论

在刑事审判前，应熟练掌握刑事诉讼的基本理论，打下扎实的理论功底，这是顺利完成刑事诉讼审判的基本先决条件。刑事审判程序涵盖的基本理论主要包括基本理念、基本原则和基本制度。

#### （一）基本理念

在刑事诉讼中，由于刑事责任是由强大的国家公权力实现的对被追诉者的以生命或自由为载体的法律责任形式，因此，该诉讼程序的基本理念应主要包括人权理念与无罪推定理念。

1. 人权理念

刑事诉讼中，控辩双方从法律地位上而言，具有平等性，但是在实质权能上，其实存在着鲜明的强弱悬殊性。从大的方面而言，刑事诉讼反映着国家的人权基本情形，是一国人权状况的晴雨表。在刑事诉讼中必须加强人权理念，主要表现为以下四个方面。其一，任何人都有可能成为潜在的犯罪嫌疑人，如果在刑事诉讼中任意践踏人权，则受害者会不计其数，冤假错案也会不可避免，这将使得刑事诉讼失去法律正当性。其二，任何人都不能被强迫自证其罪，就人性角度而论，强迫被追诉者进行自我控诉是严重违背当事人意愿的行为，更是不人道行为，假设犯罪嫌疑人未进行某项犯罪行为，公权力机关在无其他证据存在的情形下可能会强迫嫌疑人供述认罪，毫无疑问，允许强迫自证其罪则极可能导致刑讯逼供之风盛行，当事人的意志、生命、自由都将不被尊重。其三，刑事诉讼追究的是以生命和自由为代价的法律责任。与民事责任主要涉及经济责任相比，刑事责任是针对人身的法律责任，而人的生命、自由是人生存中最为重要的权利，一旦被剥夺，则意味着最大的损害，因此，要剥夺一个人的生命自由权，必须具有强有力的证据和事实证明这种剥夺的正当性，这就要赋予被追诉者充分的权利来保护自身，以达到与公权力机关的真正对抗。其四，公私权的强弱差别。在刑事诉讼主体的分类上，分为公权力主体和私权利主体。公权力主体，即公检法机关。私权利主体主要指所有当事人和部分证人以及辩护人和代理人。就取证能力、专业知识、心理素质来说，公权力比私权利主体有着不可比拟的优越性，但是稍有不慎则可能会侵害当事人的基本人权。

2. 无罪推定理念

在刑事诉讼整个过程中，最基本的、贯穿始终的另一理念是无罪推定。无罪推定是指任何人在被法院定罪之前都应该被视为无罪的、享有基本权利的普通公民，而不应该有任何歧视或者认定其必然有罪。不遵守这一理念，则极有可能导致诉讼过程中的被逼供或被利诱。这就要求在审讯中，言辞上对当事人不能以罪犯冠称，也不能简称为某某犯。在权利上，对于被告人的回避申请权、辩护权、最后陈述权等予以充分有力的保障。

### （二）基本原则

1. 程序法定原则

在刑事审判中，程序法定原则表现为以下几点：首先，程序先后顺序的法定性，比如先宣告法律审理秩序规定，而后审判人员入场，先核对当事人身份再开始法庭正式审判；其次，问话程序的法定性，通常先由控方就事实进行讯问再由辩方进一步发问，当控辩双方问完所有问题时法官如果认为有必要的话，才可以最后进行提问；最后，有关强制性程序或者证人到庭程序都必须履行法律规定程序，由特定人员经过法定审批方式完成。

2. 司法独立原则

该原则显示了刑事审判中法院的中立性以及不受任何主体干扰。司法独立在我国主要表现为法院独立行使国家审判权和法官独立行使审判权。在上下级法院关系上，我国宪法规定了上下级人民法院之间的监督与被监督关系，这就表明上级法院只能指导、监督而不能领导下级法院的审判。而在审判过程中，遵循民主集中制原则，每个审判人员充分而自由地发表自己对于本案的意见。为了实现毫无干扰的评议，所有案件一律秘密评议，这就是对于司法审判人员发表独立性意见的较好保护。

### （三）基本制度

1. 公开审判制度

在诉讼程序中，我国《刑事诉讼法》规定以公开审判为原则，不公开审判为例外，但无论是否公开审理，最后判决的宣告一律公开。不公开审理的案件通常都必须具备法律规定的某种特殊性，根据我国现行法律，不公开审理的案件主要包括以下几类：第一，所有年满 14 周岁不满 18 周岁未成年人犯罪案件，但是，未成年被告人及其法定代理人同意，未成年被告所在学校和未成年人保护组织可以派代表到场；第二，有关涉及国家秘密案件；第三，涉当事人个人隐私或者有关性犯罪案件；第四，涉及有关商业秘密的案件，当事人申请不公开审理的，可以不公开审理。

凡是决定不公开审理的案件，除本案合议庭审理人员外，法院其他与本案无关人员及社会大众均不能参与审理，成年被告人的家属甚至近亲属不能参与庭审，同时不能为了扩大对未成年人的教育效应，而由某些青少年所在学校学生、教师、领导以及妇联组织人员参与庭审。

2. 回避制度

回避制度是一项与所有诉讼主体利益密切相关的制度，并贯穿于刑事诉讼的侦、诉、审全过程。回避针对的对象主要是侦查人员、检察人员、审判人员。需要注意的是，这里的三机关人员，包含了与之对应阶段的主办人员，如侦查员、检察官、法官，同时还包含了相应阶段的书记员、翻译人员、鉴定人员。在我国，回避有两种，申请回避和自行回避。前者是私权利主体对公权力部门相关人员提出，后者由公权力部门有关人员自己向本单位负责人提出。目前，根据我国法律规定，所有回避的提出必须具备法定理由，理由外的回避申请由主要办案人员当场驳回，理由内的申请才需遵循一定程序，由单位负责人进行审批。在审判中，法官必须针对当事人提出的理由进行适当处理。对于当事人申请的回避，由被申请人所在单位的负责人决定是否同意回避。在审批过程中，被申请回避的检察人员和审判人员必须停止工作。对于被否决的回避申请，如果属于法定理由范围的情形，当事人及其代理人、辩护人有权申请复议一次。

3. 合议制度

在刑事审判程序中，审判人员的组成方式一般以合议庭为主，只有基层人民法院适用简易程序的案件，可以由审判员一人独自审判。在我国，根据《刑事诉讼法》的规定，对案件事实清楚，证据充分，被告人自己承认所犯罪行，对指控的犯罪事实无异议，被告人对适用简易程序无异议的案件可以适用简易程序。在模拟审判中，应选择逻辑思维能力较强，具有周密组织能力同时具有深厚法学功底的学生担任审判长，审判人员的组成尽量多元化。

## 二、刑事审理程序的法律规定

### （一）刑事程序的种类划分

刑事审理程序有多种，从繁简程度划分可分为刑事普通程序和刑事简易程序。

从主体划分可分为未成年人犯罪案件审理程序、普通群体刑事犯罪审理程序、涉外刑事案件审理程序。从提起诉讼的主体不同又可划分为公诉案件审理程序和自诉案件审理程序。从审级上划分可分为刑事一审程序、刑事二审程序、刑事再审程序、死刑复核程序等。

### （二）刑事审理程序的法律规定

1．主体性规定

(1)《刑事诉讼法》

刑事审理程序的相关法律规定主要集中在该法律中。我国的《刑事诉讼法》从1979年诞生以来经历了两次修正，第一次是1996年的3月17日第八届全国人民代表大会第四次会议通过的修正决定，2012年3月14日第十一届全国人民代表大会第五次会议则对《刑事诉讼法》进行了第二次修正，并于2013年1月1日正式实施。新的《刑事诉讼法》在审判程序规定上与以往相比，更为多元化，也更具有可操作性。目前，《刑事诉讼法》关于审理程序的规定主要在第三编的五章内容之中。第一章第178—180条是关于各级法院审判组织的规定，第二章第181—215条对刑事一审程序中普通程序、自诉程序、简易程序做出了基本规定，第三章第216—234条规定了刑事二审程序，第四章第235—240条规定了死刑复核程序，第五章第241—247条则是关于审判监督程序的相应法律规定。除第三编的主要审理程序之外，在第五编还规定了特别审理程序，包括第266—276条的未成年人刑事案件诉讼程序，第277—279条的当事人和解的公诉案件诉讼程序，第280—283条的关于犯罪嫌疑人、被告人逃匿、死亡案件违法所得的没收程序，第284—289条的关于依法不负刑事责任的精神病人强制医疗程序，除上述专章规定外，涉及审理的还有相应辩护与代理、回避、证据制度等章节规定。

(2)最高人民法院司法解释

2012年11月5日，最高人民法院审判委员会第1559次会议通过了《最高人民法院关于适用〈中华人民共和国刑事诉讼法〉的解释》。该解释共有24章548条，是刑事审判过程中应用最为全面的法律解释，主要针对法院审判职责以及行为事项进行了详细解释与规定，同时对当事人在刑事审判中的权利和义务以及相应的行为规范进行了细化规定，对审判中的程序权利及行使均按照《刑事诉讼法》的规定进行了进一步的详细解释。

在模拟审判中，该司法解释的第九章“公诉案件第一审普通程序”是运用得较多的一部分。第180—258条，用五个部分分别规定了审查受理与庭前准备、宣布开庭与法庭调查、法庭辩论与最后陈述、评议案件与宣告判决、法庭纪律与其他规定。

该司法解释还就审判组织、审判方式，当事人的辩护权、回避权、管辖，自诉程序，简易程序，未成年人案件审理程序以及财产的处理方面，针对《刑事诉讼法》的原则性规定进行了详细的解释与规范。

(3)《中华人民共和国人民法院法庭规则》

该规则主要针对法庭审理中的纪律注意事项，在全国各人民法院予以统一适用，共 15 条。其内容对审理人员、诉讼参与人以及旁听者在审判中应遵循的行为规则进行了具体界定。

2. 补充性规定

(1)《人民检察院刑事诉讼规则(试行)》

该规则由最高人民检察院第十一届检察委员会于 2012 年 10 月 16 日第八十次会议通过。共 708 条，对于刑事诉讼中的原则、制度等围绕《刑事诉讼法》的基本规定进行了系列解释，核心部分是对检察机关的审查起诉进行了详细的解释，在第十二章"出席法庭"规定中对于出席审判的公诉人员的权利义务和行为规范进行了具体规定。该解释的第 426—483 条规定了刑事审判中的公诉、举证质证、法庭提问，以及证据展示等方面的规则与要点、具体审判程序要求，对法庭审理中的监督要点等进行了细化规定。

(2)六部委联合司法解释

该司法解释的全称是《最高人民法院、最高人民检察院、公安部、国家安全部、司法部、全国人大常委会法制工作委员会关于实施〈刑事诉讼法〉若干问题的规定》，由以上六部门于 2012 年 12 月 26 日联合发布。全文共 40 条，第 25—32 条对审判细则进行了详细规定，内容主要涉及审判中的新事实、新证据的认定，鉴定中的问题处理，检察机关与法院在审判中的相互关系及处理方式等。

另外，《中华人民共和国法院组织法》《中华人民共和国检察院组织法》《中华人民共和国法官法》《中华人民共和国检察官法》《中华人民共和国律师法》等相关法律中也有少量与审判相关的规定，在这些法律中，规定了参加审判人员的权利、义务、活动规则以及相应救济手段与法律责任等。

## 三、刑事审理程序的案例选择

刑事模拟审理程序中，案例的选择是首要而关键的一步，好的案例是模拟审判取得成功的基本前提。在案例选择过程中，应该考虑如下因素：第一，模拟审判的参与主体；第二，案例本身包含的法律关系；第三，案例涉及的主体群(主体数量、主体身份)；第四，案例的时代性与前沿性。

### (一)参与主体

模拟审判参与主体的基本状况是案例选择必须考虑的首要因素。低年级学生的模拟审判与高年级学生的模拟审判，内容和复杂程度迥然不同。

首先，从目的上看，低年级学生的模拟审判目的主要是为了增加其对法庭审判、法律知识系统性的初步认识。针对低年级学生的模拟审判主要是为了增强趣味性，引发刚入学法学学生对于法律课程兴趣的提升，加强对学科知识的重视，此时的启蒙目的比较明显。对于高年级学生，进行模拟审判的目的与其说是学习不如说是实践与检验。此阶段学生的模拟审判主要侧重于应用几年来所学的法律知识，在实践中进一步夯实基础。

其次，从知识结构上，由于不同年级学生所具备的基础知识的不同，案例的复杂程度应有所不同。随着基础知识的充实，应循序渐进增加案例的难度。学生的基础知识在审判中进一步应用并检验，并在分析案例过程中强化基础知识，使书本上的法律成为活的法律。除了复杂程度上的不同设置外，还可根据法律关系，涉及领域的不同进行不同类别案件的模拟审判，如人身伤害类案件审判、职务犯罪类案件审判等，使学生对不同领域内法律问题的认知进一步具体与深化。

最后，从法学理念上，在入门之初，可以针对性地进行理念的引导与强化，如刑事领域中的两大基本理念，人权理念和无罪推定是在刑事审判中必须遵循的，可以考虑选择一些证据有疑点无法形成证据链的案例，让初学学生体会到无罪推定的重要性，同时也体会到人权保护的重要性。对于高年级的学生则需要对法学更深次的理念进行适当的引导，例如刑法的谦抑性理念、宽严相济理念，这些能够帮助学生把握现行刑事诉讼过程中司法工作所秉承的工作理念，为其将来的社会化法律服务提供必要的思想基础。

### （二）案例本身包含的法律关系

对于刑事模拟审判而言，法庭调查和法庭辩论是模拟审判的核心环节，在案例选择中，案件事实和性质所形成的法律关系是审判的中心内容。精心选择法律关系是审判能否精彩的首要前提。

因此，案例包含的法律关系应具有以下特点。第一，观点的可争辩性。主要指的是罪与非罪、重罪与轻罪之间具有一定的可辩诉性。对于控方而言，可以找到被告人有罪和罪重之证据事实，而对于辩方即被告人而言，可以寻求无罪与罪轻之证据事实。这样可以形成法庭审理中控辩双方强有力的对抗，增加庭审中法庭调查和辩论亮点。比如正当防卫与故意伤害关系之辩，故意伤害与故意杀人关系之辩，抢劫与抢夺关系之辩，抽逃注册资本与虚报注册资本关系之辩。第二，材料的可塑造性。法律关系需要一定的证据材料支撑，在证据链的环节上，往往一件小证据或者证据的某一环节对案件的法律关系和事实有着较为关键的证明作用，从有利于自身的法律关系入手，控辩双方都可以寻求到有利于自身的证据来证明自己所主张的法律关系和事实。在某些特殊案件中，同一证据的证明力也可以根据不同的角度做出不同的解释，在模拟审判过程中，设计具有不同理解方式的证据对提高学生运用证据的能力有着一定的作用。

### （三）案例涉及的主体群

在刑事审判中除了要考虑可能涉及的法律关系以及其在法庭上可能达到的审判效果，还需要考虑在案例中涉及的相关人员。集体型的模拟审判，应当尽量选择能够包括尽可能多的诉讼主体的案例。在刑事案件中，一般以公诉为主，所以在共同被害人和共同被告人的两种主体群选择中，考虑到被害人在公诉案件中仅仅是辅助控告人，尽量选择有共同被告人的案例较为合适。一般共同被告人的选择为2～4位较为合适，人数过少，无法显示共同被告人在犯罪中的主从作用，难以强化彼此的对抗性，而人数过多则可能消磨时间过长，程序活动重复展示，显得枯燥而烦琐，从而使模拟审判的效果大打折扣。除了考虑上述当事人主体群，对于相应的辩护人、证人等主体群也应当考虑到与大学生扮演和模拟相匹配。

除了考虑诉讼主体模拟审判的可行性，在案例的选择方面还需要考虑案例与大学教育之间的关系。在主体身份上，可以选择大学生校园犯罪案件进行模拟审判，在审判之前通过公告形式进行校园范围内的告知，号召全校学生进行旁听，实现模拟审判与警示教育的双重目标。这类主体犯罪的模拟审判，既可以实现身份上的一致性，使演绎效果更为逼真，也可以起到宣传教育作用。同时，也可以在审判过程中加入适当评判，在案件审理结束时，进行适当的总结，对案件发生的原因进行适当的分析，对此类犯罪总结出相应的防范措施，实现校园内的犯罪预防。

### （四）案例的时代性与前沿性

在案例的选择中，既要考虑传统案例，也要考虑具有时代特征的案例。如在信息时代，网络游戏犯罪、侵害计算机系统犯罪、传播计算机病毒犯罪、银行系统破坏性犯罪等，这类犯罪涉及新的调查取证手段和新的法律关系构成，一般这类案件对于学生的吸引力较大，学生更愿意关注一些新型犯罪。在这种模拟审判中，学生的好奇心和征服愿望被激发，常常愿意投入更多的精力参与其中。如2008年的许某ATM机取款17.5万的案件，其中存在很多司法实践中的新问题：盗窃罪中“秘密窃取”的理解（在摄像头之下的行为是否为秘密窃取）、期待可能性问题的理解（在刑法中是否构成犯罪）等。这些问题都是在理论上存在争议的前沿性问题，这个案例中一方面盗窃取款机上钞票的行为体现出具有时代性的盗窃类型，另一方面罪名认定时存在的争议点体现出刑法前沿理论问题，这类案例在模拟审判中能挑战学生对理论知识的把握程度与理论的创新能力，同时由于案件本身存在较大的争议性，学生可以从不同角度对问题进行不同的理解与阐述。这种类型的案例最适合模拟审判，通常能够获得良好的教学效果。

## 四、刑事普通程序的文书写作

在刑事审判中，文书写作是不可或缺的重要环节。在刑事案件中，公文书主要有起诉书、判决书、公诉意见书等，而私权利文书主要有刑事自诉状、刑事附带民事起诉状、辩护词以及代理词，同时可能还会涉及当事人向公权力机关提出的一些申请文书，比如回避申请书、补充或重新鉴定申请书等。

### （一）起诉书

1. 起诉书的概念和功能

起诉书，是人民检察院经侦查或审查确认被告人的行为构成犯罪，应依法交付审判，代表国家向人民法院提起公诉时所制作的文书。根据最高人民检察院印发的2002年施行的格式（样本），起诉书又可分为两类格式。一类为刑事案件提起公诉的起诉书，包括普通程序案件适用、单位犯罪案件适用、简易程序案件适用三种格式。另一类为刑事附带民事起诉书，适用于刑事附带民事诉讼。

2. 起诉书的主要组成部分

起诉书为文字叙述式。根据最高人民检察院印发格式（样本），普通程序案件、单位犯罪案件、简易程序案件适用的三种格式起诉书均由首部、被告人（被告单位）的基本情况、案由和案件的审查过程、案件事实、证据、起诉要求和根据、尾部七部分内容组成。起诉书模板如下。

**××省××人民检察院**

**起　诉　书**

×检　　刑诉［　］×号

被告人：（写明姓名、性别、出生年月日、身份证号码、民族、文化程度、职业或者工作单位及职务、住址、曾受到行政处罚和刑事处罚的情况，以及因本案采取强制措施的情况等）。

本案由×××（侦查机关）侦查终结。以被告人×××涉嫌××罪，于××××年××月××日向本院移送审查起诉。本院受理后，于××××年××月××日已告知被告人有权委托辩护人，××××年××月××日已告知被害人及其法定代理人或者近亲属。附带民事诉讼的当事人及其法定代理人有权委托诉讼代理人，依法讯问了被告人。听取了被害人的诉讼代理人×××和被告人的辩护人×××的意见。审查了全部案件材料……（写明退回补充侦查，延长审查起诉期限等情况）。

经依法审查查明：……（写明经检察机关审查认定的犯罪事实，包括犯罪时间、地点、经过、手段、目的、动机、危害后果等与定罪有关的事实要素。应当根据具体案件情况，围绕刑法规定犯罪构成要件叙写）。（对于只有一个犯罪嫌疑人的案件，犯罪嫌疑人实施多次犯罪的犯罪事实应逐一列举；同时触犯数个罪名的犯罪嫌疑人的犯罪事实应该按照主次顺序分类列举。共同犯罪的案件，写明犯罪嫌疑人的共同犯罪事实及各自在共同犯罪中的地位和作用后，按照犯罪嫌疑人的主次顺序，分别叙明各个犯罪嫌疑人的单独犯罪事实）认定上述事实的证据如下：……（针对上述犯罪事实，分列相关证据）。

本院认为：……（概括论述犯罪嫌疑人行为的性质、危害程度、情节轻重），其行为触犯了《中华人民共和国刑法》第×条（引用罪状、法定刑条款），犯罪事实清楚，证据确实充分，应当以××罪追究刑事责任。根据《中华人民共和国刑事诉讼法》第172条规定，提起公诉，请依法判处。

此致

××人民法院

检察员：

××××年××月××日

（院印）

附：(1)被告人现在处所。具体包括在押被告人的羁押场所和监视居住、取保候审的处所。

(2)证据目录、证人名单和主要证据复印件，并注明数量。

(3)有关涉案款物情况。

(4)被害人（单位）附带民事诉讼的情况。

(5)其他需要附注的事项。

3. 注意事项

叙述事实要正确处理特殊问题。因为案件涉及面广，有些特殊问题，在起诉书犯罪事实部分的叙述中要妥善处理。

(1)遇有涉及党和国家重大机密问题时，必须注意保守机密，非叙述不可的，应当做笼统抽象的表述，不能将机密内容按原文抄录。

(2)有伤风化的情节，叙述时要考虑社会影响，不写有伤风化的细节。个别案件不写这一情节无法揭露犯罪性质的，也要概括地写，不做具体叙述。涉及被害人个人隐私的，应注意省略被害人的名字。

(3)犯罪后自首的，一般是在叙述犯罪事实之后，用简要文字写明自首的时间、地点、受理自首的机关、自首内容等。如有立功表现的，也应一并叙明。

(4)起诉书必须涉及非本案被告人的人员姓名时，应当按具体情况，妥善处理。对行为已构成犯罪或严重违法，司法机关已经或正在另案处理的，应当在此人姓名后面用括号注明"另案处理"。

(5)共同犯罪案件，其中一名或数名共犯在逃的，起诉书中写在逃犯姓名时，可在姓名之后用括号注明"另案处理"。

(6)如果公诉人不出庭支持公诉的，需要在起诉书最后一段载明如下内容：

①概括阐明被告人行为的犯罪性质、危害程度、情节轻重；

②认定被告人犯罪行为触犯的我国刑事法律名称及条款，这是定罪和追究刑事责任的根据；

③认定被告人是否具有从重、从轻、减轻处罚的情节和法律依据，依法提出请法庭予以从重、从轻、减轻处罚的倾向性意见；

④写明做出起诉决定的法律依据，即依据《刑事诉讼法》第 141 条的规定，对本案被告人提起公诉，送交法院审判，依法予以惩处。

### (二)公诉意见书

1. 公诉意见书的概念和功能

公诉意见书，是在人民检察院对刑事被告人提出起诉书的基础上，全面地揭露被告人的犯罪行为，证实被告人的犯罪行为，分析犯罪行为的性质、后果和对社会的危害，阐明为什么追究被告人的刑事责任的诉讼文书。最高人民检察院 2002 年施行的法律文书格式，已将公诉意见书列为检察院法律文书。

根据《刑事诉讼法》第 184 条和第 210 条的规定，人民法院审判公诉案中，人民检察院应当派员出席法庭支持公诉。适用简易程序审理公诉案件，人民检察院应当派员出席法庭。出席法庭的公诉人，在法庭调查结束法庭辩论阶段开始时，依法首先集中对该案证据、案件情况、定罪量刑、适用法律等重大问题，发表支持公诉的意见，提请法庭注意。为保证公诉人集中发表公诉意见的质量，应当在出庭准备时制作好公诉意见书，再根据法庭调查的新情况，做适当修改补充后当庭宣读。由此可见，发表公诉意见书，是《刑事诉讼法》规定的法庭审理公诉案件的必备内容，是公诉人集中对起诉书指控被告人罪行和适用法律等重要问题的进一步阐述和论证，也是法庭听取国家公诉人对法庭调查的事实及如何定罪量刑等问题的结论性意见的重要形式，对法庭正确审理案件、准确定罪量刑有重要意义。同时，公诉意见书对旁听群众也起着一种法制宣传教育的作用。

2. 公诉意见书的主要组成部分

公诉意见书要与起诉书相辅相成。制作公诉意见书的基本要求是：论证有理有据，论点鲜明清楚，分析透彻深刻，语言准确通俗，逻辑严密，重点突出。其内容结构和具体写法如下。

(1)首部。包括制作文书的人民检察院名称、文书名称、被告人姓名、案由、起诉书号、法庭审判人员称谓。在法庭宣读时,只宣读“审判长、审判员(人民陪审员)”及公诉意见书正文部分。首部其他内容不在法庭上读出,以免重复。

(2)正文。正文是公诉意见书的主体部分。先应阐明检察人员出庭支持公诉的法律根据、法庭上的身份和职责。这部分内容应当按规定程式写明。然后,结合案情,重点阐述以下问题。

第一,根据本案证据和法庭调查的情况,概述法庭质证的情况、各证据的证明作用,并运用证据链条证明被告人犯罪事实清楚,证据确实充分。

第二,根据被告人的犯罪事实情节,论证应适用的法律条款并提出定罪及从重、从轻、减轻处罚的意见及理由。关于这部分内容,在研究实行公诉改革中,有关部门拟提出:适用普通程序审理的公诉案件,根据庭审具体情况,在公诉意见书中提出检察机关具体量刑建议。

第三,根据庭审情况,在揭露被告人犯罪行为的社会危害性的基础上,进行必要的法制宣传和教育。

对需要从重或从轻、减轻处罚的,要详细分析犯罪的社会危害性,系统分析从重、从轻处罚的法定理由,法律根据以及社会效果。

对未成年人犯罪案件或者其他有法制宣传意义的案件,应着重剖析犯罪原因、思想和社会根源,以及有关单位疏于防范的漏洞等,以便通过法制教育,起到减少和预防犯罪、促进失足者悔过自新的效果。

对共同犯罪案件,特别是犯罪集团,要在全面分析案情的基础上,重点揭露主犯的罪行和罪责,同时对骨干分子与其他参与者的行为进行不同程度的分析,对共同犯罪的危害性进行论证,实现社会预防的目的。

公诉意见书的重点要突出。当一个案件有几个问题都需要重点论述时,可以分别详细论述,也可以有所侧重。总之,要根据案情,集中重点论述支持公诉和公正履行检察职责的意见。

正文结尾部分,要高度概括和重申公诉意见书的基本论点。写明“综上所述,起诉书认定本案被告人×××的犯罪事实清楚,证据确实充分,依法应当认定被告人有罪,并应(从重、从轻、减轻)处罚”。

(3)尾部。包括法律身份“公诉人”并署名。公诉人为两人以上的,应当同时署名。注明××××年××月××日当庭发表。

## (三)刑事一审有罪判决书

1. 刑事一审有罪判决书的概念

人民法院对于所受理的刑事案件，依照第一审程序审理终结，事实清楚，证据确凿，确认被告人的行为构成犯罪，应负刑事责任，依法做出的书面处理结论，称为第一审刑事有罪判决书。

2. 刑事一审有罪判决书模板

**××省××市(县)人民法院**

刑事判决书

(年度)×刑初字第××号

公诉机关××人民检察院

被告人×××(曾用名、别名、化名)，性别、出生年月日、民族、出生地、文化程度、工作单位和职务、住址，有无前科，何时被拘留，何时被逮捕，羁押处所等项。("前科"是指被告人从前曾被科处刑罚。应具体写明于何时，因犯何罪，受过何种刑事处分。受过劳动教养处理(包括解除劳教时间))

辩护人、律师，只写姓名、工作单位和职务。

××人民检察院以×检×诉[　]××号起诉书指控被告人×××犯××罪，于××××年××月××日向本院提起公诉。本院依法组成合议庭，公开(或者不公开)开庭审理了本案。××人民检察院指派检察员×××出庭支持公诉，被害人×××及其法定代理人×××、诉讼代理人×××，被告人×××及其法定代理人×××、辩护人×××、证人×××、鉴定人×××、翻译人员×××等到庭参加诉讼。现已审理终结。

检察院指控的内容，即指控被告人的犯罪事实、证据、适用法律的意见或诉讼请求；其次写明被告人的供述、辩解、自行辩护的意见、有关证据和辩护人的辩护意见。

经依法审理查明："……"在这句话之后，首先写明庭审查明的事实；其次写明经举证、质证作为定案的证据及其来源；然后对双方有异议的事实、证据进行分析、认证。对控、辩双方有争议的事实、情节和证据，应当作为重点分析叙述。

本院认为，接着进行分析论证。这一部分的核心内容是针对案情事实、情节，运用法律规定、政策精神与犯罪构成的理论、要件，分析被告人行为的实质，论证应该如何处理。判决如下：

一、被告人×××犯××罪，判处……(写明主刑、附加刑)；

(刑期从判决执行之日起计算。判决执行以前先行羁押的，羁押1日折抵刑期1日。即自××××年××月××日起至××××年××月××日止)

二、被告人×××……(写明决定追缴、退赔或者发还被害人,没收财物的名称、种类和数额)。

如不服本判决,可在接到判决书的第二日起十日内,通过本院或者直接向××人民法院提出上诉。书面上诉的,应提交上诉状正本一份,副本×份。

审 判 长
审 判 员
人民陪审员
××××年××月××日
(院印)

本件与原本核对无异

书 记 员

3. 刑事一审有罪判决书的主要组成部分

刑事一审有罪判决书,具体由首部、事实、理由、判决结果和尾部五部分组成。

(1)标题。写明制作文书的法院全称和文种名称,即"××省××市(县)人民法院刑事判决书"或"×××中级(或高级)人民法院刑事判决书"。标题应分作两行写,第一行写法院全称,基层法院要冠以省、自治区、直辖市的名称。判处涉外案件时,各级法院均应冠以我国的国名,字形比正文大一号;第二行写"刑事判决书"。"刑事判决书"字形要比正文大两号,以期醒目。标题的右下方写"(年度)×刑初字第××号"。

文种名称之前不加审级,也不加表明文书性质的词语,如"有罪""无罪""科刑"等。案号由立案年度、制作法院、案件性质、审判程序代字和案件的顺序号组成。根据最高人民法院的规定,现在各级法院均以省为单位,各法院有独立编号(以江苏省为例,表4-1列出了江苏省各级法院编号)。年份应写完整数字,用括弧括起。

**表4-1 江苏省各级法院编号**

| 法院名称 | 法院代字 | 区划代码 | 行政区划 |
|---|---|---|---|
| 江苏省高级人民法院 | 苏 | 320000 | 江苏省 |
| **江苏省南京市中级人民法院** | **苏01** | **320100** | **南京市** |
| 南京市玄武区人民法院 | 苏0102 | 320102 | 南京市玄武区 |
| 南京市秦淮区人民法院 | 苏0104 | 320104 | 南京市秦淮区 |
| 南京市建邺区人民法院 | 苏0105 | 320105 | 南京市建邺区 |
| 南京市鼓楼区人民法院 | 苏0106 | 320106 | 南京市鼓楼区 |
| 南京市浦口区人民法院 | 苏0111 | 320111 | 南京市浦口区 |
| 南京市栖霞区人民法院 | 苏0113 | 320113 | 南京市栖霞区 |

续表

| 法院名称 | 法院代字 | 区划代码 | 行政区划 |
|---|---|---|---|
| 南京市雨花台区人民法院 | 苏0114 | 320114 | 南京市雨花台区 |
| 南京市江宁区人民法院 | 苏0115 | 320115 | 南京市江宁区 |
| 南京市六合区人民法院 | 苏0116 | 320116 | 南京市六合区 |
| 南京市溧水区人民法院 | 苏0117 | 320117 | 南京市溧水区 |
| 南京市高淳区人民法院 | 苏0118 | 320118 | 南京市高淳区 |
| **江苏省无锡市中级人民法院** | **苏02** | **320200** | **无锡市** |
| 无锡市崇安区人民法院 | 苏0202 | 320202 | 无锡市崇安区 |
| 无锡市南长区人民法院 | 苏0203 | 320203 | 无锡市南长区 |
| 无锡市北塘区人民法院 | 苏0204 | 320204 | 无锡市北塘区 |
| 无锡市锡山区人民法院 | 苏0205 | 320205 | 无锡市锡山区 |
| 无锡市惠山区人民法院 | 苏0206 | 320206 | 无锡市惠山区 |
| 无锡市滨湖区人民法院 | 苏0211 | 320211 | 无锡市滨湖区 |
| 江阴市人民法院 | 苏0281 | 320281 | 江阴市 |
| 宜兴市人民法院 | 苏0282 | 320282 | 宜兴市 |
| 无锡高新技术产业开发区人民法院 | 苏0291 | | |
| **江苏省徐州市中级人民法院** | **苏03** | **320300** | **徐州市** |
| 徐州市鼓楼区人民法院 | 苏0302 | 320302 | 徐州市鼓楼区 |
| 徐州市云龙区人民法院 | 苏0303 | 320303 | 徐州市云龙区 |
| 徐州市贾汪区人民法院 | 苏0305 | 320305 | 徐州市贾汪区 |
| 徐州市泉山区人民法院 | 苏0311 | 320311 | 徐州市泉山区 |
| 徐州市铜山区人民法院 | 苏0312 | 320312 | 徐州市铜山区 |
| 丰县人民法院 | 苏0321 | 320321 | 丰县 |
| 沛县人民法院 | 苏0322 | 320322 | 沛县 |
| 睢宁县人民法院 | 苏0324 | 320324 | 睢宁县 |
| 新沂市人民法院 | 苏0381 | 320381 | 新沂市 |
| 邳州市人民法院 | 苏0382 | 320382 | 邳州市 |
| 徐州经济技术开发区人民法院 | 苏0391 | | |
| **江苏省常州市中级人民法院** | **苏04** | **320400** | **常州市** |
| 常州市天宁区人民法院 | 苏0402 | 320402 | 常州市天宁区 |
| 常州市钟楼区人民法院 | 苏0404 | 320404 | 常州市钟楼区 |
| 常州市戚墅堰区人民法院 | 苏0405 | 320405 | 常州市戚墅堰区 |
| 常州市新北区人民法院 | 苏0411 | 320411 | 常州市新北区 |
| 常州市武进区人民法院 | 苏0412 | 320412 | 常州市武进区 |
| 溧阳市人民法院 | 苏0481 | 320481 | 溧阳市 |

续表

| 法院名称 | 法院代字 | 区划代码 | 行政区划 |
|---|---|---|---|
| 金坛市人民法院 | 苏 0482 | 320482 | 金坛市 |
| 常州高新技术产业开发区人民法院 | 苏 0491 | | |
| **江苏省苏州市中级人民法院** | **苏 05** | **320500** | **苏州市** |
| 苏州市虎丘区人民法院 | 苏 0505 | 320505 | 苏州市虎丘区 |
| 苏州市吴中区人民法院 | 苏 0506 | 320506 | 苏州市吴中区 |
| 苏州市相城区人民法院 | 苏 0507 | 320507 | 苏州市相城区 |
| 苏州市姑苏区人民法院 | 苏 0508 | 320508 | 苏州市姑苏区 |
| 苏州市吴江区人民法院 | 苏 0509 | 320509 | 苏州市吴江区 |
| 常熟市人民法院 | 苏 0581 | 320581 | 常熟市 |
| 张家港市人民法院 | 苏 0582 | 320582 | 张家港市 |
| 昆山市人民法院 | 苏 0583 | 320583 | 昆山市 |
| 太仓市人民法院 | 苏 0585 | 320585 | 太仓市 |
| 苏州工业园区人民法院 | 苏 0591 | | |
| **江苏省南通市中级人民法院** | **苏 06** | **320600** | **南通市** |
| 南通市崇川区人民法院 | 苏 0602 | 320602 | 南通市崇川区 |
| 南通市港闸区人民法院 | 苏 0611 | 320611 | 南通市港闸区 |
| 南通市通州区人民法院 | 苏 0612 | 320612 | 南通市通州区 |
| 海安县人民法院 | 苏 0621 | 320621 | 海安县 |
| 如东县人民法院 | 苏 0623 | 320623 | 如东县 |
| 启东市人民法院 | 苏 0681 | 320681 | 启东市 |
| 如皋市人民法院 | 苏 0682 | 320682 | 如皋市 |
| 海门市人民法院 | 苏 0684 | 320684 | 海门市 |
| 南通经济技术开发区人民法院 | 苏 0691 | | |
| **江苏省连云港市中级人民法院** | **苏 07** | **320700** | **连云港市** |
| 连云港市连云区人民法院 | 苏 0703 | 320703 | 连云港市连云区 |
| 连云港市海州区人民法院 | 苏 0706 | 320706 | 连云港市海州区 |
| 连云港市赣榆区人民法院 | 苏 0707 | 320707 | 连云港市赣榆区 |
| 东海县人民法院 | 苏 0722 | 320722 | 东海县 |
| 灌云县人民法院 | 苏 0723 | 320723 | 灌云县 |
| 灌南县人民法院 | 苏 0724 | 320724 | 灌南县 |
| **江苏省淮安市中级人民法院** | **苏 08** | **320800** | **淮安市** |
| 淮安市清河区人民法院 | 苏 0802 | 320802 | 淮安市清河区 |
| 淮安市淮安区人民法院 | 苏 0803 | 320803 | 淮安市淮安区 |
| 淮安市淮阴区人民法院 | 苏 0804 | 320804 | 淮安市淮阴区 |

续表

| 法院名称 | 法院代字 | 区划代码 | 行政区划 |
|---|---|---|---|
| 淮安市清浦区人民法院 | 苏 0811 | 320811 | 淮安市清浦区 |
| 涟水县人民法院 | 苏 0826 | 320826 | 涟水县 |
| 洪泽县人民法院 | 苏 0829 | 320829 | 洪泽县 |
| 盱眙县人民法院 | 苏 0830 | 320830 | 盱眙县 |
| 金湖县人民法院 | 苏 0831 | 320831 | 金湖县 |
| 淮安经济技术开发区人民法院 | 苏 0891 | | |
| **江苏省盐城市中级人民法院** | **苏 09** | **320900** | **盐城市** |
| 盐城市亭湖区人民法院 | 苏 0902 | 320902 | 盐城市亭湖区 |
| 盐城市盐都区人民法院 | 苏 0903 | 320903 | 盐城市盐都区 |
| 响水县人民法院 | 苏 0921 | 320921 | 响水县 |
| 滨海县人民法院 | 苏 0922 | 320922 | 滨海县 |
| 阜宁县人民法院 | 苏 0923 | 320923 | 阜宁县 |
| 射阳县人民法院 | 苏 0924 | 320924 | 射阳县 |
| 建湖县人民法院 | 苏 0925 | 320925 | 建湖县 |
| 东台市人民法院 | 苏 0981 | 320981 | 东台市 |
| 大丰市人民法院 | 苏 0982 | 320982 | 大丰市 |
| **江苏省扬州市中级人民法院** | **苏 10** | **321000** | **扬州市** |
| 扬州市广陵区人民法院 | 苏 1002 | 321002 | 扬州市广陵区 |
| 扬州市邗江区人民法院 | 苏 1003 | 321003 | 扬州市邗江区 |
| 扬州市江都区人民法院 | 苏 1012 | 321012 | 扬州市江都区 |
| 宝应县人民法院 | 苏 1023 | 321023 | 宝应县 |
| 仪征市人民法院 | 苏 1081 | 321081 | 仪征市 |
| 高邮市人民法院 | 苏 1084 | 321084 | 高邮市 |
| 扬州经济技术开发区人民法院 | 苏 1091 | | |
| **江苏省镇江市中级人民法院** | **苏 11** | **321100** | **镇江市** |
| 镇江市京口区人民法院 | 苏 1102 | 321102 | 镇江市京口区 |
| 镇江市润州区人民法院 | 苏 1111 | 321111 | 镇江市润州区 |
| 镇江市丹徒区人民法院 | 苏 1112 | 321112 | 镇江市丹徒区 |
| 丹阳市人民法院 | 苏 1181 | 321181 | 丹阳市 |
| 扬中市人民法院 | 苏 1182 | 321182 | 扬中市 |
| 句容市人民法院 | 苏 1183 | 321183 | 句容市 |
| 镇江经济开发区人民法院 | 苏 1191 | | |
| **江苏省泰州市中级人民法院** | **苏 12** | **321200** | **泰州市** |
| 泰州市海陵区人民法院 | 苏 1202 | 321202 | 泰州市海陵区 |

续表

| 法院名称 | 法院代字 | 区划代码 | 行政区划 |
|---|---|---|---|
| 泰州市高港区人民法院 | 苏 1203 | 321203 | 泰州市高港区 |
| 泰州市姜堰区人民法院 | 苏 1204 | 321204 | 泰州市姜堰区 |
| 兴化市人民法院 | 苏 1281 | 321281 | 兴化市 |
| 靖江市人民法院 | 苏 1282 | 321282 | 靖江市 |
| 泰兴市人民法院 | 苏 1283 | 321283 | 泰兴市 |
| 泰州医药高新技术产业开发区人民法院 | 苏 1291 | | |
| **江苏省宿迁市中级人民法院** | **苏 13** | **321300** | **宿迁市** |
| 宿迁市宿城区人民法院 | 苏 1302 | 321302 | 宿迁市宿城区 |
| 宿迁市宿豫区人民法院 | 苏 1311 | 321311 | 宿迁市宿豫区 |
| 沭阳县人民法院 | 苏 1322 | 321322 | 沭阳县 |
| 泗阳县人民法院 | 苏 1323 | 321323 | 泗阳县 |
| 泗洪县人民法院 | 苏 1324 | 321324 | 泗洪县 |
| 徐州铁路运输法院 | 苏 8601 | | |
| 南京铁路运输法院 | 苏 8602 | | |

(2)事实。叙写犯罪事实的层次。分两个自然段分别叙写控辩双方所说的内容。首先概述检察院或自诉人指控的内容,即指控被告人的犯罪事实、证据、适用法律的意见或诉讼请求;其次写明被告人的供述、辩解、自行辩护的意见、有关证据和辩护人的辩护意见。叙写犯罪事实的内容,要写明犯罪事实的诸要素,即犯罪的时间、地点、动机、目的、手段、情节、结果。

(3)理由。理由是判决的灵魂,是将犯罪事实和判决结果有机地联系在一起的纽带。理由部分,由“本院认为:……”引出,接着进行分析论证。这一部分的核心内容是针对案情事实、情节,运用法律规定、法律原则与犯罪构成的理论、要件,分析被告人行为的实质,论证应该如何处理,为下文的判决结果奠定基础。

(4)判决结果。写明判决结果,分三种情况。

第一,定罪判刑的,表述为:

“一、被告人×××犯××罪,判处……(写明主刑、附加刑);(刑期从判决执行之日起计算。判决执行以前先行羁押的,羁押 1 日折抵刑期 1 日。即自××××年××月××日起至××××年××月××日止)。

二、被告人×××……(写明决定追缴、退赔或者发还被害人,没收财物的名称、种类和数额。没有的不写此项)。”

第二,定罪免刑的,表述为:“被告人×××犯××罪,免予刑事处罚(如有追缴、退赔或者没收财物的,续写为第二项)。”

第三,单位犯罪定罪判刑的,表述为:“一、被告单位×××犯××罪,判处罚金×

××元……(写明缴纳期限)。"

(5)尾部

交代上诉权。写为:"不服本判决,可在接到判决书的第二日起十日内,通过本院或者直接向××人民法院提出上诉。书面上诉的,应交上诉状正本一份,副本×份。"

接下来在偏右下方,由参加审判案件的合议庭组成人员分行署名或独任审判员署名。合议庭的一般成员是陪审员的,署名为"人民陪审员×××";合议庭的成员是助理审判员的,署名为"代理审判员×××";助理审判员担任合议庭审判长的,与审判员担任合议庭审判长一样,均署名为"审判长×××";院长或庭长参加合议庭的,应担任审判长,也署名为"审判长×××";独任审判的案件,主审人是审判员的,署名为"审判员×××";主审人是助理审判员的,署名为"代理审判员×××"。

### (四)辩护词

1. 辩护词的概念和功能

辩护词是刑事案件的被告人及其辩护人,在刑事诉讼的过程中,根据事实和法律提出有利于被告人的材料和意见,对控诉的内容进行申辩和辩解,反驳控诉,证明被告人无罪、罪轻,或者应当减轻甚至免除刑事责任的法庭演说词。

辩护人通过发表辩护词,论证案件性质,提出适用法律的意见,以维护被告人的合法权益,有利于人民法院审理案件时客观、全面地查明事实,分清是非曲直,正确地适用法律,做出实事求是、公正合法的判决。

2. 辩护词的主要组成部分

辩护词无固定的格式,其主要内容一般由首部(序言)、正文(事实和理由)和尾部(结论)三部分组成。

(1)首部。包括标题、呼语、序言三个方面的内容。

第一,标题。

标题须写明案件性质和文书名称,如"关于李××伤害案的辩护词"。

第二,呼语。

因辩护人的发言面对法庭的是合议庭全体成员,所以,制作时一般顶格写明"审判长、审判员"或"审判长、人民陪审员"。

第三,序言。

这一部分写明三项内容。第一,说明辩护人行使辩护权利的合法性。根据法律规定,或接受被告人的委托,或接受人民法院的指定,或经人民法院许可,为被告人×××出庭进行辩护。第二,说明辩护人在开庭之前所进行的各种准备工作。如会见被告人、阅读卷宗材料、进行社会调查等。说明辩护人的发言是有充分根据的。第三,说明辩护人对本案的基本看法。提出辩护人的结论性意见,起到开门见山的作用。

(2)正文

正文需写明事实和理由。这是辩护词的主体部分。从辩护理由涉及的内容来看,可以分为以下几个方面。

第一,从对犯罪事实的认定方面进行辩护。犯罪事实是辩护人首先应当考虑的问题。因为犯罪事实是案件的基础。如果没有被指控的犯罪事实或事实有重大的出入,就会直接影响到被告人是否构成犯罪或罪行的轻重。因此,辩护人首先要对起诉书或自诉状中指控的事实和证据进行分析研究,如果犯罪事实确实存在,辩护的内容应当从适用法律的角度出发。如果犯罪事实不存在或者有出入,那就有可能从根本上否定犯罪。

起诉书中认定事实的不当,常见的有这样几种情况:

①控方对不利于被告人的事实有所夸大。辩护人的职责就是说明事实真相,还事实以本来面目。

②控方指控的事实严重失实、指控的事实根本不存在,或不是被告人所为。辩护人应利用有力的证据,论证被告人不存在控方指控的犯罪行为。

③指控的犯罪事实没有充分的证据足以证实等。辩护人应当提出没有充足证据证明所涉及的事实,将证据与事实联系起来进行辩护,充分阐明证据的基本证明规则以及证明力的相关问题,提出自己的观点,为被告进行合理的辩护。

第二,从适用法律方面进行辩护。在适用法律方面,辩护的方向主要有援引法律不当、错误地理解和引用法律等。辩护词针对起诉书援引法律不当进行反驳时,应针对控诉方所认定的犯罪性质,运用犯罪构成的理论,从罪与非罪、此罪与彼罪的区别,阐明如何去理解和适用法律才是正确的,并提出自己对援引法律的意见。当辩护词针对起诉书中所涉及的法律引用出现错误理解时,应当结合法学相关理论,指出错误所在,并充分论证自己的观点,提出正确的处理意见。

第三,从被告人的行为表现和情理上进行辩护。辩护词可联系被告人的一贯表现、犯罪起因、认罪态度、悔罪程度等,进行全面的辩护。这些酌定辩护事由虽然在法律上没有明确规定,但是对于某些特殊案件的辩护作用是不容忽视的,因此,律师在进行辩护时应当充分考虑各种对被告有利的因素。

(3)尾部

尾部写明辩护人的最后要求和意见,即结论。尾部大致可分为两个方面的内容:一是对全部辩护发言作总结,说明本案在认定事实上、适用法律上是否恰当;二是辩护人对本案处理的意见和要求,或要求法庭判决被告人无罪,从轻、减轻处罚,免除刑事责任,或要求法庭对辩护人的辩护理由给予充分的考虑和足够的重视。

刑事诉讼流程图(公诉)如图 4-1 所示。

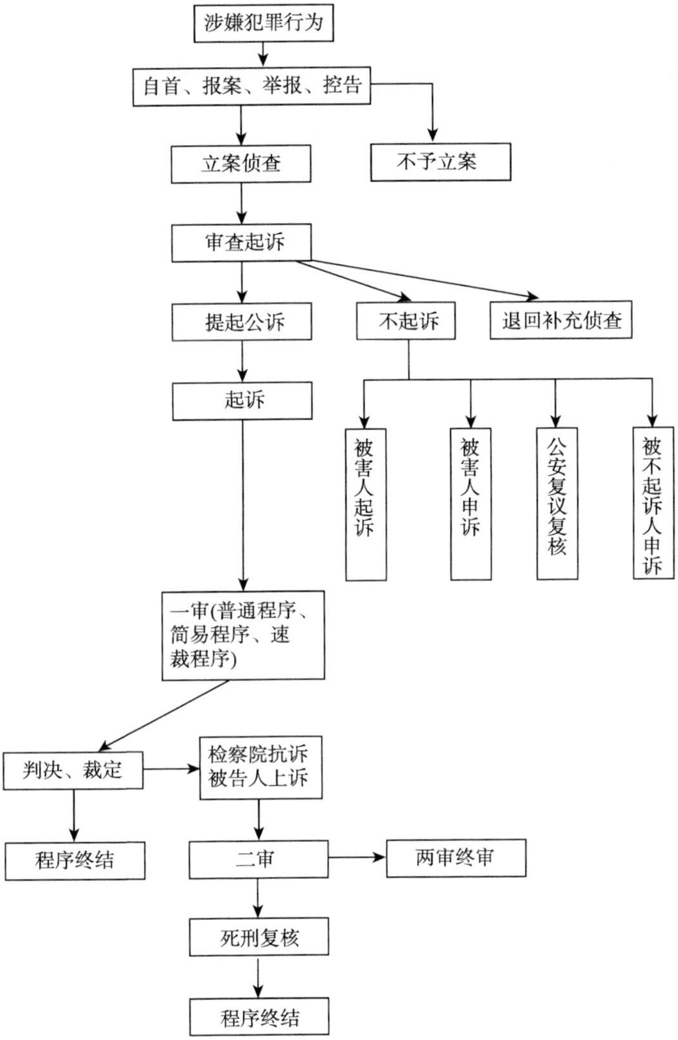


图 4-1　刑事诉讼流程图(公诉)

## 五、未成年人特别审理程序

### (一)未成年人犯罪的概念与特点

未成年人犯罪是指已满 14 周岁不满 18 周岁者,实施了危害社会、触犯刑法、应受刑罚处罚的行为。相对于成年人犯罪,未成年人犯罪具有犯罪动机简单、犯罪行为盲目、犯罪心理尚未定型以及易于教育改造等特点。由于未成年人身份的特殊性，未成年人犯罪的审理程序与一般刑事案件的审理程序有着一定的差异性。

### (二)未成年人案件诉讼程序设立的法律依据

我国涉及未成年人犯罪的相关法律规范主要有:《未成年人保护法》《最高人民法院关于办理少年刑事案件的若干规定》《公安机关办理未成年人违法犯罪案件的规定》《预防未成年人犯罪法》。除此之外，国际社会对未成年人犯罪所适用的法律程序也有着其特殊的规定，主要涉及的文件有:《联合国少年司法最低限度标准规则》(即《北京规则》)、《联合国预防少年犯罪准则》(即《利亚得准则》)、《儿童权利公约》、《联合国保护被剥夺自由少年规则》。

### (三)未成年人案件诉讼程序的原则

1. 分案处理原则。指司法机关在刑事诉讼过程中将未成年人案件与成年人案件分开处理，对未成年人与成年人分别关押。我国《未成年人保护法》第 55 条规定，公安机关、人民检察院、人民法院办理未成年人犯罪案件和涉及未成年人权益保护案件，应当照顾未成年人身心发展特点，尊重他们的人格尊严，保障他们的合法权益，并根据需要设立专门机构或者指定专人办理。该基本原则既是未成年人国际刑事司法制度确立的基本准则，也是未成年人刑事诉讼制度独立的表现形式。

2. 充分保障未成年犯罪嫌疑人、被告人诉讼权利原则。《儿童权利公约》第 40 条为被起诉的未成年犯罪嫌疑人确立了以下诉讼权利:无罪推定、告知起诉罪名、要求合适成年人在场、不得强迫自证其罪、要求更高一级司法机构复查判决、隐私保护权。《北京规则》第 7 条对少年的权利确立了一个基本的标准:“在诉讼的各个阶段，应保证基本程序方面的保障措施，诸如假定无罪、指控罪状通知本人的权利、保持缄默的权利、请律师的权利、要求父母或监护人在场的权利、与证人对质和盘问证人的权利和向上一级机关上诉的权利。”第 8 条规定未成年犯罪人在各个诉讼阶段都享有隐私权。《刑事诉讼法》第 267—270 条，清楚明晰地规定了未成年人在刑事诉讼阶段的各项诉讼权利。

相比成年人而言，未成年人的认知和辨别能力较低，其自我保护能力相对成年人而言也较弱，因此在刑事诉讼中，应充分保障未成年犯罪嫌疑人、被告人的诉讼权利。

3. 审理不公开原则。未成年人涉嫌犯罪的，不公开审理。《预防未成年人犯罪法》第 45 条规定:“对未成年人犯罪案件，新闻报道、影视节目、公开出版物不得披露该未成年人的姓名、住所、照片及可能推断出该未成年人的资料。”

4. 全面调查原则。全面调查原则的目的在于通过对未成年人的人格、素质、生活经历和所处环境进行调查分析，对未成年人的犯罪原因进行全面了解，为司法机关对未成年人犯罪的最终处理提供参考。全面调查原则就是要求公安司法机关既要查清导致未成年人犯罪的主观因素，也要查清影响未成年人犯罪的客观因素，从而清楚地了解犯罪意图的形成、发展、演变以及有关未成年人特殊性格的详细情况。这一原则是为了确定未成年人的主观恶性和客观事实，为司法机关的诉讼处理结果提供依据，选择合适的矫治方式与合理的刑罚种类，最终有利于未成年人的社会回归。

5. 简易迅速原则。未成年人的身心发育尚不健全，在案件处理过程中，诉讼过程对未成年人会造成一定程度的心理压力，诉讼程序过长会对未成年人造成不利的影响，因此，在保证公平正义的诉讼理念之下针对未成年人犯罪审判采取简易快速的处理方式是科学与合理的。

### （四）未成年人案件的诉讼程序

1. 立案程序

（1）在立案审查时，应查明犯罪嫌疑人确切的出生时间，进一步调查其走上犯罪道路的原因，犯罪前的生活居住环境以及犯罪嫌疑人的心理性格特征，还要查明有无教唆犯罪的人。

（2）制作立案报告，翔实地写明立案材料的来源、发案的时间和地点、犯罪事实、现有的证据材料、立案的法律依据和初步的意见等，还应当着重写明上述查明情况。

2. 侦查程序

（1）侦查范围比较广泛，对未成年人进行相应的社会调查。社会调查制度是实现处遇个别化的必然要求。《刑事诉讼法》第 268 条是关于对未成年人刑事案件进行“社会调查”的规定，规定了公安机关、人民检察院、人民法院三机关可以对未成年犯罪嫌疑人、被告人的基本社会情况（成长经历、犯罪原因、监护教育等）进行调查。

（2）慎用强制措施。《北京规则》第 13 条规定：“审前拘留应仅作为万不得已的手段使用，而且时间尽可能短；如有可能，应采取其他替代办法，诸如密切监视、加强看管或安置在一个家庭或一个教育机关或环境内。”最高人民检察院于 2013 年修订的《人民检察院办理未成年人刑事案件的规定》第 13 条规定：“人民检察院办理未成年犯罪嫌疑人审查逮捕案件时，应当根据未成年犯罪嫌疑人涉嫌犯罪的事实、主观恶性、有无监护与社会帮教条件等，综合衡量其社会危险性，严格限制适用逮捕措施，可捕可不捕的不捕。”

（3）传唤及讯问方式宽缓化。《北京规则》第 7 条对少年的权利确立了一个基本的标准：“在诉讼的各个阶段，应保证基本程序方面的保障措施，诸如假定无罪、指控罪状通知本人的权利、保持缄默的权利、请律师的权利、要求父或母或监护人在场的权利、与证人对质和盘诘证人的权利和向上一级机关上诉的权利。”在这个前提之下，未成年人在诉讼中被传唤以及讯问的方式都应当相对于成年人更为宽缓，避免使得未成年人的心理产生不利的影响。

3. 起诉程序

(1)审查起诉除查明《刑事诉讼法》第268条的规定,公安机关、人民检察院、人民法院办理未成年人刑事案件,根据情况可以对未成年犯罪嫌疑人、被告人的成长经历、犯罪原因、监护教育等情况进行调查。

(2)凡是决定不起诉的未成年人案件,一律应坚持公开宣布的原则,宣告以后,要落实帮教措施,继续做好善后工作,对不起诉的未成年人要进行定期考察。

(3)指定专人或专门的起诉科(组),负责未成年人案件的起诉工作。

(4)起诉书的内容应增加犯罪嫌疑人的心理、生理及性格特征,所处的家庭和社会环境等内容。

4. 审判程序

(1)审判组织:中级及以下人民法院应当建立与其他审判庭同等建制的未成年人刑事审判庭。条件尚不具备的,设立未成年人刑事案件合议庭或由专人负责办理未成年人刑事案件。同时,最高人民法院和高级人民法院设立少年法庭指导小组。

(2)受案范围:被告人在实施犯罪时不满18周岁的案件。

(3)审判程序:与成年人案件一样,也分五个步骤。应注意以下审理程序。

第一,开庭前的准备工作。

①少年法庭向未成年被告人送达起诉书副本时,应当向被告人讲明被指控的罪行和有关法律条款,讲解有关政策,并指明在接受审判时,应当实事求是地回答法庭的讯问。少年法庭应当针对未成年被告人的思想顾虑、畏惧心理、抵触情绪进行疏导和教育。

②少年法庭在向未成年被告人的法定代理人送达起诉书副本时,应当告知其在开庭审判中的权利、义务和注意事项。在开庭审判前,少年法庭认为必要时,可以安排未成年被告人的法定代理人或者其他监护人与未成年被告人见面。

③控辩双方可以就未成年被告人性格特点、家庭情况、社会交往、成长经历以及实施被指控犯罪前的表现等基本情况进行调查,并制作调查报告,在开庭审理前提交合议庭。少年法庭应当掌握未成年被告人的基本情况,必要时也可以就上述情况进行调查。

④少年法庭应当为辩护律师提供阅卷的便利和会见未成年被告人的时间。审判人员还可以向辩护人介绍审判未成年刑事案件的有关规定。人民法院应当依法保证未成年被告人获得辩护。

第二,审判。

①少年法庭应当在辩护席靠近旁听区一侧,为未成年被告人的法定代理人设置座位。开庭前,少年法庭应当通知未成年被告人的法定代理人到庭。法定代理人在

法庭上享有申请回避、发问、辩护等诉讼权利。

②未成年被告人在法庭上可以坐着回答问题。在法庭上不得对未成年被告人使用戒具。少年法庭应当详细告知未成年被告人依法享有的申请回避、辩护、发问、提出新的证据、申请重新鉴定或者勘验、最后陈述等诉讼权利，并确保其行使上述权利。在法庭审理过程中，审判人员应当根据未成年被告人的智力发育程度和心理状态，注意缓和法庭气氛，做到因案审理，因人施教。审判人员的态度既要平缓又不失严肃，用语既要准确又通俗易懂，既要注重疏导又要防止诱供。在庭审过程中，不得对未成年被告人进行训斥、讽刺和威胁。如有发生，法庭应当立即制止。

③法庭调查时，要仔细核实未成年被告人在案件发生时的年龄。在查明案件事实和核实证据的同时，还应当查明作案的主观和客观原因。

④未成年人刑事案件的证人是未成年人的，经人民法院准许，可以不出庭。

⑤被告人最后陈述后，审判长应当宣布休庭，合议庭进行评议。对于可以当庭宣告判决的案件，合议庭应当在宣布有罪判决结果后，当庭对未成年被告人进行法庭教育。对于定期宣告判决的案件，如果经合议庭审议，确定有罪，被告及其辩护人又未作无罪辩护的，应当在宣告判决时对未成年人进行法庭教育。但是具有下列情形的，不应当进行法庭教育。

一是经过合议，合议庭确定被告人无罪的；

二是宣判后，未成年被告人及其法定代理人、辩护人当庭表示对有罪判决持有异议的。

⑥合议庭在宣判后根据法律规定应当组织公诉人、辩护人及未成年被告人的法定代理人对未成年被告人进行法庭教育，法庭教育可以围绕下列内容进行。

一是犯罪行为对社会的危害和应受刑罚处罚的必要性；

二是导致犯罪行为发生的主客观原因以及应当吸取的教训；

三是教育未成年人正确对待审判，指明正确的人生道路。

⑦对不满 18 周岁的被告人宣告判决，应当公开进行，但不得召开群众大会。宣告判决时，应当向未成年被告人说明判决认定的犯罪事实、判处的刑罚，以及从重、加重、从轻、减轻或者免除刑事处罚、宣告无罪的法律依据和理由。对于被判处管制或者拘役宣告缓刑、有期徒刑宣告缓刑的，要具体讲解法律的有关规定。宣告有罪判决时，应当对未成年被告人进行认罪服法、接受改造、悔过自新的教育。宣告判决时，应当通知未成年被告人的法定代理人到庭，并向法定代理人送达判决书副本。对于刑事附带民事诉讼的案件，少年法庭应当讲明未成年被告人的法定代理人所应承担的民事赔偿责任。

⑧宣告判决时，应当明确告知未成年被告人的上诉权利，并且讲明上诉不加刑的法律规定。

⑨第二审程序应一律采用直接审理的方式。第二审人民法院做出维持或者改变原审判决、裁定的,应当向上诉人讲明维持或者改判的理由和根据。第二审人民法院判决确认未成年被告人有罪时,应当继续向未成年被告人做好教育工作。

5. 简易程序

符合《刑事诉讼法》第208条规定的可适用简易程序。决定适用简易程序审理案件时,应当通知被告人的法定代理人、辩护人出庭。公诉人出庭的,辩护人应当出庭。公诉人不出庭,被告人或者法定代理人要求辩护人出庭的,辩护人应当出庭。

### (五)《刑事诉讼法》特别规定

根据刑事诉讼活动的实际情况和近年来各地积极探索的经验,2012年修改的《刑事诉讼法》增加了一编"特别程序",其中针对未成年人刑事案件的特殊情况,对有关程序做出专门规定。

1. 保障未成年人得到法律帮助

针对未成年人犯罪案件的特点,《刑事诉讼法》设置未成年人犯罪案件诉讼程序,对办理未成年人犯罪案件方针、原则、各个诉讼环节的特别程序作出规定。人民法院、人民检察院和公安机关办理未成年人刑事案件,应当保障未成年人行使其诉讼权利,保障未成年人得到法律帮助,并由熟悉未成年人身心特点的审判人员、检察人员、侦查人员承办。

未成年犯罪嫌疑人、被告人没有委托辩护人的,人民法院、人民检察院、公安机关应当通知法律援助机构指派律师为其提供辩护。对于未成年人刑事案件,在讯问和审判时,应当通知未成年犯罪嫌疑人、被告人的法定代理人到场。无法通知、法定代理人不能到场或者法定代理人是共犯的,也可以通知未成年犯罪嫌疑人、被告人的其他成年亲属,所在学校、单位、居住地基层组织或者未成年人保护组织的代表到场,并将有关情况记录在案。到场的法定代理人可以代为行使未成年犯罪嫌疑人、被告人的诉讼权利。到场的法定代理人或者其他人员认为办案人员在讯问、审判中侵犯未成年人合法权益的,可以提出意见。

2. 设置附条件不起诉制度

《刑事诉讼法》首次设置了附条件不起诉制度,规定对于未成年人涉嫌侵犯人身权利民主权利、侵犯财产、妨害社会管理秩序犯罪,可能判处一年有期徒刑以下的刑罚,符合起诉条件,但有悔罪表现的,检察院可做出附条件不起诉的决定。在附条件不起诉的考验期内,由检察院对被附条件不起诉的未成年犯罪嫌疑人进行监督考察。

附条件不起诉的考验期为六个月以上一年以下,从人民检察院做出附条件不起诉的决定之日起计算。被附条件不起诉的未成年犯罪嫌疑人,应当遵守下列规定:遵守法律法规，服从监督；按照考察机关的规定报告自己的活动情况；离开所居住的市、县或者迁居，应当报经考察机关批准；按照考察机关的要求接受矫治和教育。

3. 未成年人犯罪记录应当封存

《刑事诉讼法》设置了未成年人犯罪记录封存制度，以利于未成年人罪犯更好地回归社会。具体规定为，犯罪的时候不满十八周岁，被判处五年有期徒刑以下刑罚的，应当对相关犯罪记录予以封存。犯罪记录被封存的，不得向任何单位和个人提供，但司法机关为办案需要或者有关单位根据国家规定进行查询的除外。依法进行查询的单位，应当对被封存的犯罪记录的情况予以保密。

《刑事诉讼法》还规定，公安机关、人民检察院、人民法院办理未成年人刑事案件，根据情况可以对未成年犯罪嫌疑人、被告人的成长经历、犯罪原因、监护教育等情况进行调查。审判时经未成年被告人及其法定代理人同意，未成年被告人所在学校和未成年人保护组织可以派代表到场。

## 第二节　民事案件模拟审判

### 一、民事普通程序的基本理论

在民事审判中，主要解决平等主体之间的财产或人身关系。因此，无论是纠纷性质、参与主体、诉讼目的以及诉讼特点等均与刑事诉讼有着较大的不同。民事审判的最终目的在于使得平等对立双方的纠纷得到合理解决，也就是通常意义上所言的“定纷止争”。能够实现“定纷止争”功能的民事解决纠纷方式有多种，但是中立权威的司法方式——民事审判，在诉讼界有一句至理法谚：司法是解决纠纷的最后一道防线。民事审判这种权威性解决方法在有其他更缓和解决方式存在时就尽量抑制使用，而采用更缓和的解决方式，因此，法院调解贯穿民事诉讼的全过程。同时，司法过程形成的结果应具备可行性，从而可以有效树立司法权威。

在整个民事审判过程中，审判人员应当尽量促进平等主体的关系由对立走向和缓，民事纠纷针对的主要是财产或人身关系，更多的可能会是利益关系。在整个民事诉讼过程的任何阶段，只要有任何可能性使双方避免这种两败俱伤，都应该尽力营造这种条件，争取并抓住良好机遇。因此，民事审判中的前置调解应该是随时随地都尽力促成，这就要求主审法官对于双方当事人进行充分的信息沟通，双方当事人在了解自身处境的情形下尽可能提高效率而又合理地节约司法资源，和谐解决双方纷争。因此，判决前置下的调解应包含诉前调解和诉讼中调解。为了避免在调解中形成审判法官的主观偏见，或者因为调解过程中的某些细小环节而引起当事人对于审理法官的不信任或误解，这种调解的主持主体应该有所规范，可以考虑两种方案。第一，由助理法官担任程序法官，只参与案件的调解工作，调解不成的，不得参与后期案件的审理工作。第二，由相关的非法院专业人员组成专家库，在民事审判过程中参与相应的调解，这种调解人员既可以由当事人双方共同选择，也可以考虑随机抽取方式，自然在调解不成的情况下，也不可能参与后期案件的审理工作。在调解不成的情况下，就开始进入民事诉讼阶段。

### （一）民事诉讼的基本理念

1. 意思自治

意思自治指的是在民事案件审判中，当事人无论在实体方面或程序方面都具备基本的主导权和变更权，因为民事案件是私权利双方针对财产和人身关系所形成的纠纷对立状态，当事人对自己的利益需求或对方的允诺态度都具有了然于心的知悉，因此，意思自治包含程序和实体权利的主导性、诚实信用以及权利不得滥用之自由限制性，权利主导是基本方面，而后两方面则是为防止恣意滥用主导权而制衡的权利，三者形成意思自治的平衡。

（1）程序和实体主导权

在民事审判中，双方当事人具有对案件实体和程序的双重主导权，程序主导权衍生于实体主导权，实体主导权主要表现为当事人提出的诉讼请求的内容，实体权利义务的变更状态，权利义务的实现方式、实现时间和地点、是否接受调解，在何种程度上可以考虑让渡权利，提出什么样的反诉，以什么主体作为被告追究法律责任，对对方提交证据的真假以及与事实的联系进行辩论。而程序主导权主要表现为在审判中有权使用本民族语言文字，有权对于涉及商业秘密或离婚案件提出不公开审理，有权选择案件的审理程序，有权提出是否选择陪审员陪审，有权提起撤诉或放弃部分诉讼权利，有权选择与对方和解或调解等，有权放弃或行使回避申请权、延期审理权等。当然，最大的自愿乃是最大的强制，最典型的就是法院主持下的诉讼调解，这种调解书或调解笔录已经签收，即具有终审判决之效力，对之不得上诉，除非有新的事实证据，否则一般也不得提起再审。

（2）诚实信用

一般认为诚实信用原则起源于罗马法，但在当时并未明确确认诚信原则。现代司法中将诚实信用原则适用于民事诉讼法领域，诚实信用原则是民事诉讼基本原则之一。在诉讼中，审判者不受契约的字面含义的约束，可根据当事人的真实意思对契约进行解释，并可根据公平原则对当事人的契约进行干预，以消除某些契约的不公正性，按照通常人的标准增减契约义务。这反映了道德与伦理的要求，体现了衡平与公正的精神。

我国民事诉讼法规定的当事人的诉讼权利也是平等的，但是诉讼实践中存在的种种不平等的因素会渗透到诉讼中，如果没有特别有效的制约手段，这些因素会在无形中阻碍诉讼公正。另外，当事人双方的对抗是民事诉讼最基本的状态，诉讼中当事人之间形成利益对立的紧张关系，在私利的驱动下，当事人及其他诉讼参与人很可能不择手段、铤而走险采用诸如伪造证据、滥用诉讼权利或隐瞒案件事实等手段，使法官产生误解。法官在当事人的误导下不能查明案件事实，更谈不上正确适用法律解决纠纷了。如果民事诉讼中不适用诚实信用原则，放任上述不当行为甚至违法行为，一方面增加法院负担，另一方面将导致诉讼程序的复杂化和诉讼的延迟，更多的是出现增加诉讼费用支出的情况，这样不仅损害了他人利益，还浪费了国家的司法资源，而且这种不诚信会最终影响诉讼公正和诉讼效率。

(3)权利不得滥用

当事人在诉讼中享有法律赋予的各种权利，如回避请求权、反诉权等，这是为了保障当事人更好地维护自己的权益。但如果当事人为了私利企图拖延诉讼或干扰诉讼而滥用这些诉讼权利，将违背国家赋予当事人这些权利的初衷，也损害了他人的合法利益，影响诉讼公正和效率。另外，对于事实真相的追求也赋予了当事人充分的举证质证权利，如果当事人通过伪造、篡改、毁灭等方式来破坏证据的客观真实性，势必也会造成诉讼结果的错误和整体诉讼的不公正，同时也是司法资源的浪费，这种滥用权利的行为都应当承担相应的法律责任。

2. 程序正义

程序正义又被称之为看得见的正义。程序是否正当有客观的衡量标准。程序正义的基本要求是程序参与、程序合理、程序对等、程序中立、程序自治、及时终结等六个方面。程序参与指的是在整个诉讼过程中，双方当事人对于程序过程、程序信息等有着充分的参与和了解，权利得到充分尊重和行使。程序合理指的是程序过程、程序实现的方式以及期限等均符合法理、事理、情理，体现基本的公正和人本主义。程序对等指的是裁判者在整个审判过程中应给予各方参与者以平等参与的机会，对各方的证据、主张、意见予以同等的对待，对各方的利益予以同等的尊重和关注。裁判者在审判过程中平衡双方地位的综合要求，因而又可称为“动态的平等对待”。同时，程序对等原则要求双方不仅拥有形式上的平等参与机会，而且还应在实质上具有平等的参与能力和参与效果。程序中立指的是裁判者在诉讼过程中应严格保持司法中立，不得主动或偏颇。程序自治指的是民事判决最终的产生依据是诉讼过程中的主张、事实和证据等，诉讼外的相关材料不得在诉讼中予以考虑，结果由过程自动产生。及时终结是诉讼效率的必然要求，法谚云“迟来的正义为非正义”。拖延、反复等均为程序正义所不容许。程序正义在诉讼进行中主要体现在以下几个方面。

(1)审理准备程序

充分的审前准备程序可有效防止诉讼证据突袭、防止无休止的质证和反复开庭，也是实现双方程序平等正义的表现。在审前的准备过程中，双方通过完备的诉答程序、审前会议、证据开示等充分了解双方的诉求意图、证据事实、权利实现的可能性与现实性。在我国的民事审判历史上，曾经为了所谓的效率，采用过一步到庭方式，结果却是诉讼中双方当事人不理解诉讼程序，要么纠缠要么拖延，最后既未能实现所谓的诉讼效率，也被当事人误解了所谓的司法公正。因此，在之后的《民事诉讼法》修正过程中，根据先行的司法实践，完善审前准备程序，使得我国民事诉讼的审前从“准备阶段”走向了“准备程序”的转型。目前，我国审前准备工作主要指审前双方在法院主持下的证据交换，而有关诉答程序和审前的准备会议发展还相对不够完善。

审前准备程序主要可以实现以下功能：第一，整理争议点，使得法官提前了解双方的争议焦点所在；第二，诉辩双方充分了解对方的诉求、证据等，以判断自己在民事诉讼中的地位与状态；第三，有利于当事人选择有效的诉讼程序；第四，有利于双方当事人在庭前将纠纷解决。

(2)证据失权

程序正义还体现为举证期限的时限性。为使双方能够做好充分的诉讼准备，我国在2003年颁发了《最高人民法院关于民事诉讼证据的若干规定》(以下简称《证据规定》)。在《证据规定》中，开创了我国的证据交换制度，也就是证据开示制度。为防止诉讼中任一方隐瞒证据从而在庭审中进行证据突袭，进而构成程序不正义，该《证据规定》还设立举证时限制度，即要求双方交换证据必须遵循一定的时限要求，未在规定时间范围内提交证据的，则在后续的审判过程中不得再行提交新的证据，当事人未提交的证据则失去成为证据的资格，这就是通常所说的证据失权，通俗地讲，就是证据失去了作为证据被提交从而被举证质证认证的权利，但是如果是实体正义的需要，法官认为可以采纳，或者对方同意该证据进行举证质证时，该证据可以恢复权利，即证据失权也在特定情形下有例外。因此，在模拟审判中的学生，作为法官或者是作为双方当事人中的任一方，都应该及时充分地进行证据开示，并在庭审中进行相应确认。

(3)答辩失权

程序正义的另一方面，就是义务必须正确履行，如果未能有效履行，则应该承担相应的法律责任。因此，在诉答过程中，根据法律规定，对原告的起诉书进行答辩是被告不可推卸的义务。有效的诉答程序有利于民事诉讼的顺利推进，而且从程序正义角度而言，原告方提交起诉书时相当于向被告展示了其诉讼请求、证据和相应事实，被告方享有了知情权，因此根据权利义务的对等性，被告有义务保障原告相应的知情权，否则会导致程序的不正义。因此，对于被告方的不及时答辩，应该在法律上予以制裁，使其失去再行答辩的权利，令其主张和请求成为不能，即所谓的答辩失权。

### (二)民事诉讼的基本原则

所谓民事诉讼原则是指在民事诉讼中应该遵循的基本准则,通常这些原则会贯穿民事诉讼过程的始终,作为一切诉讼行为的遵循准则,当诉讼规范与诉讼原则出现不一致时,依照诉讼原则进行相应的活动,并对规范进行及时修正,当诉讼行为无法找到可以遵循的规范时,则以诉讼原则作为诉讼行为的直接适用规范。在民事诉讼中的基本原则主要有以下几种。

1. 处分原则

民事诉讼中的处分原则,是指当事人有权在法律许可的范围内自由支配自己的民事权利和诉讼权利。这一原则包括以下具体内容:其一,处分权的享有者只限于民事诉讼当事人,其他诉讼参与人不享有处分权;其二,当事人行使处分权的对象包括处分自己依法享有的民事权利和诉讼权利,即实体和程序两方面的权利。

从实体权利的角度上看,处分原则在民事诉讼中主要体现在:第一,当事人的处分行为直接关系着民事诉讼程序能否开始;第二,当事人的处分行为对于诉讼程序的发展和终结有着重要影响;第三,审判保护的范围和方法,一般要尊重当事人的意愿。

从程序权利的角度上看,处分原则在民事诉讼中主要体现在:第一,发生争议后是否提起诉讼和提出什么样的诉讼请求;第二,在诉讼进行中,原告可以变更或放弃诉讼请求,被告可以反驳或承认诉讼请求,也可以提起反诉;第三,诉讼尾声时,是否和解或调解;第四,是否上诉;第五,是否提起申诉要求再审(前提是当事人认为案件审理确有错误等);第六,是否申请执行。

2. 辩论基础上的协同原则

在传统的民事诉讼中,辩论原则被视为民事诉讼的支柱,与处分原则二者共同形成当事人主义的两个重点原则。民事诉讼是公权力来解决私权领域的纠纷,因此,当事人的主张事实、提交证据、诉讼请求决定了整个民事诉讼的内容和任务。辩论原则包含三方面内容。第一,判断权利发生或消灭的法律效果所必要的要件事实(或称为主要事实),只要在当事人的辩论中没有出现,法院不得以其作为基础做出裁判。第二,法院在判决理由中所需要认定的事实只限于当事人之间争执的事实。至于没有争执的事实(自认及拟制自认),不仅没有必要以证据加以确认,而且也不允许法院做出与此相反的认定。第三,认定所争事实的证据资料,也必须是从当事人提出的证据方法中获得的,不允许法院依职权调查证据。在实践中,该原则的缺陷不可避免的呈现,如该原则只针对主要事实,但主要事实的内涵和外延也具有模糊性,当事人未主张的权利即便在不明了情形下法官依然不能有所作为,禁止法院调查取证。对于很多当事人,诉讼可能是一生仅遇一次,对于技术和知识等无从知晓,而有些当事人则可能多次经历,熟稔程序和专业技巧,辩论主义的这些缺陷都使得民事诉讼在一定程度上容易形成实质不公正，而且由于法院严格依据当事人的请求和证据，容易形成一定程度上的拖延与浪费，于是国际通行的协同主义原则应运而生。

协同主义是与辩论主义完全不同的一种崭新的诉讼结构，它强调法院、双方当事人三方的协同关系。从自由主义的民事诉讼步入社会的民事诉讼，也就是说，从诉讼中的力量对比的角度来理解的话，诉讼中引入了法官的指挥和帮助，形成所谓作业共同体，从而使得诉讼程序中的实质正义得以实现。如果涉及对复杂的案件事实进行说明时，要求当事人毫无遗漏地说明所有对诉讼重要的事实，则是在苛求当事人。所以法官的帮助是必不可少的，因此，法官释明权应运而生，即法官从事实、证据和法律方面对当事人进行阐明。促使当事人进行正确而完整的事实陈述，促使其提出有益的诉求。在事实陈述不清楚或者无说服力的情况下，法官必须使事实得到证实，并澄清矛盾，并且法官应当向当事人指示有错误的或不完善的证据申请。因为事实问题和法律问题经常交织在一起，而当事人只有清楚法院持何种法律观点时，才能知道自己必须提出何种事实。在注重协同主义的诉讼程序中，不再是当事人的陈述，而是法官与当事人之间进行的法律和事实方面的对话在诉讼中占据了核心地位。由此，法官的释明权是公正与效率之民事诉讼的必然产物。而在辩论主义修正下的协同主义除了法官释明权的帮助，当事人的自我约束必不可少，因此，真实义务是有效行使诉讼权利，顺利完成诉讼使命的基本要求，即要求当事人在诉讼中，不能主张已知的不真实事实或自己认为不真实的事实，而且不能在明知对方提出的主张与事实相符，或认为与事实相符时，仍进行争执，以此来制约当事人的恶意与拖延。

3. 平等原则

一切公民的民事权利是平等的，作为保护实体权利的手段的诉讼权利，自然也是平等的。这一原则包括以下两个方面的内容：一方面，民事诉讼当事人平等地享有诉讼权利；另一方面，人民法院应当为当事人平等行使法律规定的诉讼权利提供必要的保障和方便。

诉讼权利平等的原则要求人民法院在审理民事案件的过程中，应当给当事人双方提供平等的行使诉讼权利的机会，使他们有机会在法院面前阐明自己的主张和要求。如果不让他们充分行使自己的诉讼权利，则所做的判决是违反诉讼法的。上级人民法院对这种判决，可依法予以撤销，或者发回原审人民法院重新审判。同时，人民法院提供给双方当事人行使诉讼权利的机会必须平等。人民法院还应当把诉讼权利和义务，以及实施或者不实施某种诉讼行为的后果，告知当事人双方，以便他们依法行使诉讼权利，而不致因缺乏法律常识，致使其诉讼权利的行使受到影响。

## 二、民事普通程序的法律规定

在民事诉讼中，涉及的主要程序法律有《中华人民共和国民事诉讼法》《最高人民法院关于适用〈中华人民共和国民事诉讼法〉的解释》和《最高人民法院关于民事诉讼证据的若干规定》三部法律法规，除此之外，在涉及程序中主体权利义务的法律还有《中华人民共和国法官法》《中华人民共和国律师法》等。

### （一）《中华人民共和国民事诉讼法》

现行民事诉讼法全称是《中华人民共和国民事诉讼法》，由 1991 年 4 月 9 日第七届全国人民代表大会第四次会议通过，于 2007 年 10 月 28 日第十届全国人民代表大会常务委员会第三十次会议进行第一次修正，于 2012 年 8 月 31 日第十一届全国人民代表大会常务委员会第二十八次会议进行第二次修正，共有 4 编，27 章，284 条。

该民事诉讼法的四编分别规定了总则、审判程序、执行程序和涉外程序的基本内容，其中第一编和第二编是民事模拟审判的核心规定，与模拟审判有着最直接最重要关系的则是第二编，该部分从第十二章到第十八章分别规定了民事第一审程序、第二审程序、简易程序、民事特别程序以及非讼程序，共有 95（第 119—213 条）条，占据整个民事诉讼法的三分之一内容。

本法的第二编的第十二章全面阐述了民事审判第一审普通程序全部过程的相关法律规定，该章共五节，第一节起诉和受理，第二节审理前的准备，第三节开庭审理，第四节诉讼中止和终结，第五节判决和裁定。第三节则是整个模拟审判的核心内容。

在 2012 年修正的《民事诉讼法》中，在模拟审判中需注意的根本性变化有以下几个方面。第一，增加了民事诉讼中的诚实信用原则。第二，在证据方面，增加了电子证据作为基本证据种类，对于证人出庭的费用损失，由败诉人承担，对于鉴定，鉴定人有义务出庭接受质证，否则则可能承担鉴定意见不被采信和返还费用的结果，另外，经过公证的法律行为不再优先直接采用。第三，在程序方面，有新的重大突破。首先，当事人对于简单的、争议不大的案件，可以选择适用简易程序；其次，在我国民事诉讼中首先出现了小额程序，主要针对标的争议小于年平均工资三分之一以下的案件；再次，在特别程序中，增加了确认调解协议案件和实现担保物权案件。

民事模拟审判中，要区分是公开还是不公开审理的情形，涉及国家秘密、个人隐私、离婚和商业秘密的，当事人申请不公开的，可以不公开审理，另外还可以设定诉讼的一些阻却情形，如延期审理、诉讼中止、诉讼终止等。延期审理的情形有：(1)必须到庭的当事人和其他诉讼参与人有正当理由没有到庭的；(2)当事人临时提出回避申请的；(3)需要通知新的证人到庭，调取新的证据，重新鉴定、勘验，或者需要补充调查的；(4)其他应当延期的情形。

诉讼中止的情形是：(1)一方当事人死亡，需要等待继承人表明是否参加诉讼的；(2)一方当事人丧失诉讼行为能力，尚未确定法定代理人的；(3)作为一方当事人的法人或者其他组织终止，尚未确定权利义务承受人的；(4)一方当事人因不可抗拒的事由，不能参加诉讼的；(5)本案必须以另一案的审理结果为依据，而另一案尚未审结的；(6)其他应当中止诉讼的情形。

诉讼终结的情形是：(1)原告死亡，没有继承人，或者继承人放弃诉讼权利的；(2)被告死亡，没有遗产，也没有应当承担义务的人的；(3)离婚案件一方当事人死亡的；(4)追索赡养费、扶养费、抚育费以及解除收养关系案件的一方当事人死亡的。

### (二)《最高人民法院关于适用〈中华人民共和国民事诉讼法〉的解释》

《最高人民法院关于适用〈中华人民共和国民事诉讼法〉的解释》于2014年12月18日由最高人民法院审判委员会第1636次会议通过，自2015年2月4日起施行。

该司法解释共有23章，522个法条。有几部分内容在该司法解释中进行了重点的规定。首先是关于执行的解释，条文数多且细致，这反映了执行中的诸多问题需要更多更细致的解释。其次是关于管辖的相关规定，共有42条，最后则是关于诉讼参加人的司法解释，共39条，而民事审判第一审程序的司法解释条文则占据了48条，针对起诉的条件、起诉书的要求、诉讼费用、文书的送达方式和时间、按撤诉处理的情形、缺席审判的情形、期间的计算、笔误的处理等都进行了较为细化的规定。

### (三)《最高人民法院关于民事诉讼证据的若干规定》

2001年12月6日由最高人民法院审判委员会第1201次会议通过《最高人民法院关于民事诉讼证据的若干规定》，自2002年4月1日起施行，共六部分，83条。

第一部分，当事人举证，共14条。对于当事人举证责任的分配，举证责任的倒置情形，过错推定、过错、无过错责任等都进行了详细说明，对于自认事实的认定例外也进行了明确的规定。第二部分，人民法院调查取证，共17条。对于当事人和律师在某些情形下无法取得的证据，由当事人申请或法院根据职权进行调取。这部分规定了当事人申请人民法院调查取证的条件、时间和形式要求等，人民法院对于证据保全的程序要求，对鉴定意见进行审查核实的条件与要求等。第三部分，举证时限与证据交换，共15条。该部分对举证时间、未按期限举证的法律后果、诉求变更后的举证调整、证据交换的次数、逾期提交新证据、新证据的内涵和外延等进行了详细规定。第四部分是质证，共16条。与前三部分不同，前三部分主要是法庭开庭前的证据活动，而第四部分则是法庭审理进行过程中的证据活动，主要内容有质证的顺序、质证方式、提交证据原件及例外情形、证人无须出庭接受质证的情形、质证的言辞方式等。第五部分，证据的审核认定，共17条。主要针对证据审核的内容、证据资格、证明力有无以及证明力的大小进行了详细的规定。第65条规定，审判人员对单一证据可以从下列方面进行审核认定：(1)证据是否原件、原物，复印件、复制品与原件、原物是否相符；(2)证据与本案事实是否相关；(3)证据的形式、来源是否符合法律规定；(4)证据的内容是否真实;(5)证人或者提供证据的人，与当事人有无利害关系。第69条规定,下列证据不能单独作为认定案件事实的依据:(1)未成年人所做的与其年龄和智力状况不相当的证言;(2)与一方当事人或者其代理人有利害关系的证人出具的证言;(3)存有疑点的视听资料;(4)无法与原件、原物核对的复印件、复制品;(5)无正当理由未出庭作证的证人证言。第70条规定,一方当事人提出的下列证据,对方当事人提出异议但没有足以反驳的相反证据的,人民法院应当确认其证明力:(1)书证原件或者与书证原件核对无误的复印件、照片、副本、节录本;(2)物证原物或者与物证原物核对无误的复制件、照片、录像资料等;(3)有其他证据佐证并以合法手段取得的、无疑点的视听资料或者与视听资料核对无误的复制件;(4)一方当事人申请人民法院依照法定程序制作的对物证或者现场的勘验笔录。第77条规定,人民法院就数个证据对同一事实的证明力,可以依照下列原则认定:(1)国家机关、社会团体依职权制作的公文书证的证明力一般大于其他书证;(2)物证、档案、鉴定结论、勘验笔录或者经过公证、登记的书证，其证明力一般大于其他书证、视听资料和证人证言;(3)原始证据的证明力一般大于传来证据;(4)直接证据的证明力一般大于间接证据;(5)证人提供的对与其有亲属或者其他密切关系的当事人有利的证言，其证明力一般小于其他证人证言。

## 三、民事普通程序的案例选择

在民事案件模拟审判中,对于案例要有一定的选择性。过于简单则无法体现学生的专业知识,也激不起学生的兴趣与热情,过于复杂学生无从下手,案件审判难以完成,案件过于偏离生活,学生则没有经验也无法进行模拟,过于专业学生则缺乏具体专业知识。因此,民事案件的选择,应当考虑法律关系的适宜性、时代的典型性、生活的接近性。

### (一)法律关系的适宜性

在案例的选择过程中,选择适宜的法律关系非常重要。比如,在一起转让房产纠纷中,一老太患有间歇性精神病,被小儿子带到房产局以低于市场价的价格进行了过户转让手续,后来老人的其他几个子女发现事实后要求将已经过户的房产重新恢复到以前的状态,当然,老人的小儿子坚决不答应,并一口咬定是老人自愿的。在这种情形下,老人的几个子女以老人的名义将其小儿子一纸诉状告上法庭,诉讼请求认定老人的房产转让行为无效,最终小儿子胜诉。如果将该案放在模拟审判中,可以先分析老人其他几个子女败诉的原因,根源是选错了法律关系的性质。在民事实践中往往有一句话,宁可选择可撤销的法律关系,也不要轻易选择无效的诉讼。如果老人的其他几个子女要胜诉,可以考虑将本案从可撤销民事法律行为的角度着眼。适宜的法律关系往往从易于举证、易于说服方面着眼，本案中，很难找到证据证明当事人即老人转让时处于精神不正常，但毫无疑问，老人的转让价格当时远远低于市场的房价，毫无疑问是显失公平的，而显失公平的法律行为可以提起撤销之诉。再比如，曾经有一对恋人因为不和而分手，女孩在生日当天因男孩携带新欢并出言不逊导致精神病后失踪，女孩父亲在女孩住处找到女孩患精神病诊疗的病历，同时还发现女孩因几年前宫外孕已摘除子宫，手术单上是男孩签的字。该父亲盛怒之下找到律师并提出三项要求：第一，要求男方返还女孩多年支持男孩读书的学费；第二，要求男方赔偿女孩的子宫；第三，要求男方对女孩的精神病进行赔偿。在模拟审判中，对这三个要求学生们可能都会否认第一个，而认为第二和第三个可以支持并进入审判程序进行仔细甄别。但实质要进行详细区分，首先女孩当初支持男孩读书有无让男孩写借条，这种可能性很小，但不能直接否决；其次，女孩摘除子宫是否是医院责任，如果医院有责男孩可能无责，要详细了解当时手术的具体情形，只有第三个是男孩必须承担相应的侵权责任，而前两者即便产生法律责任也是合同责任，从法律性质上也是不同性质的债权，要注意进行明确区分。由此可见，法律关系的合理确定是模拟审判的首要前提。

### （二）时代的典型性

案例选择过程中的另一个需要注意的是案例的时代特征。信息时代下的网络侵权屡见不鲜。这些案例作为模拟审判案件，一来可以激发学生的热情，探索网络侵权的构成及后果，同时对于网络证据的形式、证明力、证据链的形成也会有更多的直观认识。

### （三）生活的接近性

在民事模拟审判中，可选择与学生生活密切相关的案件进行模拟审判，如大学生淘宝店纠纷、大学生恋爱纠纷。在淘宝店纠纷中，可以选取一些支付宝诈骗案例，以及淘宝的职业差评师侵权、质量纠纷案等进行审判。这些案例本身可以唤起大学生的认同感，同时对淘宝的程序和自己的权利意识更会强化认识。

在这些案例的选择中，要让学生在案例选择与分析中学会以下技能。第一，学会选择和分析法律关系。选择与实践和法律相契合的法律关系。第二，在法律关系确定的情形下，学会寻找证据，组织证据。根据案件的轻重程度进行合理有效的证据组合，有取有舍，取舍得当。第三，学会正确表达。在法律关系和证据都已经形成的基础上，形成合理的逻辑，进行恰当而有力的语言表达。

## 四、民事普通程序的文书写作

民事审判中，涉及的法律文书主要有民事起诉状、答辩状、反诉状、授权委托书、财产保全和先予执行申请文书等，法院相应的有应诉通知书、举证告知书等。

### （一）民事起诉状（适用于自然人）

民事起诉状是指公民、法人或其他组织，在认为自己的合法权益受到侵害或者与他人发生争议时或者需要确权时，向人民法院提交的请求人民法院依法裁判的法律文书。

**民事起诉状**

原告：姓名、性别、年龄、民族、籍贯、工作单位、职务或职业及住址、身份证号
被告：姓名、性别、年龄、民族、籍贯、工作单位、职务或职业及住址、身份证号
诉讼请求：1.
　　　　　2.
事实与理由：
此致
××人民法院

起诉人
年　月　日

附：1. 本诉状副本　份
　　2. 证据　份

填写说明：

1. 当事人栏，注明自然情况。自然人要列出姓名、性别、年龄、民族、工作单位、住址、身份证号等。法人或其他组织要列出名称、住所地，法定代表人或负责人姓名、职务。填写要准确，特别是姓名（名称）栏不能有任何错别字。地址要尽量翔实，具体到门牌号。最好注明邮编及通信方式。

2. 诉讼请求。主要写明请求法院解决的权益。是请求人民法院依法解决的原告一方向对方主张权利的外在表现形式。

3. 事实和理由。事实部分，要全面反映案件事实的客观真实情况。证据部分有三项内容：列述提交的有关书证、物证以及提起能够证明事实真相的证据材料和类型；说明书证、物证以及其他有关材料的来源和可靠程度；证人证言写明证人的姓名、住址。

4. 在起诉状尾部，当事人是自然人的，要由本人签字，是法人或其他组织的，由法定代表人或负责人签字并加盖单位公章。日期要填写准确。（下列文书要求同此）

## （二）公民授权委托书

公民授权委托书，是当事人、法定代表人依法委托他人作为诉讼代理人，向人民法院提交的写明委托事项和委托权限的文书。

### 授权委托书

委托人姓名：　　　性别：　　年龄：　　身份证号：
受委托人姓名：　　性别：　　年龄：　　身份证号：
工作单位：
住址：
现委托　　在我与　　一案中，作为我参加诉讼的委托代理人。委托权限如下：

委托人：
受委托人：
年　月　日

填写说明：

1. 委托权限是委托书最重要的部分。一般授权委托书只授予代理人代为进行诉讼的权利，而无权处分实体权利。在委托书上只需写明“一般委托”即可。特别授权代理，还授予代理人一定的处分实体权利的权利，如放弃、承认、变更诉讼请求，进行和解，提起反诉、上诉等。特别授权要对所授予的实体权利做列举性的明确规定，否则视为一般委托。
2. 授权委托书须由委托人、受委托人双方签名。

## （三）法人或其他组织授权委托书

法人或其他组织授权委托书，是当事人依法委托他人作为诉讼代理人，向人民法院提交的写明委托事项和委托权限的文书。

### 授权委托书

委托单位名称：
住所地：
法定代表人或主要负责人姓名：　　职务：
受委托人姓名：　　性别：　　年龄：

工作单位：

住址： 电话：

现委托 在我单位与 一案中作为我方参加诉讼的委托代理人。委托权限如下：

委托单位：(公章)

受委托人：

年 月 日

委托权限分一般授权代理和特别授权代理，与公民授权委托书一致。

### (四)法定代表人身份证明书

法定代表人身份证明书，是法人向人民法院证明法定代表人身份时使用的文书。

**法定代表人身份证明书**

(法定代表人姓名) 在我(单位名称) 任(董事长、经理等) 职务，是我(单位名称)的法定代表人。

特此证明。

年 月 日

(公章)

附：法定代表人住址：

电话：

### (五)人民法院民事诉讼风险提示书

为方便人民群众诉讼，帮助当事人认识和避免常见的诉讼风险，减少不必要的损失，根据《中华人民共和国民法通则》《中华人民共和国民事诉讼法》以及《最高人民法院关于民事诉讼证据的若干规定》等法律和司法解释的规定，现将常见的民事诉讼风险提示如下。

1. 起诉不符合条件

当事人起诉不符合法律规定条件的，人民法院不会受理，即使受理也会驳回起诉。

当事人起诉不符合管辖规定的，案件将会被移送到有权管辖的人民法院审理。

2. 诉讼请求不适当

当事人提出的诉讼请求应明确、具体、完整，对未提出的诉讼请求人民法院不会审理。

当事人提出的诉讼请求要适当，不要随意扩大诉讼请求范围；无根据的诉讼请求，除得不到人民法院支持外，当事人还要负担相应的诉讼费用。

3. 逾期改变诉讼请求

当事人增加、变更诉讼请求或者提出反诉，超过人民法院许可或者指定期限的，可能不被审理。

4. 超过诉讼时效

当事人请求人民法院保护民事权利的期间一般为两年(特殊的为一年)。原告向人民法院起诉后，被告提出原告的起诉已超过法律保护期间的，如果原告没有对超过法律保护期间的事实提供证据证明，其诉讼请求不会得到人民法院的支持。

5. 授权不明

当事人委托诉讼代理人代为承认、放弃、变更诉讼请求，进行和解，提起反诉或者上诉等事项的，应在授权委托书中特别注明。没有在授权委托书中明确、具体记明特别授权事项的，诉讼代理人就上述特别授权事项发表的意见不具有法律效力。

6. 不按时交纳诉讼费用

当事人起诉或者上诉，不按时预交诉讼费用，或者提出缓交、减交、免交诉讼费用的申请未获批准仍不交纳诉讼费用的，人民法院将会裁定按自动撤回起诉、上诉处理。

当事人提出反诉，不按规定预交相应的案件受理费的，人民法院将不会审理。

7. 申请财产保全不符合规定

当事人申请财产保全，应当按规定交纳保全费用而没有交纳的，人民法院不会对申请保全的财产采取保全措施。

当事人提出财产保全申请，未按人民法院要求提供相应财产担保的，人民法院将依法驳回其申请。

申请人申请财产保全有错误的，将要赔偿被申请人因财产保全所受到的损失。

8. 不提供或者不充分提供证据

除法律和司法解释规定不需要提供证据证明外，当事人提出诉讼请求或者反驳对方的诉讼请求，应提供证据证明。不能提供相应的证据或者提供的证据证明不了有关事实的，可能面临举证不能的不利裁判后果。

9. 超过举证时限提供证据

当事人向人民法院提交的证据，应当在当事人协商一致并经人民法院认可或者人民法院指定的举证期限内完成。超过举证期限提交的，人民法院会视其放弃了举证的权利，但属于法律和司法解释规定的新的证据除外。

10. 不提供证据原件

当事人向人民法院提供证据，应当提供原件或者原物，特殊情况下也可以提供经人民法院核对无异的复制件或者复制品。提供的证据不符合上述条件的，可能影响证据的证明力，甚至可能不被采信。

11. 证人不出庭作证

除属于法律和司法解释规定的证人确有困难不能出庭的特殊情况外，当事人提供证人证言的，证人应当出庭作证并接受质询。如果证人不出庭作证，可能影响该证人证言的证据效力，甚至不被采信。

12. 不按规定申请审计、评估、鉴定

当事人申请审计、评估、鉴定，未在人民法院指定期限内提出申请或者不预交审计、评估、鉴定费用，或者不提供相关材料，致使争议的事实无法通过审计、评估、鉴定结论予以认定的，可能对申请人产生不利的裁判后果。

13. 不按时出庭或者中途退出法庭

原告经传票传唤，无正当理由拒不到庭，或者未经法庭许可中途退出法庭的，人民法院将按自动撤回起诉处理；被告反诉的，人民法院将对反诉的内容缺席审判。

被告经传票传唤，无正当理由拒不到庭，或者未经法庭许可中途退出法庭的，人民法院将缺席判决。

14. 不提供准确送达地址

适用简易程序审理的案件，人民法院按照当事人自己提供的送达地址送达诉讼文书时，因当事人提供的己方送达地址不准确，或者送达地址变更未及时告知人民法院，致使人民法院无法送达，造成诉讼文书被退回的，诉讼文书也视为送达。

15. 超过期限申请强制执行

向人民法院申请强制执行的期限为两年。期限自生效法律文书确定的履行义务期限届满之日起算。超过上述期限申请的，人民法院不予受理。

16. 无财产或者无足够财产可供执行

被执行人没有财产或者没有足够财产履行生效法律文书确定义务的，人民法院可以对未履行的部分裁定中止执行，申请执行人的财产权益将可能暂时无法实现或者不能完全实现。

17. 不履行生效法律文书确定义务

被执行人未按生效法律文书指定期间履行给付金钱义务的，将要支付迟延履行期间的双倍债务利息。

被执行人未按生效法律文书指定期间履行其他义务的，将要支付迟延履行金。

## （六）民事答辩状

民事答辩状，是公民、法人或其他组织作为民事诉讼中的被告（或被上诉人），收到原告（上诉人）的起诉状（或上诉状副本）后，在法定期限内，针对原告（或上诉人）在诉状中提出的事实、理由及诉讼请求，进行回答和辩驳时使用的文书。

**民事答辩状**

答辩人：____________________

地址：____________________

答辩人因____一案（或：答辩人因____对一____案所提上诉），提出答辩如下：

______________________________________________________________________

此致

__________人民法院

答辩人：

年 月 日

附：本答辩状副本____份

填写说明：

1. 答辩的理由，是答辩状的主体部分，通常包括以下内容：就案件事实部分进行答辩；就适用法律方面进行答辩。

2. 提出答辩主张，即对原告起诉状或上诉人上诉状中的请求是完全不接受，还是部分不接受，对本案的处理依法提出自己的主张，请求法院裁判时予以考虑。

（七）反诉状

反诉状是在已经开始的诉讼程序中，民事案件的被告，以本诉的原告为被告，以抵销或吞并对方诉讼请求为目的，向同一人民法院提出与本诉有关的新的诉讼请求时使用的文书。

**反诉状**

反诉人（本诉原告）：

被反诉人（本诉被告）：

反诉请求：

事实与理由：

此致

人民法院

反诉人：

年 月 日

附：本反诉状副本 份

填写说明：

1. 反诉请求，写明请求抵销或吞并本诉诉求的具体主张。

2. 事实与理由，是整个反诉状的核心。在这一部分里，要从事实和法律的角度充分阐述反诉主张的正确性和抵销、吞并对方诉讼请求的合法性。

3. 反诉人在证据部分，与本诉一样，可以申请证据保全，也就是在证据可能灭失或者以后难以取得的情况下，可以申请证据保全。申请时，应说明什么证据需要保全、证据种类，还应说明证据由什么人持有及其具体理由。

## （八）应诉通知书

应诉通知书是指人民法院对决定受理的案件，向当事人告知其有关的诉讼权利义务的法律文书。

### ××人民法院应诉通知书

（××××）×××字第××号

×××：

本院已受理×××（原告或者上诉人的姓名或名称）诉你方×××（案由）纠纷一案，现发送×诉状副本一份，并将有关事项通知如下：

1. 当事人在诉讼过程中，有权行使《中华人民共和国民事诉讼法》第 50 条、第 51 条、第 52 条等规定的诉讼权利，同时必须遵守诉讼秩序，履行诉讼义务。

2. 你方应当在收到×诉状之日起十五日（涉外案件为三十日）内向本院提交答辩状一式×份。

3. 法人或者其他组织参加诉讼的，应当提交法人或者其他组织资格证明以及法定代表人身份证明书或者负责人身份证明书。自然人参加诉讼的，应当提交身份证明。

4. 需要委托代理人代为诉讼的，应当提交由委托人签名或者盖章的授权委托书，授权委托书应当依照《中华人民共和国民事诉讼法》第 59 条的规定载明委托事项和权限。

××××年××月××日

（院印）

## （九）举证通知书

举证通知书是在法院立案之后发给原被告双方的通知书，其包含的内容主要有举证期间，以及举证的注意事项。

## ××人民法院举证通知书

（××××）×××字第××号

×××：

根据《中华人民共和国民事诉讼法》和《最高人民法院关于民事诉讼证据的若干规定》，现将有关举证事项通知如下：

1. 当事人应当对自己提出的诉讼请求所依据的事实或者反驳对方诉讼请求所依据的事实承担举证责任。当事人没有证据或者提出的证据不足以证明其事实主张的，由负有举证责任的当事人承担不利后果。

2. 向人民法院提供证据，应当提供原件或者原物，或经人民法院核对无异的复制件或者复制品。并应对提交的证据材料逐一分类编号，对证据材料的来源、证明对象和内容做简要说明，依照对方当事人人数提出副本。

3. 申请鉴定，增加、变更诉讼请求或者提出反诉，应当在举证期限届满前提出。

4. 你方申请证人作证，应当在举证期限届满的十日前向本院提出申请。

5. 申请证据保全，应当在举证期限届满的七日前提出，本院可根据情况要求你方提供相应的担保。

6. 你方在收到本通知书后，可以与对方当事人协商确定举证期限后，向本院申请认可。

你方与对方当事人未能协商一致，或者未申请本院认可，或本院不予认可的，你方应当于××××年××月××日前向本院提交证据。

7. 你方在举证期限内提交证据材料确有困难的，可以依照《最高人民法院关于民事诉讼证据的若干规定》第36条的规定，向本院申请延期举证。

8. 你方在举证期限届满后提交的证据不符合《最高人民法院关于民事诉讼证据的若干规定》第41条、第43条第二款、第44条规定的“新的证据”的规定的，视为你方放弃举证权利。但对方当事人同意质证的除外。

9. 符合《最高人民法院关于民事诉讼证据的若干规定》第17条规定的条件之一的，你方可以在举证期限届满的七日前书面申请本院调查收集证据。

附：

(1)存在《关于民事诉讼证据的若干规定》(以下简称《证据规定》)第4条或者第5条、第6条规定的情形的，审判人员可以针对不同案件情况填写。

(2)如当事人可能提供域外形成的证据的，审判人员应当根据《证据规定》第11条、第12条的规定，填写相关内容。

(3)审判人员认为有必要的，可以根据案件的具体情况，指定当事人提供与本案有关的证据。

××××年××月××日

（院印）

说明：

本通知书适用于一审诉讼程序。人民法院指定举证期限时，应当指定举证期限届满的时间。后收到通知书的一方当事人举证期限不足30日的，自其收到通知书起第31日为举证期限届满的时间。

（十）财产保全申请书

财产保全申请书是在民事案件审理过程中，公民、法人或其他组织为维护自身的合法权益和保证将来裁判的执行，请求人民法院对诉讼标的物或与本案有关的财物采取某种强制措施时使用的文书。

**财产保全申请书**

申请人：

被申请人：

上列申请人与被申请人间，因　　纠纷，于　　年　　月　　日向你院起诉在案（或申请人即将提起诉讼），被申请人有损毁（或隐匿）诉讼争执标的物的可能（或者其他原因），为此，申请给予实施财产保全。申请的事实和理由如下：

请求事项：

事实和理由：

此致

人民法院

申请人

年　月　日

附：(1)书证

(2)物证

(3)证人

填写说明：

1. 事实和理由。首先写明申请人与被申请人因何发生纠纷。再具体写明需要采取保全措施的标的物的名称、数量。然后写请求保全的原因，着重写明必须实施财产保全所根据的事实，即被申请人有毁损、隐匿、转移等诉争标的物的行为，及其正在实施处分的行为。

2. 请求事项。即请求采取何种保全措施。应写明要求人民法院或查封,或扣押,或冻结等,或者采取其他适当措施。同时表示自己是否提供担保以及提供何种担保。

### (十一)先予执行申请书

先予执行申请书是指原告因生活或其他方面的需要,在案件起诉后、判决前要求人民法院责令被告先行给付一定数量款项时使用的法律文书。

**先予执行申请书**

申请人:
被申请人:

上列当事人间,因　　纠纷,于　　年　　月　　日向你院起诉在案,现因　　,为此申请裁定先予执行,责令被申请人先行给付一部分款项(或某项物品),现将事实和理由分述如下:

请求事项:

事实和理由:

此致

人民法院

申请人
年　月　日

附:(1)书证×件
(2)物证×件
(3)证人住址

填写说明:

1. 事实和理由。写明急需先予执行的事实,说明申请人对于被申请人并无对等给付的义务。

2. 申请理由。着重提出被申请人必须先行给付的事实根据。

3. 请求事项。将申请人要求先予执行的标的写清楚,并将给付的物品、款项写清楚。

### (十二)民事判决书

民事判决书是表达民事诉讼中最终处理结果的法律文书,在民事判决书中应当体现出司法的最终解决原则，在民事判决书中应当体现判决的权威性。判决的权威性由判决的公正性、判决的可执行性、判决的安定性共同形成。

判决的公正性要求判决的做出必须符合程序正义和实体正义两个方面。从程序正义方面而言，比如调解的程序法官不能加入后期的实体审判，调解中的双方承诺与让步不能作为审判衡量的标准和依据，同时审理案件的法官组成人员与当事人没有任何利害关联。在实体方面，要注重实质正义而非浮于表面的形式正义，对于特殊群体给予适当的特殊利益照顾等。

判决的可执行性，指的是民事判决的结果具有现实实现的可能性。具体地说，就是执行标的在被执行人的财产承受范围之内，过低的财产责任既会引起对方的权利被侵害感，又难以形成对被执行人的法律威慑力；而过高的财产责任则会引起被执行人的抵制以及实现不能，从而形成判决无力，这样毫无疑问会助长被执行人对于法律的蔑视，同时引起对方对法治的失望，从而在现实中扼杀了判决本应具有的权威。

判决的安定性，更多的意指判决的既判力。判决一经做出，不经法定程序、不因特定事由、未有新的证据，任何人不得擅自变更或撤销判决。因此，动辄以再审形式推翻已然生效的判决不应轻易被允许，必须设立严格的程序启动条件。对于已经进入审判程序的案件，其他任何法院不得以任何理由予以再次立案与审理。因此，对于已经进入司法程序的案件，其他法院的审理在法律上均被否定，已经做出的判决不得轻易被变更，这样才能形成判决之安定性。民事判决书的模板如下：

**××省××市(县)人民法院**

**民事判决书**

(年度)×民初字第××号

原告：姓名、性别、年龄、民族、籍贯、工作单位、职务或职业及住址

诉讼代理人：姓名、单位及职务

被告：姓名、性别、年龄、民族、籍贯、工作单位、职务或职业及住址

诉讼代理人：姓名、单位及职务

原告×××(姓名)诉被告×××(姓名)××××(案由)一案，本院受理后，依法组成合议庭，公开(或不公开)开庭进行了审理……(写明本案当事人及其诉讼代理人等)到庭参加诉讼。本案现已审理终结。

原告诉称："……"和"被告辩称：……""第三人述称：……"。

经审理查明："……"一语之后叙写法院审理认定的事实。这一段有两种写法。一是当事人双方对事实部分一致承认，没有争议。这样，便可概括叙述案情事实，用简短的语言表述清楚。并说明这些事实为当事人双方所不争。二是当事人对部分或全部案情事实各执一词时，则直接叙述法院审理认定的事实。

本院认为(写明认定事实和适用法律的理由)
判决结果
交代上诉权

审 判 长
审 判 员
人民陪审员
年 月 日
(院印)

本件与原本核对无异

书 记 员

### (十三)民事撤诉书

民事撤诉书是公民、法人或其他组织向人民法院提出撤回起诉请求时使用的文书。

**民事撤诉书**

申请人:

申请人因　　一案,于　　年　　月　　日向你院提起起诉,业经你院立案受理,现因　　特此申请撤回起诉。请予核准。

原在提起起诉时所附送的证据材料共　　件,请予发还。

此致

人民法院

申请人
年 月 日

填写说明:

"现因"之后的空白处写明申请撤诉的理由。通常基于以下原因:(1)被告满足了原告的诉讼请求;(2)当事人双方达成和解协议;(3)原告发现自己起诉不当,此时要写明起诉不当的原因。

### (十四)证据保全申请书

证据保全申请书是当事人向人民法院申请证据保全时使用的文书。

**证据保全申请书**

申请人：

申请人与　　因　　一案，已于　　年　　月　　日向你院提起诉讼。现因该案件证据即将灭失(或者是以后难以取得)，为此，申请给予证据保全。现将案件事实、理由和具体请求目的分述如下：

事实和理由：

请求事项：

此致

人民法院

申请人

年　月　日

### (十五)民事上诉状

民事上诉状，是民事案件的当事人对地方各级人民法院做出的第一审民事判决或裁定不服，根据法定的程序和期限，向上一级人民法院提起上诉时使用的文书。

**民事上诉状**

上诉人：

被上诉人：

上诉人因　　一案，不服　　人民法院　　年　　月　　日作出的(　　)字第　　号民事判决，现提出上诉。

上诉请求：

上诉事实和理由：

此致

人民法院

附：本上诉状副本　　份

上诉人：

年　月　日

### (十六)撤回上诉状

撤回上诉状，是公民、法人或者其他组织撤回上诉时使用的文书。

**撤回上诉状**

申请人：

申请人因　　一案，不服　　民法院　　年　　月　　日（　　）　　字第　　号的一审民事判决（或裁定），于　　月　　日向你院提起上诉。现因　　。特此申请撤回上诉，请予核准。

原在提起上诉时所附送的证据材料共　　件，请予发还。

此致

人民法院

年　月　日

填写说明：

"现因"之后的空白处写明申请撤回上诉的理由。

## （十七）申请执行书

申请执行书，是公民、法人或其他组织在对方拒不履行裁判确定义务的情况下，根据已经发生效力的法律文书，向有管辖权的人民法院提出申请，强制对方履行义务时使用的文书。

**执行申请书**

申请人：

被申请人：

上列当事人，因　　一案，业经人民法院于　　年　　月　　日作出（　　）字第　　号一审（或终审）　　民事判决（或仲裁委员会于　　年　　月　　日做出（　　）第　　号裁决），被申请人拒不遵照判决（或裁决）履行。为此，特申请你院给予强制执行。现将事实、理由和具体请求事项分述如下：

事实和理由：

请求事项：

此致

人民法院

年　月　日

附：（1）书证

（2）财产线索

填写说明：

1. 事实和理由。简要地叙述原案情和处理结果，并说明现在的执行状况；同时要阐明强制执行的必要性。

2. 请求事项。在叙述事实、论证理由的基础上，提出具体、明确的请求事项。最好按照法律规定的几种执行措施，提出具体请求，以供人民法院考虑。

民事诉讼流程图如图 4-2 所示。

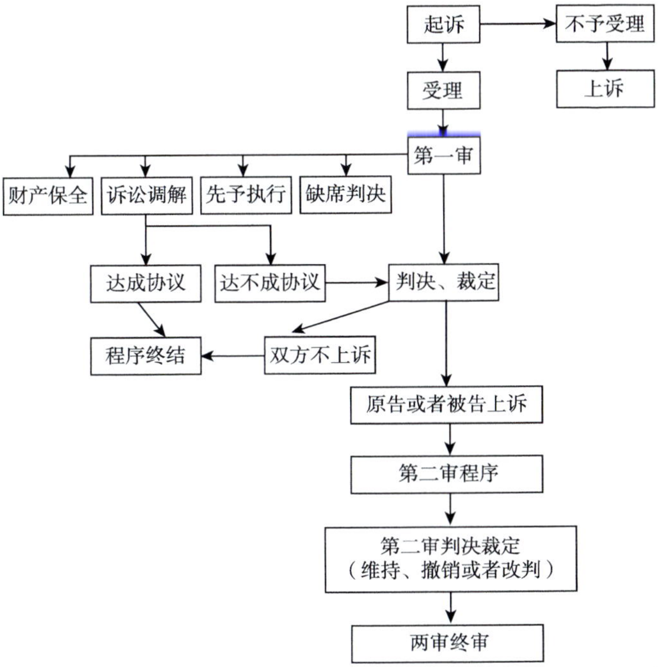


图 4-2　民事诉讼流程图

# 第三节　行政案件模拟审判

## 一、行政普通程序的基本理论

行政诉讼是指公民、法人或者其他组织认为具有行政职权的机关或组织（包括行政机关和法律、法规授权的组织）及其工作人员的具体行政行为侵犯其合法权益，依法向法院提起诉讼，法院按司法程序对该起诉和相关行政争议加以审查并作出裁判的活动与过程。行政诉讼的特点：

第一，行政诉讼所要解决的是行政争议（即行政机关或法律、法规授权的组织与公民、法人或者其他组织在行政管理过程中发生的争议）。

第二，行政诉讼的当事人具有恒定性。被告恒定为行政机关或授权组织，原告恒定为行政相对人（特定情况下行政机关亦可）。

第三，行政诉讼的客体（或者说人民法院司法审查的对象）是行政相对人认为侵犯其合法权益的具体行政行为。

第四，行政诉讼是人民法院按司法程序解决行政争议的活动。行政诉讼法是调整人民法院和当事人及其他诉讼参与人在解决行政争议的过程中所形成的各种诉讼关系的法律规范的总称。

### （一）行政诉讼法的原则

行政诉讼法的立法宗旨是保证人民法院正确、及时审理行政案件；保护公民、法人和其他组织合法权益；维持和监督行政机关依法行使职权。行政诉讼的原则分为基本原则与特有原则。行政诉讼基本原则是指反映行政诉讼基本特点和一般规律，贯穿于行政诉讼的整个过程或主要过程，指导行政诉讼法律关系主体诉讼行为的重要准则。行政诉讼的特有原则是基于行政诉讼双方主体地位的特殊性而决定的行政诉讼具有与其他诉讼不同的原则。

1. 具体行政行为的合法性审查原则。人民法院只审查具体行政行为，不审查抽象行政行为，但对于一些规范性文件可以进行司法审查，只审查合法性不审查合理性，当然这也存在一定的限度，如果行政处罚显失公正的，人民法院可对显失公正的行政处罚进行变更。只有在公民、法人或者其他组织对具体行政行为的合法性提出异议时，才能通过行政诉讼的方式解决，而行政机关在法律、法规授予的行政自由裁量权范围内作出的具体行政行为是否合理、适当的问题，原则上只能通过行政复议，由行政机关自行判断和处理。

2. 不适用调解原则。在行政诉讼中，主要是由法院对行政机关的具体行政行为的合法性进行司法审查。就被告而言，是行使国家公权力的行政机关，该行政机关在进行具体行政行为时必须具备合法性，这是其职务行为的必然性要求，因此，对于这种公权力机关对私权利个人的行为，不存在调解的必要性与可能性。只有私权利主体间对于彼此的行为具有一定的可处置性，才可以进行调解。行政诉讼中的被告对其职务行为显然不具备处置性。但是，对于具体行政行为违法时进行赔偿可以适用调解。

3. 被告行政机关负举证责任原则。从法理角度而言，在行政诉讼中，对于具体行政行为合法性的举证责任承担者，应该是行政诉讼的被告。因为被告是公权力的拥有者，公权力的行使符合法律对权力与义务的规定，在行使中依照法定程序进行，不侵害公民个人利益与权利，这些都是基本的行政权力行使的前提。被告的举证责任具有两层含义。第一，诉讼中的证明责任在法律上分配给了被告，被告须提出符合证明标准的证据，如果不能完成自己的证明责任，将会承担败诉的不利后果；第二，被告提供的证据必须是具体行政行为做出前或过程中保存或固定的证据，不得在诉讼过程中补救证据，补救证据无法证明具体行政行为的合法性，一般不予采信。

4. 当事人选择复议原则。复议原则是指对属于人民法院受案范围的行政案件，在法律、法规没有明确规定必须经过复议的情况下，当事人对具体行政行为不服时，既可以向上一级行政机关或者法律规定的特定机关申请复议，对复议决定不服，再向法院起诉，也可以不经复议直接向法院起诉。也就是说，复议原则上不是进行行政诉讼的必经程序，是否经过复议，由当事人自己选择。

5. 具体行政行为不因诉讼而停止执行原则。具体行政行为作出以后，当事人即使提起了行政诉讼，仍要按照具体行政行为所规定的内容履行自己的义务，否则，行政机关或者行政机关通过人民法院有权对当事人采取强制措施，迫使当事人履行义务。但是《行政诉讼法》第 56 条规定，在以下三种情况下，具体行政行为要停止执行：(1)被告认为需要停止执行的；(2)原告或者利害关系人申请停止执行，人民法院认为该行政行为的执行会造成难以弥补的损失，并且停止执行不损害国家利益、社会公共利益的；(3)人民法院认为该行政行为的执行会给国家利益、社会公共利益造成重大损害的；(4)法律、法规规定停止执行的。

### (二)行政诉讼的受案范围

行政诉讼的受案范围是指人民法院对行政机关的哪些行政行为拥有司法审查权。或者说，人民法院对哪些行政案件具有行政审判权。行政诉讼受案范围的内容主要有以下方面。

(1)对行政拘留、暂扣或者吊销许可证和执照、责令停产停业、没收违法所得、没收非法财物、罚款、警告等行政处罚不服的。

(2)对限制人身自由或者对财产的查封、扣押、冻结等行政强制措施和行政强制执行不服的。

(3)申请行政许可，行政机关拒绝或者在法定期限内不予答复，或者对行政机关作出的有关行政许可的其他决定不服的。

(4)对行政机关作出的关于确认土地、矿藏、水流、森林、山岭、草原、荒地、滩涂、海域等自然资源的所有权或者使用权的决定不服的。

(5)对征收、征用决定及其补偿决定不服的。

(6)申请行政机关履行保护人身权、财产权等合法权益的法定职责，行政机关拒绝履行或者不予答复的。

(7)认为行政机关侵犯其经营自主权或者农村土地承包经营权、农村土地经营权的。

(8)认为行政机关滥用行政权力排除或者限制竞争的。

(9)认为行政机关违法集资、摊派费用或者违法要求履行其他义务的。

(10)认为行政机关没有依法支付抚恤金、最低生活保障待遇或者社会保险待遇的。

(11)认为行政机关不依法履行、未按照约定履行或者违法变更、解除政府特许经营协议、土地房屋征收补偿协议等协议的。

(12)认为行政机关侵犯其他人身权、财产权等合法权益的。

同时,《行政诉讼法》中对于不能适用行政诉讼的情形也做了排除性列举。

(1)国防、外交等国家行为。国家行为又称政治行为,以国家名义进行,如国防、外交、宣布紧急状态、戒严、总动员等。

(2)抽象行政行为。行政法规、规章或者行政机关制定、发布的具有普遍约束力的决定、命令。

(3)行政机关对其工作人员的奖惩、任免等决定。

(4)法律规定由行政机关最终裁决的行政行为。例如,《中华人民共和国行政复议法》第 14 条、第 30 条,《中华人民共和国公民出境入境管理法》第 15 条,《中华人民共和国外国人入境出境管理法》第 29 条的规定。如终局裁决机关不做裁决的,属不履行法定职责。

除此之外,2015 年颁布的《最高人民法院关于适用〈中华人民共和国行政诉讼法〉若干问题的解释》中规定:有下列情形之一,已经立案的,应当裁定驳回起诉。

(1)不符合行政诉讼法第 49 条规定的;

(2)超过法定起诉期限且无正当理由的;

(3)错列被告且拒绝变更的;

(4)未按照法律规定由法定代理人、指定代理人、代表人为诉讼行为的;

(5)未按照法律、法规规定先向行政机关申请复议的;

(6)重复起诉的;

(7)撤回起诉后无正当理由再行起诉的;

(8)行政行为对其合法权益明显不产生实际影响的;

(9)诉讼标的已为生效裁判所羁束的;

(10)不符合其他法定起诉条件的。

### (三)行政诉讼当事人

1. 行政诉讼的原告

认为行政机关或法律、法规授权的机关及其工作人员的具体行政行为侵犯其合法权益，而向人民法院起诉的个人或组织。原告的范围包括：

(1)具体行政行为的直接相对人；

(2)利害关系人(涉及相邻权、公平竞争权、被侵害人有权要求追究加害人法律责任、与被诉的复议决定有法律上利害关系或在复议程序中追加为第三人)；

(3)有权起诉的公民死亡的，其近亲属可以起诉；

(4)有权起诉的法人或其他组织终止，承受其权利的法人或其他组织可以起诉。

2．行政诉讼的被告

(1)公民、法人或者其他组织直接向人民法院提起诉讼的，作出行政行为的行政机关是被告。

(2)经复议的案件，复议机关决定维持原行政行为的，作出原行政行为的行政机关和复议机关是共同被告(原告只起诉作出原行政行为的行政机关或者复议机关的，人民法院应当告知原告追加被告。原告不同意追加的，人民法院应当将另一机关列为共同被告)；复议机关改变原行政行为的，复议机关是被告。

复议机关在法定期限内未作出复议决定，公民、法人或者其他组织起诉原行政行为的，作出原行政行为的行政机关是被告；起诉复议机关不作为的，复议机关是被告。

(3)两个以上行政机关作出同一行政行为的，共同作出行政行为的行政机关是共同被告。

(4)行政机关委托的组织所作的行政行为，委托的行政机关是被告。

(5)行政机关被撤销或者职权变更的，继续行使其职权的行政机关是被告。

(6)不服经批准的具体行政行为，以在对外生效文书上署名的机关为被告。

(7)行政机关组建并赋予行政职能的机构，以自己的名义做出具体行政行为的，以组建该机构的行政机关为被告(因不属法律、法规授权的组织)。

(8)行政机关的内设机构或派出机构在没有法律、法规授权的情况下，以自己的名义做出具体行政行为，以该行政机关为被告(因不属法律、法规授权的组织)。

(9)被授权的内设机构、派出机构或其他组织超出授权范围作出行政行为的，以授权组织为被告。

(10)行政机关在没有法律、法规、规章授权的情况下，授权内设机构、派出机构或其他组织行政职权的，视为委托。

### (四)行政诉讼证据举证责任

在诉讼中由当事人提供证据证明自己的主张，否则，就有可能承担败诉的风险。行政诉讼的举证责任不同于民事诉讼(谁主张，谁举证)和刑事诉讼(由检察机关对指控的犯罪事实举证，自诉案件另有规定)。在行政诉讼中，被告对做出的具体行政行为负有举证责任，应当在收到起诉状副本之日起十五日内提供做出该具体行政行为的证据和法律依据，否则，视为该行为没有相应的证据、依据，且被告及其委托代理人在诉讼过程中不得自行向原告和证人收集证据。这是依法行政的要求，就是说，行政机关在作出行政行为时，必须有事实根据和法律依据，而不是等到诉讼后再收集证据。原告对下列事项提供证据：(1)被告行政行为违法的，原告可以提供证据，证据不成立的，不免除被告举证责任；(2)被告不履行法定职责的，原告应当提供向被告提出申请的证据；(3)行政赔偿、补偿案件中，原告应当对行政行为造成的损害承担证明责任。

## 二、行政普通程序的法律规定

在行政诉讼中，适用的法律较为广泛，我国的行政法规没有形成统一的行政法典，行政行为的法律散见于各个部门法之中。但有关程序方面的法规较为固定，主要有《中华人民共和国行政诉讼法》《最高人民法院关于适用〈中华人民共和国行政诉讼法〉若干问题的解释》和《最高人民法院关于行政诉讼证据若干问题的规定》。除此之外，《中华人民共和国法官法》《中华人民共和国律师法》等规范主体的部门法也具有少量的适用规范。在此，主要介绍行政诉讼程序中应用较多的三部法规。

### （一）行政诉讼法

该法即《中华人民共和国行政诉讼法》，于 1989 年 4 月 4 日第七届全国人民代表大会第二次会议通过，1989 年 4 月 4 日中华人民共和国主席令第 16 号公布，1990 年 10 月 1 日起施行。这是中华人民共和国行政历史上的里程碑，开创了“民告官”的先河，使得民主宪政在司法层面上赋予了最广泛的人民群众监督与知情权。十二届常委会第十一次会议 2014 年 11 月 1 日表决通过了修改《行政诉讼法》的决定，国家主席习近平签署第 15 号主席令予以公布。新华社受权播发了这一决定。这是《行政诉讼法》自 1989 年制定后作出的首次修改。《行政诉讼法》共有 10 章 103 条，分别规定了总则、受案范围、管辖、诉讼参与人、证据、起诉和受理、审理和判决、执行、涉外行政诉讼、附则等。其中，第六章的起诉和受理、第七章的审理和判决是整个行政模拟审判中应用较频繁的中心内容。第六章有 10 个法条，主要是有关行政诉讼的起诉条件、程序规定，行政诉讼是否需要行政复议的前置规定等。第七章有 23 个法条。这些法条都对行政诉讼的程序进行了较为详尽的规定。

### （二）司法解释

对于《行政诉讼法》进行适用解释的是《最高人民法院关于适用〈中华人民共和国行政诉讼法〉若干问题的解释》，于 1999 年 11 月 24 日由最高人民法院审判委员会第 1088 次会议通过，2000 年 3 月 10 日起施行。经过了 15 年之后，为了配合《行政诉讼法》的修改，2015 年 4 月 20 日最高人民法院审判委员会第 1648 次会议通过了《最高人民法院关于适用〈中华人民共和国行政诉讼法〉若干问题的解释》。该解释对新修改的行政诉讼法为解决“立案难、审理难、执行难”等突出问题而增设的新制度、新规定作出细化规定，已于5月1日起与新行政诉讼法同步实施。

该解释共27条，包括10个大方面：立案登记制、起诉期限、行政机关负责人出庭应诉、复议机关作共同被告、行政协议、一并审理民事争议、一并审查规范性文件、判决方式、有限再审以及新旧法衔接。

该解释重点规定了立案登记制度，明确要求人民法院对符合起诉条件的案件应当立案，依法保障当事人行使诉讼权利。同时，对行政诉讼法规定的原告起诉时要“有具体的诉讼请求”进行了具体指引，明确了公民、法人或者其他组织对不履行法定职责的行政机关提起诉讼的起诉期限为行政机关履行法定职责期限届满之日起六个月内。针对行政机关负责人出庭应诉这一新制度，该解释作了两项规定：一是明确行政机关负责人包括行政机关的正职和副职负责人；二是行政机关负责人出庭应诉的，可以另行委托一至两名诉讼代理人。

总体来说，该解释强调对行政相对人诉讼权利和实体权利的充分保障，注重对行政机关依法应诉和依法行使职权的有效监督，注重对行政争议以及与行政争议相关的民事争议的实质解决。正确处理了加强诉权保护与尊重诉讼规律、强化司法的能动积极作用以及司法权与行政权的合理分工等重大关系，是我国行政诉讼领域内的一项重要的规范性文件。

### （三）证据规定

《最高人民法院关于行政诉讼证据若干问题的规定》于2002年6月4日由最高人民法院审判委员会第1224次会议通过，自2002年10月1日起施行。行政诉讼证据规定共有6章80条。一是举证责任分配和举证期限，共9个法条。规定了原被告在诉答中应提交的证据和提交时间，逾期提交的不利后果等。二是提供证据的要求，共12个法条。第10—13条分别规定了双方提交书证、物证、视听资料以及证人证言的具体要求。三是调取和保全证据，共13个法条。第22条规定了人民法院主动调取证据的两种情形，第23条规定了当事人申请法院调查取证的适用情形，另外，规定了当事人申请法院调查取证的形式要件和实质要件，当事人要求重新鉴定的允许情形。四是证据的对质、辨认和核实，共18个法条。这部分主要是针对质证的过程和要求进行了详细规定，特别是对证人必须出庭和可以提供书面证言的情形在第41条和44条进行了详细规定。五是证据的审核认定，共21个法条。这部分是法院法官在认证过程的细节性规定，对于自认的适用情形，证据的真实性、合法性审查核实标准，不予认定的证据材料以及不能采用的鉴定结论都进行了非常细化的规定，操作性较强。附则共7个法条，规定了证人费用、证人保护以及其他的一些权利、法律责任等补充性规定。

在行政诉讼程序中，除了特有的一些原则和举证责任的特殊性外，有很多规定与民事诉讼相类似，因此，在民事诉讼的基础上再进行行政模拟审判，法律规范的应用则显得简单和易于把握。

## 三、行政普通程序的文书写作

由于前面已介绍过刑事诉讼和民事诉讼，部分的法律文书已经介绍，这里不再一一赘述。本节只介绍两类文书：行政起诉状和行政判决书。

### （一）行政起诉状

行政起诉状是指行政行为相对人以及其他与行政行为有利害关系的公民、法人或其他组织向人民法院递交的，请求人民法院对该行政行为是否合法予以裁决，用以保护当事人合法权益的法律文书。

**行政起诉状**

原告人：姓名、性别、出生年月日、民族、工作单位、职业、住址（原告如为单位，应写明单位名称、单位地址、法定代表人或负责人姓名及职务）。

被告人：（行政机关）应写明单位名称、单位地址、法定代表人或负责人姓名及职务。

诉讼请求：（三种类型）1. 请求撤销行政机关违法的具体行政行为。

2. 请求人民法院变更不当的具体行政行为，即提起变更之诉。

3. 因具体行政行为违法或者不当给原告造成财产损失的，原告在请求人民法院撤销或者变更具体行政行为的同时，还可以依法请求赔偿，即提起给付之诉。

事实和理由：

证据和证据来源，证人姓名和地址。

此致

人民法院

起诉人：（签名或盖章）

年　月　日

附：(1)本诉状副本×份（按被告人数确定份数）；

(2)证据××份；

(3)其他材料××份。

### （二）行政判决书

行政判决书根据行政诉讼阶段的不同可以分为第一审程序的行政判决书、第二审程序的行政判决书和再审程序的行政判决书等几种类型。第一审程序的判决书是指第一审人民法院受理行政案件后，按照《行政诉讼法》的规定程序审理终结，依照法律和行政法规、地方性法规，参照行政规章，就案件实体问题作出的书面处理决定。第二审行政判决书是指第二审人民法院对当事人不服一审判决提起上诉的行政案件，按照第二审程序审理终结，就实体问题依法作出书面处理决定制作的法律文书。再审程序的行政判决书，是人民法院按照审判监督程序，对于已经发生的行政判决，发现违反法律、法规的规定，经依法再审终结，就案件的实体问题作出处理的书面法律文书。一审行政判决书由首部、事实、理由、判决结果和结尾组成。

**××人民法院**

行政判决书

（××××）×行初字第×号

原告……（写明姓名或名称等基本情况）。

法定代表人（或负责人）……（写明姓名和职务）。

法定代理人（或指定代理人）……（写明姓名等基本情况）。

委托代理人……（写明姓名等基本情况）。

被告……（写明被诉的行政机关名称和地址）。

法定代表人……（写明姓名和职务）。

委托代理人……（写明姓名等基本情况）。

第三人……（写明姓名或名称等基本情况）。

法定代表人（或负责人）……（写明姓名等基本情况）。

法定代理人（或指定代理人）……（写明姓名等基本情况）。

委托代理人……（写明姓名等基本情况）。

原告×××不服××（行政机关名称）××××年××月××日（××××）×字第×号处罚决定（或复议决定等其他具体行政行为），向本院提起诉讼。本院受理后，依法组成合议庭，公开（或不公开）开庭审理了本案。……（写明到庭的当事人、代理人等）到庭参加诉讼。本案现已审理终结。

概括写明被告所做的具体行政行为的主要内容及其事实与根据，以及原告的诉讼请求、主张和理由，被告的答辩和第三人的意见。

经审理查明，……（写明法院认定的事实和证据）。

本院认为，……（根据查明的事实和有关法律规定，就行政机关所做的具体行政行为是否合法，原告的诉讼请求是否有理，进行分析论述）依照……（写明判决所依据的法律条款）的规定，判决如下：

第一，维持行政机关具体行政行为的：

“维持××(行政机关名称)××××年××月××日(××××)×字第×号处罚决定(或复议决定等其他具体行政行为)”。

第二，撤销行政机关具体行政行为的：

“一、撤销××(行政机关名称)××××年××月××日(××××)×字第×号处罚决定(或复议决定等其他具体行政行为)；

二、……(写明判决被告重新做出具体行政行为的内容。如果是不需要重新做出具体行政行为的，此项不写。如果是确认被告的具体行政行为侵犯原告合法权益而需要承担行政赔偿责任的，应当写明赔偿的数额和交付时间等)”。

第三，部分撤销行政机关具体行政行为的：

“一、维持××(行政机关名称)××××年××月××日(××××)×字第×号处罚决定(或复议决定等其他具体行为)第×项，即……(写明维持的具体内容)；

二、撤销××(行政机关名称)××××年××月××日(××××)×字第×号处罚决定(或复议决定等其他具体行政行为)第×项，即……(写明撤销的具体内容)；

三、……(相对撤销部分写明判决被告重新做出具体行政行为的内容。如果是不需要重新做出具体行政行为的，此项不写。如果是确认被告侵犯原告合法权益而需要承担行政赔偿责任的，应当写明赔偿的数额和交付时间等)”。

第四，判决行政机关在一定期限内履行法定职责的：

“责成被告×××……(写明被告应当履行的法定职责内容和期限)”。

第五，判决变更行政处罚的：

变更××(行政机关名称)××××年××月××日(××××)×字第×号处罚决定(或复议决定)，改为：“……”(写明变更后的处罚内容)。

第六、单独判决行政赔偿的：

“被告×××赔偿原告×××……(写明赔偿的金额、交付时间，或者返还原物、恢复原状等)”。

……(写明诉讼费用的负担)。

如不服本判决，可在判决书送达之日起十五日内，向本院递交上诉状，并按对方当事人的人数提出副本，上诉于××人民法院。

审判长×××

审判员×××

审判员×××

本件与原本核对无异　　　　××××年××月××日

(院印)

书记员

## 四、行政诉讼特别程序（行政附带民事诉讼）

### （一）行政诉讼特别程序的特点

第一，关联性。即行政诉讼与民事诉讼之间有着内在联系，二者之间存在着一定程度的关联性。在实施具体行政行为中，由于行政权力的介入，侵害了原告民事领域的一些权利，使得行政纠纷和民事纠纷交织在一起。同时，具体行政行为的相对人对具体行政行为和相关的民事争议一并向法院提起了诉讼，进入了司法程序。在司法程序中，民事争议的解决必须依托于行政争议的解决。因此，产生了行政附带民事诉讼。

第二，主从性。行政附带民事诉讼从本质上讲是一种具有特殊性的行政诉讼，在模式上类似于刑事附带民事诉讼。在行政附带民事诉讼制度中，两个诉讼有主从之分，行政诉讼处于主要地位，民事诉讼处于附属地位，如果没有行政诉讼，附带民事诉讼将不复存在。但是，没有附带民事诉讼，不影响行政诉讼的成立。

第三，及时性和正义性。行政相对人提起行政附带民事诉讼的最终目的是获取民事利益。行政争议的解决，只是寻求权利司法救济的中间环节而已，它们的真实目的是寻求民事实体权利的救济。如果行政诉讼不能附带提起民事诉讼，在另行提起民事诉讼时则需要消耗大量的时间和物力，因此，行政附带民事诉讼体现了司法的及时性和正义性。

第四，当事人的特定性。附带民事诉讼的原告、被告只能是行政附带民事诉讼的原告或者第三人。

第五，可分性。从性质上讲，行政附带民事诉讼分行政部分和民事部分，是两种不同性质的法律关系，因此，完全可以分开审理。也就是说，附带民事诉讼的行政诉讼和民事诉讼在性质上是可以分的，也是应该分的。混合进行诉讼活动，容易导致法律关系的混乱，破坏诉讼程序的阶段性和完整性。附带民事诉讼的合并不是混合。合是在分的前提下的合，分是在合中出现的结果。是否进行行政附带民事诉讼，取决于行政相对人是否提起。

### （二）行政诉讼特别程序的功能

1. 实现诉讼经济效益

行政程序越复杂，诉讼费用就越高，诉讼周期就越长。在行政争议与民事争议交织在一起的行政案件中，按照行政诉讼制度，只能解决行政争议而不能对其中的民事争议一并解决。通过行政诉讼，即使原告胜诉，撤销了被告对行政相对人的具体行政行为，行政相对人之间的民事争议却没有得到丝毫的解决，行政附带民事诉讼则可以解决这一问题，将行政诉讼与民事诉讼合并解决，使得司法资源得到节约，实现了诉讼的经济性。

2. 保护行政相对人的实体权利

尽管通过行政诉讼程序，将具体行政行为纳入司法救济的轨道，将违法的具体行政行为撤销，可以消除行政权力对行政相对人权利的侵害。在民事争议与行政争议交织在一起的案件中，原告最关心的是其实体权利，即民事权利是否得到解决，行政争议的解决只是解决矛盾的一个中间环节。因此，行政附带民事诉讼能够最终解决行政相对人的全部诉求，实现其实体权利的回归。

3. 促进司法权威的实现

司法裁判的最终性、唯一性是司法权威的重要体现。如果司法机关针对同一案件所做出的裁判相互矛盾，必然会影响法院裁判的一致性和统一性，在很大程度上削弱司法的权威性，从而使司法权不能发挥应有的作用。行政附带民事诉讼的整个诉讼请求是通过同一诉讼过程来实现的，这样可以最大限度地保障行政纠纷与民事争议处理的一致性。

4. 促进行政审判制度健康发展

自建立行政诉讼制度以来，中国的行政审判总体来说发展良好。但是，“民告官”的案件一般被认为是反常态的，在现实中，“半截子工程”和“官了民不了”的行政案件比比皆是，极个别人逐渐对行政诉讼制度丧失信心，因此，通过行政附带民事诉讼，使得纠纷的争议利益最终解决，增强民众对行政诉讼的信心与尊重。

### (三)行政附带民事诉讼必备的条件

1. 附带民事诉讼必须由原告或者第三人提起

行政附带民事诉讼必须由原告或者第三人提起，即民事争议的当事人提起。附带民事诉讼提起应当严格遵循“不告不理”的原则，如果民事争议的当事人在行政诉讼过程中并没有提出民事诉讼请求，法院不能依职权主动对民事争议加以审理并做出裁判。人民法院在受理起诉后发现符合行政诉讼附带民事诉讼其他条件的，应当告知当事人有权提起附带民事诉讼。但是，有权提起附带民事诉讼的当事人放弃诉讼权利的，人民法院应当允许。

2. 附带民事诉讼与行政诉讼具有关联性

关联性是行政诉讼附带民事诉讼的本质特征。关联性主要包括两个方面。第一，行政争议与民事争议具有关联性。这种关联性是指行政争议与民事争议由行政主体的同一行政行为所引起或行政行为的做出不仅未解决原有的民事争议，反而引起新的民事争议。具体的模式有两种：一是民事争议并不存在，但由于具体行政行为而产生了民事争议；二是民事争议已经存在，行政机关为了解决民事争议而做出行政决定，当事人不服而产生行政争议。第二，两种诉讼之间具有关联性。行政诉讼附带民事诉讼必须有一个（或数个）行政诉讼请求，即行政诉讼原告认为具体行政行为侵犯其合法权益，要求人民法院对该行政行为进行审查；同时原告或者第三人必须提出相应的民事诉讼请求，即要求附带民事诉讼的被告停止侵害、排除妨害等，并且，两种不同性质的诉讼请求之间必须具有内在关联性，这种关联性体现在不同性质的诉讼请求均来自同一法律事实。

3. 附带民事诉讼必须在一审中提起

行政诉讼的成立是附带民事成立的前提。附带民事诉讼可以与行政诉讼同时提起，也可以在行政诉讼一审结束前提出。当事人逾期提出附带民事诉讼的一律作为民事案件另案处理。对于行政诉讼已经存在的，附带民事诉讼的请求最迟应当在审判决做出之前提出。一旦进入二审，当事人就不得再提起附带民事诉讼。

4. 属于受诉的人民法院管辖

行政争议之受诉法院对附带民事争议应当具有管辖权，否则只能另行提起民事诉讼，而不能作为附带民事诉讼提出。由于中国行政诉讼与民事诉讼遵循的都是“原告就被告”的原则，且中国的司法区划和行政区划大体是一致的。因此，附带民事诉讼之管辖法院与行政诉讼之管辖法院实际上大体是一致的。

5. 在法律规定的时效内提出

根据《行政诉讼法》第46条的规定：“公民、法人或者其他组织直接向人民法院提起诉讼的，应当自知道或者应当知道作出行政行为之日起六个月内提出。法律另有规定的除外。因不动产提起诉讼的案件自行政行为作出之日起超过二十年，其他案件自行政行为作出之日起超过五年提起诉讼的，人民法院不予受理。”《中国人民共和国民法通则》规定：“向人民法院请求保护民事权利的诉讼时效期限为2年，法律另有规定的除外。”行政附带民事诉讼的诉讼时效应当分别符合行政诉讼和民事诉讼之规定。鉴于民事争议之诉讼时效通常长于行政争议之诉讼时效，在一般情况下，行政诉讼附带民事诉讼应当在《行政诉讼法》规定的时效，超过《行政诉讼法》规定的时效的，只能另行单独提起民事诉讼。

### （四）行政附带民事诉讼受案范围和审理

1. 受案范围

原则上，行政附带民事诉讼的受案要符合有限性和关联性两大基本原则。行政诉讼成立是附带民事诉讼成立的前提条件。行政附带民事诉讼的本质是当事人在提起行政诉讼时附带提起民事诉讼或在行政诉讼进行过程中提起附带民事诉讼。附带民事诉讼是附属于行政诉讼的，如果行政诉讼的起诉被法院裁定不予受理，其所附带的民事诉讼也随之被法院裁定不予受理，在此情况下附带民事诉讼的起诉方只能提起单独的民事诉讼。如果行政起诉被法院驳回，所附带的民事诉讼也必然被法院驳回。如果第三人在提起行政诉讼时附带提起的民事诉讼被法院裁定不予受理，却不影响行政起诉被法院受理，同样地，即使法院驳回附带民事诉讼，也可以继续审理行政诉讼。总而言之，如果行政案件不成立或不存在，就不存在附带民事诉讼的问题，当事人只能提起单独的民事诉讼。

2. 审理程序

(1)审判组织上，一般情况下，由原审行政案件的合议庭继续审理较为适宜，因为原合议庭对行政案件的事实状况和法律性质较为熟悉，因此，对于关联民事争议在事实的审理和法律适用上由原合议庭审理更为合适。

(2)审判顺序上，一般先审理行政案件，后审理附带民事案件。

3. 证据制度

在证明责任方面，由被告对具体行政行为承担证明责任，但民事争议上，双方证明责任等同。

在证明内容方面，证明行政行为的内容、目的、程序合法，才能进一步证明相应的民事争议的责任及因果关系。

在最终处理上，如果双方同意，可以用调解方式结案，调解书已经签收，具有终审判决的效力。如果任一方不同意调解的，则应该进行及时判决。

# 第五章　疑案辩论

## 第一节　疑案辩论概述

### 一、疑案辩论的概念和特征

疑案辩论是案例教学中针对性较强的一种教学模式。案例教学通过收集现实生活中一些典型真实案例，并将其设计为供课程学习使用的案例，运用到课程教学中，形成启发引导、自主探究、应用拓展的实践教学模式。

区别于其他实践教学模式，案例实践教学模式具有以下特点。第一，案例实践教学模式突出案例的运用，通过案例组织教学，激发学生的学习兴趣。第二，案例实践教学模式能够调动学生学习的主动性和参与意识。学生在案例的引导下，成为学习的主导者。在案例教学中，教师与学生有着不同的分工，教师是导入案例的设计者，学生是解决案例的实际操作者。第三，案例实践教学模式是一种过程教学的形式，案例教学强调过程胜于结果。通过案例的引导使学生在反复理论联系实际的经验和活动中逐渐学会如何运用法律规则解决实际问题，而不是单纯的法律规则的识记和理解。

案例引导下的实践教学模式通过以案激趣、以案导学、以案说理的作用的发挥，使学生在较短的时间内接触并处理大量实际问题，在案例的引导之下，启发学生思考法律规则、探究法律规则、运用法律规则，使得学生的思维能力、创新能力、实践应用能力及自主学习能力得以有效的锻炼和提高。

疑案辩论与一般的案例教学的区别在于几个方面。第一，案例的选择上，一般的案例教学对案例的选择主要取决于针对性教学、总结性教学需要等，在这种类型的教学需求之下，案例教学的任务是为了更好地使学生理解相对应的理论，而并不在于实际主动运用理论。基于此，案例的选择主要来源于实际案例。疑案辩论则脱离一般案例教学的基本模式，其案例的选择可以具有一定的超现实性与鲜明的观点对立的可能性，其案例的选择既可以来源于实际中出现的典型案例，也可以由教师来进行特殊性的设计。第二,在教学方法上,一般的案例教学主要是通过举例与讨论的形式来最终实现,教师在进行案例教学时的主要任务是利用案例来说明理论,从而加深学生对理论的认识。而疑案辩论需要学生根据教师设计的案例中存在的争论点展开具有自己独立观点的辩论,既需要学生对案例的理解有着自己独特的观点,同时需要为自己的观点准备足够充足的论证理论。除此之外,还需要学生具备将自己观点的所有内容进行展示,并接受对方观点的质疑与挑战的能力。学生需要的不仅仅是单纯的理论知识,还需要具有各种综合性的能力。总体上说,疑案辩论的特征主要有以下几个。

1. 互动性

疑案辩论中的"辩论环节"中体现出疑案辩论课程的核心模式,通过互动式辩论来实现疑案的解决。疑案辩论可以通过个体辩论实现,也可以通过团队辩论实现,无论是何种实现方式,这一课程必然是集体性的课程模式。既然是集体分析问题和探求解决方法,所有参与者必须互相交流看法,提出问题。这里的互动既包括师生之间的互动,也包括学生之间的互动。

2. 创造性和多样化

疑案辩论与一般的案例讨论中最为关键的区别在于学生不仅需要寻求案例的最终解决途径,还需要提出自己的论证理由,这种理由可以在既有的理论基础之上,也可以由学生自主创立,这也是疑案辩论的核心理念——创造性思维的培养。创造性思维是创新教育的精髓,是所有创新活动的核心,只有具备创造性思维的法律人才,才能够准确地认识和把握极其复杂的法律现象。疑案辩论有助于培养学生在意志层面冲破常规思维的障碍,强调学生的创造能力及其具有个性的多样化观点。

## 二、疑案辩论的作用

### (一)培养学生的文献检索能力

在疑案辩论过程中,学生的首要工作是对案件进行研究,形成自己的见解与理论支持,而本科阶段的理论学习是具有基础性、体系性的,需要学生在主动研究案例的基础上寻求符合自己观点的相关理论,这就要求学生对自己需要的理论进行进一步的深入学习,学习的首要途径就是进行文献的检索,对各类文献进行综合分析,形成符合自己想法的理论支撑。由此可见,文献检索能力是疑案辩论对学生提出的首要要求。

### (二)培养学生的法律逻辑思维能力

法律逻辑思维能力的培养是所有法学专业学生必须具备的一种能力,这种能力的具备不仅是疑案辩论课程对学生提出的要求,也是法学实践对学生基本素质的要求。法学专业的学生在进行案例分析时,应当从专业的角度切入,注重锻炼自己作为一个法律工作者的思维方式。对案件的分析要从法理入手，结合现行立法，抽丝剥茧，层层推理，最后得出让人信服的结论。法律逻辑思维能力的培养需要从以下两个方面进行。第一，专业理念的形成。当案例出现时，需要对案例中所蕴含的各类法律问题进行梳理与总结，从专业的角度进行分析与解答。第二，法律特有思维的形成。这是法律逻辑思维能力养成的关键。当案例分析呈现出具体的问题时，学生应当对问题中涉及的理论进行总结与剖析，按照案例中存在的问题进行分类整理，同时形成对应的理论体系，最终做出总结，得出结论。

### （三）培养学生的语言表达能力

法律是社会学科，会见当事人、参与开庭、调解等场合的说法、说理，都离不开语言表达。法学专业的学生走出校门就是与形形色色、各个阶层的人打交道，因此必须具备一定的沟通交流能力、表达能力。在典型的案例教学活动中，学生单独或者分组对案例进行分析、讨论、辩论是教学的主要内容，这些活动对培养学生的口头表达能力是至关重要的。学生要想在课堂上完成任务或者说服对方，必然要磨炼自己的语言能力；而疑案辩论可以更为直接强化学生的语言表达能力。就学生而言，应当把疑案辩论当作提升自我能力的良好平台，有意锻炼自己的口头表达能力。发表自身观点应当于法有据，驳斥他人观点也应当有理有节。

### （四）培养学生的创新能力

疑案辩论以实际案例的分析、讨论和研究为内容。讨论和研究的问题包括“法律规定是什么”“法律为什么这样规定”“法律应当如何规定”。一般的案例讨论主要是解决第一个问题，也就是通过案例讨论来使学生了解法律的具体规定。而疑案辩论则更侧重于后两个问题的解决。对后两个问题的思考和回答是学生学术研究能力的提升，也是锻炼他们学术研究能力的途径。法律是不断发展变化的，从法理学上来说，法律归根到底是由当时的社会物质条件所决定的。法律的逐步完善除了人的认识水平不断提高之外，创新能力也是很重要的要素。无论是完善立法还是解决具体的个案，都需要创新能力。尤其现在人们的法制观念越来越强，越来越懂得用法律的武器进行自我保护，有些案件的诉讼请求需要法官有着一定的创新能力，才能很好地化解矛盾，解决纠纷。疑案之所以成为疑案的主要原因在于案件中存在着与实践中通行理论不一致或者矛盾之处，如果法律的规定有着绝对的明确性与固有性，疑案的价值就无从体现。疑案研究的最大价值就在于对其能够开拓更为多元化与合理化的理论体系与实践操作方法。也就是说，学生在进行疑案辩论时可以超出现有的立法体系与通行理论来进行创新性的研究与探索，在这种模式的支配之下，创新能力的培养也就成为疑案辩论的一个重要的作用了。

## 第二节 疑难案件的选取

### 一、疑案案件的选取标准

疑案的选择是疑案辩论能否进行的前提，疑案在选择的过程中必须遵循一定的标准，具体的标准有以下几个方面。

#### （一）典型性

在法学课程中，许多理论是渗透在法条之中的，并用以指导实践，使学生理解这一理论知识，不仅应当进行深入的理论论证，而且应当通过案例具体加以说明。案例的典型性要求主要表现在两个方面。第一，案例具有时效性。时效性是指案例是近期发生的，引起社会广泛关注的案例。这种案例通常能够使得学生具有更为直观的感受，同时这类案例通常引发的各类讨论能为学生对案例的把握提供一定的条件。第二，案例具有极端性。这种极端性主要体现在两个方面。一方面是案例所涉及理论的极端性与边缘性。这种案例所具有的价值最大，能够使学生有着更为广泛的思维空间，由于其理论本身的边缘性，学生能够更好地发挥其理论研究的自主性，更有利于其形成创新性观点。另一方面是案情的极端性，这种极端性主要体现在案情的新颖性。这种案情的新颖性往往是刑事立法的起点，这类案例由于具有新颖性，无论是刑事立法与刑事司法都没有更多的关注，学生的观点可以从现有理论出发分析案情，甚至可以在疑案辩论过程中提出具有合理化的立法建议。

#### （二）相关性

由于疑案辩论课程的开设是在法学实践教学课程范畴之内，除了具有其自身的课程特点之外，也需要为核心课程的理论服务，这就要求疑案辩论所选择的案例具有一定的课程相关性。疑案辩论所选案例必须与理论课程内容有密切关系，值得师生共同探讨并能从中学到某些知识或掌握某些技能，同时，案例涉及的问题不是简单的“是或否”问题，而是能启发学生思维和帮助学生掌握知识和技能的可辩性或争论性问题。案例服务于讲授的知识，为了使学生掌握理论知识，打好扎实的理论基础，应当根据具体教学内容选择相应的案例。

#### （三）争议性

争议性是疑案辩论中案例选择的核心所在，“疑案”本身所具备的典型特点应当是争议性，而并不是单纯的疑难。疑案辩论的教学模式通过辩论来实现，因此，疑案所应当具备的首要功能就是能够形成两方甚至是多方的争议点。争议点的存在是疑案辩论的前提。疑案可以存在于各个部门法之中，在不同的部门法中疑案的概念也不同，实体法案件是疑案的主要表现形式，其“疑难”的主要争议点是案件的处理方式与理论运用上。而对于程序法而言，疑案的“疑难”则主要体现在具体程序的适用上。在案件选择的要求上，争议点的多少是衡量案件质量高低的主要标准。在学生发现问题争议点的过程中，他们可能会发现新的、能激起他们进一步探究欲望的问题。因此，在选择案例时要选择含有冲突情节、案情比较复杂、决策难度较大的案例交给学生思考与讨论。在案例分析中要避免出现众口一词、结论一致的现象，在案例教学过程中更不能埋没学生的创造性。疑案辩论教学不是寻找正确答案的教学，实际上也不存在绝对正确的答案，存在的只是可能正确处理和解决问题的具体方法。通过对疑难案例的学习，可培养学生多向的、发散型的思维方式。

### （四）综合性

疑案辩论课程往往出现在集中实践课程中，这种集中实践环节的典型特征是实践行为的集中性与综合性，对学生能力的培养与一般理论课程中穿插的实践课有着本质的区别。理论课程中的实践课强调实践满足于理论传授的需要，而集中实践课程则强调在实践中升华理论。两种不同的教学模式对课程案例的选择也提出了不同的要求。疑案辩论中所涉及的案例需要满足其课程的整体要求，即对学生综合实践能力培养。因此，其选取的案例不能局限在某个领域，要覆盖到社会生活的各个方面，尽量涉及主要的法学理论，使学生所学知识得到全方位的实践和检验。疑案辩论教学的根本目的之一在于以案例来深化法学理论，如果所选择的案例没有相当的理论深度和广度，那它的应用价值将大打折扣。除此之外，没有理论性的案例也不具有研究的价值。同时，案例也应当具备实践性。因此，疑案辩论中所涉及的案例应当是理论与实践的综合，深度与广度的综合，专项与全面的综合。

## 二、疑案收集的方式

疑案辩论课程进行的第一步就是案例的收集，案例的收集是使用案例进行教学的基础环节，占有大量的案例材料是案例使用的前提。由于疑案辩论课程对案例的特殊要求，疑案辩论中所涉及的案例来源应当有以下几个方面。

### （一）司法实践

法学教师离不开司法实践，了解司法活动是法学教师应当具备的素质。司法实践锻炼是收集案例的最佳渠道，在办理具体案件的过程中，能够充分了解案件的细节，体会理论与实际之间的细微之处，在教学过程中能够生动、形象、细致地予以讲解，使教学与实际紧密结合，不仅可以增强学生学习法学的兴趣，而且可以提高学生的实践能力。

（二）查阅资料

阅读有关材料是教师经常使用的收集资料的方法，这也是收集案例最方便的方法，即通过阅读法学方面的报纸杂志收集案例。特别是那些在社会上、法学界引起关注、争议的案件，是教学的良好材料，它不仅可以说明法学理论的一般问题，而且可以透视法学理论与实践之间的盲点，强化学生学习、研究法学的意识和责任。通过实践收集案例与通过查阅资料收集案例，是不可相互替代的。收集的渠道不同，收集到的案例也不同，在教学中所起的作用就不同。通过实践锻炼收集的案例，对案例的细节了解得比较多，在具体使用中较为生动，而且容易说明一些理论中的细微问题；通过查阅资料收集案例，由于方法方便，所以量大，而且可以收集到在本国、外国乃至全世界有影响的案例，对于这些案例的讲解可以使学生发现我国法律在立法、司法上的特点以及存在的问题，可以了解我国法律与其他国家法律的相同、不同之处。无论是通过哪种渠道收集案例，共同之处是必须经常收集，把收集案例作为教学工作的一部分，持之以恒。

（三）教师创作

教师可以根据法律基本理论与自己研究的特长领域，按照疑案辩论的课程规则设置合理的案例。教师在进行案例创作时应当注意以下几点：一是案例的严密性，在案例设计时，应当将基础理论与案例紧密结合，同时进行反复推敲以及论证，保证案例设计的合理性与缜密性；二是案例设计的焦点突出，在案例设计时，教师应当在案例中融入合理的焦点，焦点的设计应当符合争议性、均衡性（所谓的均衡性是指焦点的分立能够有各自的支撑点，各方的理论支撑应当势均力敌）的要求。

## 第三节　疑案辩论的方法

### 一、实证分析法

实证分析法是法学研究中的一种常见而必要的方法。案例教学法是实证分析法的一种直接体现，也是案例教学法区别于理论教学法的根本之处。实证分析法能够从更为直观的层面上对学生进行教授。实证分析法的运用需要注意以下几个方面。

第一,案例的时效性、典型性与全面性。

将实证法运用于案例教学,最重要的是要求教师应该选择那些具有时效性、典型性和全面性的真实案例。要使案例教学能被学生广泛接受,教师所用的素材和论据必须既要具备真实性和可靠性,又要具备相关性和令人信服性,这样,案例的论证过程也就具有可验证的属性。大量司法案例的公开,尤其是最高人民法院公报上公布的经典案例,为案例教学提供了丰富、权威的第一手材料。真实案例,尤其是刚刚发生的真实案例极具诱惑力、吸引力,学生可以在"第一时间"发表见解,从而极大调动了学生学习讨论的积极性。同时,真实典型的案例有利于激发学生的积极性和创造性,有助于锻炼和提升学生的思考广度和深度,并注意到现实案例的复杂多样性,从而培养学生全面的思维能力。

第二,分析的开放性。

疑案辩论中的实证分析法有着其独特的方面,这类实证分析应当建立在观点的开放性、对立性的基础之上。教师组织学生对真实案例的讨论,可以引导学生发现法院判决中的问题,进而鼓励学生提出并论证自己的解决方法。一般而言,批判他人的观点容易,形成自己系统的观点却非易事,提出可行的理论才是进行案例教学的更高目标。在疑案辩论的课程中,所选取的案例具有一定意义上的不确定性,最终的结果具有可变性的特点,也就是说,随着理论的不断发展,即使是已经定案的案件仍然存在变化的可能性。因此,在疑案辩论中应当允许学生在理论支持充足的情形下提出与现有理论不同的观点。

## 二、比较分析法

正如康德所说:"每当理智缺乏可靠论证的思路时,类比这个方法往往能指引我们前进。""比较"是确定事物异同关系的思维过程和方法,是揭示和分析事实的过程,是认定事实和把所评价的事实根据其来龙去脉加以系统化的方法。比较分析法是在法学教学中运用较为频繁的一种方式。在案例教学中运用比较法(或称"类比法"),是对案例进行区分比较,以认识不同案例之间的差别、特点和本质。在法学案例教学时,比较的方法相对于其他方法来说,更具有价值。在疑案辩论课程中,比较分析法主要体现在以下几个方面。一是疑案的横向比较分析。这种比较主要是针对疑案在同一时期,国内与国外的不同处理方式,国内不同地区的处理方式以及结果,这种比较的意义在于找出最为合理的处理方式,并对其进行分析,在案件辩论过程中实现理论与实践结合的最优化选择,使得学生对案例的掌握更具立体性。二是疑案的纵向比较分析。纵向比较主要是针对同一类型案件在不同历史时期的处理方式以及相关根据,并对立法、司法的状态进行分析,从中找出立法、司法中存在的问题以及取得的进步,在此过程中实现学生对我国法律体系总体上的认识。当然,运用比较法,必须确定案例的不同事实和理论或者相关案例的可比关系，将比较的视野汇聚在那些具有决定性区别的特殊性方面，从而准确地推导出最终的结论。具体采取何种比较法，需要根据不同的案例来进行合理选择。

## 第四节 疑案辩论的过程

一般而言，疑案辩论的流程是相对固定的，总体上来说，是根据图 5-1 所示的过程来进行。

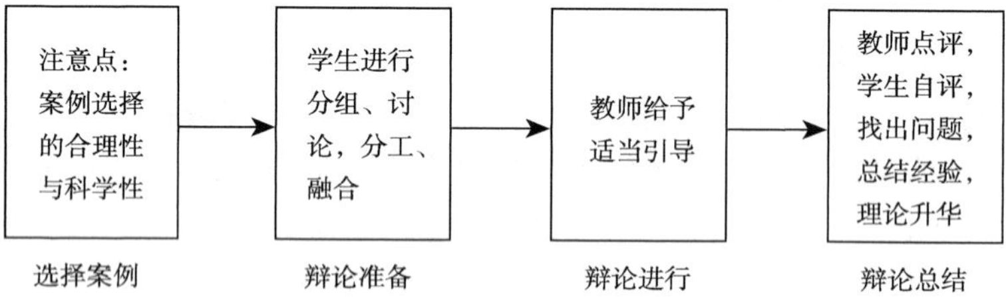


图 5-1 疑案辩论的过程

### 一、 选择案例

选择案例是疑案辩论中最初的环节，也是最为重要的环节，案例选择直接决定疑案辩论课程的教学效果，案件的选择应当按照图 5-2 的模式来进行选择。

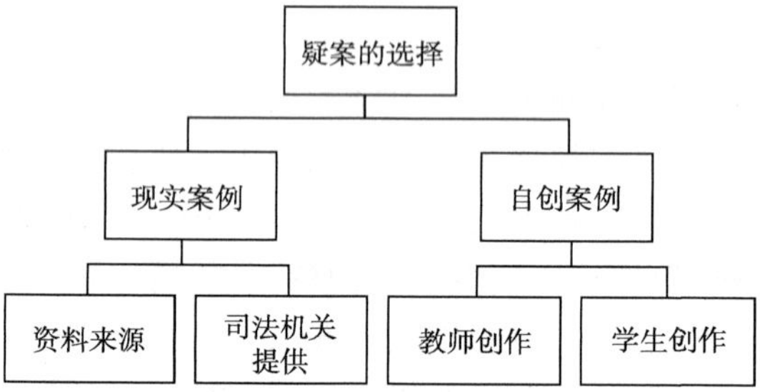


图 5-2 案件选择模式

### 二、辩论准备

在学生做好充分准备的情况下，能否有效组织和开展课堂案例讨论是实现教学目的的关键。疑案辩论的实现必须在辩论的状态下进行，因此，辩论前的首要工作就是辩论分组。分组的方式直接决定了辩论效果，因此，疑案辩论的分组需要注意以下几个方面的内容。

第一,观点选择的一致性。在确定各组成员时,首先要对案件的基本情况进行了解,并对案件形成学生各自的观点,根据观点来进行分类。辩论过程是理论观点的碰撞,如果各方没有形成一致的观点,辩论就无法进行。

第二,成员水平的均衡性。每个学生有着不同的特点,在分组时除去观点一致性的要求之外,更为重要的是在成员分配时保持一定的均衡性,这种均衡性主要体现在双方在辩论实力上的均衡,如果双方实力相差过于悬殊,辩论过程就会达不到预期的效果。

第三,成员角色分配的合理性。在疑案辩论的过程中,各方成员都应当有所分工,每个小组应当根据各组成员的特点来选择不同的角色承担,例如案例研读、案例理论分析、资料收集、资料总结、辩论观点的形成、辩论观点的总结、辩论稿的撰写,以及辩论的主要成员、次要成员、机动成员等。当各自角色分配之后,成员可以根据自己的角色来进行有针对性的准备。

## 三、辩论进行

一切准备就绪后,就进入案例辩论的环节,这是疑案辩论的核心内容。学生是讨论的主角、课堂的主体,教师只是起到引导的作用。教师要注意调动学生的热情,让所有的学生都参与到辩论中去,鼓励学生大胆发言。在讨论中,教师不要轻易表露自己的观点,以免对学生造成压力,约束其自由发挥,对于错误的观点,也要鼓励其大胆发表,然后采取有针对性的提问方式,引导学生注意到错误,让其自我修正。除了引导学生积极发言,也要让学生注意倾听其他人的分析和见解,再对比自己的观点,使自己的认识更深刻和全面,从而形成良好的讨论氛围。在辩论时,教师与学生进行的是真正平等、自由意义上的交流和对话。教师要注意营造平等、自由的氛围,要让学生真正感受到平等、自由的存在。教师所起到的作用就是把握讨论的主题,不要偏离教学的正常轨道,让学生讨论与案例所涉理论相关的内容。

## 四、辩论后的总结

案例教学法实施的目的是锻炼一种分析问题、解决问题的能力,而不是得出唯一正确的答案。在案例讨论完毕后,主讲教师要进行点评。教师应当对学生讨论时所运用的方法、思路及解决问题的途径进行总结。点评时,重点点评讨论的思路是否正确,分析问题的方法是否恰当,得出的结论是否合理,而并不在于结论的正确性。点明本次讨论所要考查的法学原理与知识点,对学生的表现要给予实事求是的评价,指出讨论的成功之处,也要指明不足之处和需要改进的地方。教师在讲解、分析案例时,要语言精练、要点明晰、重点突出,并将案例分析与所涉及的法学原理、法律条文融合起来,使学生能够通过案例分析来掌握基本原理、基本知识和基本概念,能够熟练地运用理论解决实际问题。

## 五、案例分析报告的撰写

在辩论结束后，学生要写案例分析报告，作为对案例辩论的回顾和总结。这能够进一步深化学生对辩论内容的理解，也能起到锻炼学生书面表达能力的作用。在学生的案例分析报告的基础上，教师也要写案例分析报告，作为对本次辩论的最终总结，也为将来案例教学方法的改进提供可靠的参照。

### 课后疑案辩论

**疑案一：天价葡萄案**①

2003 年 8 月 7 日 03 时，北京市海淀区香山派出所的民警巡逻至香山门头村幼儿园门前时，见 4 名男子抬着一只编织袋往村里走。警惕的民警立即停车上前盘查。见到警察盘问，4 名男子神色惊慌地解释着编织袋内装的是葡萄，是从朋友地里摘来准备带回工地吃的。但民警没有听信他们的解释，将 4 名男子连同一编织袋的葡萄带回了派出所。在派出所里，葡萄的来源得以弄清。4 名男子在香山某建筑工地打工，住在香山脚下。6 日晚，几人商量着弄些水果来吃。其中一名在北京市农林科学院林业果树研究所（简称林果所）当过临时工的李某尚说，林果所内种的水果好吃，到那里弄去。当晚 23 时许，4 名民工步行近 1 小时翻墙进入林果所院内，在李某尚的带领下来到葡萄研究园。坐在葡萄架下 4 民工“甩开膀子”猛吃一气，临走时几人商量，走了老远的路光吃饱肚子太亏了，得带些回去。在路边垃圾箱附近李某尚捡了一只编织袋，几个人开始摘葡萄架上的葡萄，装满后抬着编织袋翻墙出来，在回工地的路上被警察逮个正着。盘查后，警方获悉，该 4 名男子编织袋中为其偷来的 47 斤科研用葡萄。这是北京农林科学院林业果树研究所葡萄研究园投资 40 万元、历经 10 年培育研制的科研新品种。4 位民工的馋嘴之举令其中的 20 余株试验链中断，损失无法估量。后北京市物价局价格认证中心对被偷的葡萄进行评估，涉案的 23.5 公斤葡萄直接经济损失为 11220 元。该葡萄一时被人们称为“天价”。2003 年 9 月 12 日北京市海淀区警方于以涉嫌盗窃罪对李某尚、李某朋等 3 名民工执行逮捕（其中一名属于“犯罪情节显著轻微”，认定其行为尚不构成犯罪，警方遂作出决定对其处以 15 日的行政拘留）。由于民工偷吃“天价葡萄”案情比较特殊，司法也面临一个前所未有的难题。2003 年 12 月底，海淀检察院已将天价葡萄案退回公安机关补充侦查，被海淀检察院以涉嫌盗窃罪批准逮捕的李某尚等 3 名民工目前还被关押在海淀看守所。这是检察机关第一次对此案进行退回补充侦查。2004 年 1 月 5 日，经有关部门重新

① 案件由笔者整理自《律师视点（第一辑）》第 150 期，中国人民出版社 2005 年版。

评估，得出涉案标的价格仅为376元。2004年2月4日，李某尚等3名民工被保释出狱。3名民工虽被保释出狱，但罪与非罪，司法部门却没给个明确"说法"。2005年2月21日，3名民工已先后收到北京市海淀区人民检察院的决定不起诉书。自此，被传得沸沸扬扬的"天价葡萄案"终于尘埃落定。

**本案争议点：**

1. 葡萄的价值应当如何确定？以被害人的实际损失为标准还是以物品的市场价值为标准？

2. 科学研究行为是否属于"破坏生产经营罪"中的"生产经营"？

**疑案二：天津中学投毒案**①

原天津某中学高二学生孙某与女生刘某等7人均系本市某中高三的同学，并同住该校女生宿舍。被告人孙某与其中的刘某关系较好。1997年9月，刘某因失恋无法解脱，而产生悲观厌世自杀之念。1998年12月22日，被告人孙某受刘某委托，在本市某门市部购买了0.5公斤一瓶的有机磷农药甲拌磷(俗称3911)。被告人孙某回学校后将买回农药之事告知刘某。当晚22时许，刘某拿着被告人孙某为其购买的农药及太空杯，将孙某约到宿舍外楼道内，刘某向孙某讲明自己要喝农药自杀，因怕死后"孤独"，欲欺骗同宿舍其他6人与其喝农药一同死亡。刘某还唯恐其他人服农药后喊叫，求被告人孙某在其他女生服下农药后照管好大家，被告人孙某应允。后2人回到宿舍内，刘某谎称拿来防治结核病的药水，让同宿舍的其他人先后服下该农药，后刘某也服下此农药。被告人孙某见其他人服农药后非常痛苦，故为被害人递水喝、拿水果吃。次日06时许，被他人发现报警，刘某等7人均已中毒死亡。经公安机关侦查，于1998年12月24日将被告人孙某查获归案。从一审到二审，再到申诉，律师郑某一直都在为孙某做无罪辩护。被告人孙某的辩护律师郑斌说，法院所采信的证据是班主任、刘某男友、门市部售货员3人的证言，以及刘某的遗书、现场勘查笔录和一些刑事科学技术鉴定证明，关于这些证据本身我们没有疑义，问题的关键是如何认定这些证据。本案现有证据分为两部分，一部分是犯罪之前的，如买药、为什么要去买、怎么买的、放哪了、怎么跟刘某交代的等；一部分是犯罪之后的，如尸检报告、鉴定结论、相邻宿舍同学的举证、抢救经过等。前一部分证据是证明犯罪要发生，后一部分是证明犯罪结果，控方缺少的恰恰是犯罪过程的证据，即证明被告人孙某是否实施、如何实施了危害行为、犯罪行为、帮助犯罪的行为。因此，本案证据不够充分、确凿，不足以认定孙某构成犯罪。

1999年5月26日，天津市第一中级人民法院不公开审理此案。法庭上，除了诉讼参与人外，旁听席上空无一人。但控辩双方就公诉机关指控孙某犯有故意杀人罪

① 案件由笔者整理自《律师视点(第一辑)》第150期，中国人民出版社2005年版。

的证据是否充分、确凿进行辩论的激烈程度，并未因此而稍减。1999 年 7 月 28 日，法院宣判，基本接受并采纳了公诉机关的公诉意见，认定孙某实施了帮助杀人的行为，对孙某以故意杀人罪判处无期徒刑。孙某不服判决，上诉到天津市高级人民法院。

1999 年 9 月 6 日，二审法院做出维持原判的终审裁定。“二审裁定认定的案情与一审相同，所采信的证据也与一审无异”，在两审当中，郑斌一直都强调口供的效力问题。郑斌认为，从判决和裁定所引据的证据看，所有事后所采集到的证据必须有孙某的供述才能形成证据链。但孙某的供述不稳定，虽然其本人的主观因素不能排除，但客观因素亦在其中起了重要作用。据孙某本人讲，公安部门在侦查时，曾连续十几、二十几个小时不让其睡觉，所以他们说什么自己全不知道，只是想最后签完字就可以睡觉了，因此口供中到底说了些什么自己根本不知道。郑斌说，这一点在讯问笔录中也能得到证实。郑斌明确指出，案发时孙某刚刚 17 岁，这种审问方式违反了公安部发布的《公安机关办理未成年人违法犯罪案件的规定》，即“办理未成年人违法犯罪案件，严禁使用威胁、恐吓、引诱、欺骗等手段获取证据。严禁刑讯逼供”“讯问违法犯罪的未成年人时，根据调查条件的需要，除有碍侦查或者无法通知的情形外，应当通知其家长或者监护人或者教师到场”。但这一切规定，负责本案侦查工作的公安部门均未做到。因此，这样得到的口供不足以作为定案依据。对于孙某一案，北京大学法学院教授、博士生导师汪某发表个人意见，他认为，有重大犯罪嫌疑并不等于就是罪犯。

应当承认，刑事案件的复杂性、人的认识能力的有限性和刑事诉讼的特定时空局限性，决定了刑事诉讼不可能完全回复刑事案件的本来面目，但这并不意味着刑事诉讼证明可以任意进行。汪教授认为，孙某一案的处理，显然没有达到我国刑事诉讼法律规定的“证据确实、充分”的证明标准。汪教授分析道：

第一，一审判决依据的 7 个证据中，至少有 3 个证据同孙某故意杀人案之间不具有关联性。第一份证据，即：“孙某的班主任证明孙某与刘某及 6 名被害人系同班同学，并同住该校宿舍 113 室的事实。”第二份证据，即：“曾与刘某谈恋爱的男友证明，曾与刘某谈恋爱，后解除恋爱关系的事实。”这两份所谓证据，虽然都是客观事实，而且在侦查过程中也可以作为一定的线索展开侦查工作，但从认定案件事实的角度讲，这两份证据同故意杀人案之间不具有任何关联性，因为孙某同被害人同住一宿舍并不能说明她就要杀被害人，刘某失恋同孙某故意杀人之间更没有任何因果联系。第三份证据，即：“某门市部售货员证明孙某购买农药之事实，与孙某供述相符。”这一证据虽然同刘某故意杀人之间有关联性，但却与孙某故意杀人之间没有关联性，因为孙某在买农药时并不知道刘某要用该农药来自杀并毒死同宿舍其他同学。

第二，本案有许多重要的证明对象，例如，孙某和刘某的共同犯意到底是如何形成的，孙某是如何帮助刘某哄骗同宿舍女孩喝农药的等，没有证据或没有足够证据予以证明。而这些重要的证明对象没有得到充分确实的证明，怎么能够认定孙某就是故意杀人罪的共犯呢。事实上，在排除了几个同案件没有关联性的所谓证据之外，案件的证据相当奇缺，根本没有形成一个完整的证明体系。

汪教授认为，可以认定孙某一案是一桩疑案。对于这样的疑案应当如何处理呢，当年的《刑事诉讼法》第162条第三项已经做出了明确的回答，即“证据不足，不能认定被告人有罪的，应当做出证据不足、指控的犯罪不能成立的无罪判决”。

**本案争议点：**

1. 本案被告人对喝农药导致被害人死亡这一结果有无认识？其是否认识到这一结果对其定罪是否有影响？

2. 对于本案被告人对危害结果的认定应当按照客观标准说还是应当按照主观标准说？

3. 本案应当如何处理？

**疑案三：许某恶意取款案**①

2006年4月21日22时，广州青年许某与朋友郭某利用ATM机故障漏洞取款，许取出17.5万元，郭取出1.8万元。事发后，郭主动自首被判处有期徒刑一年，而许某潜逃一年落网。2007年12月一审，许某被广州中院判处无期徒刑。2008年2月22日，案件发回广州中院重审改判5年有期徒刑。案件详情：2006年4月21日22时，被告人许某来到天河区黄埔大道某银行的ATM取款机取款。结果取出1000元后，他惊讶地发现银行卡账户里只被扣了1元，狂喜之下，许某连续取款5.4万元。当晚，许某回到住处，将此事告诉了同伴郭某。两人随即再次前往提款，之后反复操作多次。后经警方查实，许某先后取款171笔，合计17.5万元；郭某则取款1.8万元。事后，二人各携赃款潜逃。同年11月7日，郭某向公安机关投案自首，并全额退还赃款1.8万元。经天河区法院审理后，法院认定其构成盗窃罪，但考虑到其自首并主动退赃，故对其判处有期徒刑一年，并处罚金1000元。而潜逃一年的许某，17.5万元赃款因投资失败而挥霍一空，2007年5月在陕西宝鸡火车站被警方抓获。后广州市中院审理后认为，被告许某以非法侵占为目的，伙同同案人采用秘密手段，盗窃金融机构，数额特别巨大，行为已构成盗窃罪，遂判处无期徒刑，剥夺政治权利终身，并处没收个人全部财产。许某随后提出上诉，2008年3月，广州市中级人民法院认定许某犯盗窃罪，判处有期徒刑5年。许某再度上诉，2008年5月，广东省高级人民法院二审驳回上诉，维持原判。

---

① 根据 www.cctv.con/video/fazhizaixian/2008/04/fazhizaixian_300_20080401_1.shtml 视频资料整理。

**本案争议点：**

1. 许某的取款行为是否具有刑法中的期待可能性？

2. 许某案中的银行过错行为对本案的处理是否应当产生影响？

3. 许某案中的取款设备中的摄像头能否否定盗窃罪中的“秘密窃取”这一行为模式？

**疑案四：清华大学学生硫酸泼熊事件**[①]

2003年2月23日下午1点10分，在北京动物园的熊山，两只黑熊突然口吐白沫，倒在地上，来回翻滚，口中发出“嗷嗷”的惨叫。同时，水泥地上冒起一股股白烟。围观的人群一阵骚动，一名手拎食品袋、戴着眼镜的男青年急匆匆地挤出人群向熊山外溜去。在附近巡逻的动物园派出所民警、工作人员和在场群众的围追堵截下，这名男青年被抓住，带回了派出所。肇事者的身份很快就被弄清，他就是清华大学电机系大四学生刘某。据交代，为了证实“熊的嗅觉敏感，分辨东西能力强”这句话是否正确，他先后两次把掺有火碱、硫酸的饮料，倒在5只北京动物园饲养的狗熊的身上或嘴里。经警方审查，刘某系北京人。1998年，他幸运地考入了清华大学电机系，大学期间学习成绩一直名列前茅，并已经通过了学校研究生考试。对于为什么要残害动物，刘某说：“我曾经从书中看到过熊的嗅觉敏感，分辨东西能力特别强。但人们又总说‘笨狗熊’，所以我就想验证一下狗熊的嗅觉究竟灵敏到什么程度。”2003年1月29日，刘某用事先准备好的一瓶饮料兑上从学校实验室偷到宿舍的火碱来到了动物园。他假意投喂黑熊并将掺有火碱的饮料倒向正在与游客戏耍的黑熊，看到黑熊被烧得满地打滚，嗷嗷乱叫。侥幸逃脱的刘某并没有感到满足，而是昧着良心又酝酿着下一次罪恶行动。在事情发生的前一天中午，刘某用一个白色纸袋装着两瓶饮料和一个平时喝水用的500毫升硬塑料杯，从一家化工商店花8元钱买了一瓶硫酸，分别兑进了随身携带的饮料和塑料水杯内，而后乘公共汽车来到了动物园，又一次实施了残害动物的罪恶行径。

人们在谴责刘某道德品质欠缺的同时，也对他法律意识的淡薄深表遗憾。然而，刘某却自称学过《刑法》，但“只知道猎杀野生动物违法，但用试剂烧动物园的动物是不是违法就不清楚了”。对刘某的行为如何定性，依据什么法律对其进行处罚，引起了法律界人士的思考。

据一位法律专家分析，在我国《刑法》中只有非法猎捕、杀害珍贵、濒危野生动物罪，《刑法》第341条是这样规定的：“非法猎捕、杀害国家重点保护的珍贵、濒危野生动物的……处五年以下有期徒刑或者拘役，并处罚金。”而黑熊、马熊是否列在我国重点保护的动物名目中，且圈养的动物并非野生状态，因而他认为，刘某的行为难以适

① 案件由笔者整理自《律师视点（第一辑）》第10期，中国人民出版社2005年版。

用《刑法》的这一规定。

但该专家同时还认为，在我国《刑法》中还有故意毁坏公私财物罪。《刑法》第275条规定："故意毁坏公私财物数额较大或者有其他严重情节的，处三年以下有期徒刑，拘役或者罚金。"公私财物不仅包括没有生命的财产，也包括活着的动物。针对动物园里的动物而言，它们被饲养、被游人观赏，具有经济价值，就应该属于国家的财产。如果对刘某的伤熊行为追究刑事责任，可以适用《刑法》的这款规定。

著名刑法专家、北京大学法学院教授陈某也表示了自己的困惑：刘某的行为是伤害、虐待动物的行为，但谈不上杀害，《刑法》上的伤害、虐待都是针对人的，而非动物。按照罪刑法定原则，这里确实存在法律空白。也有些人认为，无论是《刑法》还是《野生动物保护法》以及司法解释都没有对这种行为做出规定，但刘某仍然触犯了《刑法》规定的故意毁坏财物罪。因为对动物园和国家来说，被伤害的熊是宝贵的财富，是一种特殊的"物"，因此应定为故意损坏公私财物罪。还有一些支持此观点的人认为，动物园里人工繁殖的黑熊，在法律性质上已不属于野生动物，而应视为国家财产。国家培育一只黑熊花费了大量的人力、物力，因此应属于"财物"的损坏。动物到底能不能算是"财物"，也有学者持相反意见，认为这里的"财物"是不包括动物在内的。刘某的行为到底触犯了什么法律？应该如何制裁？从这些疑问当中已经可以发现在保护动物，无论是野生动物还是驯养动物方面的立法还很不完善，尤其是针对伤害、虐待动物的行为没有做出规定。因此，很多专家呼吁：应尽快修改《野生动物保护法》，增加严惩虐待、残害野生动物(包括人工驯养野生动物)的法律条款，以使那些严重残害、虐待动物的人及行为受到法律制裁。

《中华人民共和国刑法》第341条明确规定："非法猎捕、杀害国家重点保护的珍贵、濒危野生动物的……处五年以下有期徒刑或者拘役，并处罚金；情节严重的，处五年以上十年以下有期徒刑，并处罚金；情节特别严重的，处十年以上有期徒刑，并处罚金或者没收财产。"北京市公安局西城分局正是依照这个法律规定将刘某进行刑事拘留。最新的消息是他被依法刑事拘留一个月，并于3月26日被取保候审。

**本案争议点：**

1. 刘某的主观上是故意还是过失？

2. 刘某的行为构成非法猎捕、杀害濒危野生动物罪还是构成故意损坏公私财物罪？

**疑案五：冷冻胚胎案**[①]

江苏一对双独夫妻车祸身亡，双方父母争夺冷冻胚胎处置权诉至法院。2014年

---

① 双独子女父母争冷冻胚胎案一审判决"特殊之物"不能继承. http://news.xinhuanet.com/legal/2014-05/16/c_1110719527.htm. 2016年6月22日访问。

5 月 15 日，江苏省无锡市宜兴法院一审审结此案，判决冷冻胚胎不能继承。

因自然生育存在困难，2012 年 2 月，沈某与妻子刘某在依法取得准生证后，到南京市鼓楼医院生殖医学中心采用人工辅助生育技术繁育后代。治疗过程中，医院冷冻保存了 4 枚受精胚胎，并确定于 2013 年 3 月 25 日进行胚胎移植手术。然而，就在手术前 5 天，沈某驾车途中车辆侧翻，撞到路边树木，造成沈某当日死亡，同车的妻子刘某也于同年 3 月 25 日死亡。

此后，双方父母因处理冷冻胚胎事宜发生争执，沈某的父亲因此起诉至法院要求判令沈某与刘某存放于鼓楼医院生殖医学中心的受精胚胎(4 枚)归原告监管处置。所谓监管处置即将胚胎从医院取出，由原告自行保管。被告，女方父母刘某、胡某则辩称，胚胎系他们的女儿留下的唯一东西，要求处置权归其夫妻所有。

这起民事诉讼中的第三人鼓楼医院辩称，冷冻胚胎不具有财产的属性，原被告双方都无法继承；沈某夫妻生前已签署手术同意书，同意将过期胚胎丢弃；胚胎的作用为生育，现沈某夫妻已去世，在原被告双方都不具备处置和监管胚胎条件的情况下，胚胎被取出后，唯一能使其存活的方式就是代孕，但该行为违法，原被告双方也无权行使死者的生育权，故要求驳回原告的诉讼请求。

两对失独父母争夺子女的冷冻胚胎，审理法院前所未遇，也引发社会广泛关注。宜兴法院在充分调查的基础上一审判决认为，受精胚胎具有发展为生命的潜能，是含有未来生命特征的特殊之物，不能像一般之物一样任意转让或继承，故其不能成为继承的标的。同时，夫妻双方对其权利的行使应受到限制，即必须符合我国人口和计划生育法律法规，不违背社会伦理和道德，并且必须以生育为目的，不能捐赠、买卖胚胎等。

本案中沈某与刘某夫妻均已死亡，通过手术达到生育的目的已无法实现，故其夫妻两人对手术过程中留下的胚胎所享有的受限制的权利不能被继承。判决驳回原告的诉讼请求。

一审被驳回后，这起备受关注的中国首例冷冻胚胎继承权纠纷案 17 日在无锡市中级人民法院二审落槌，法院最终决定撤销一审民事判决，支持双方老人共同处置 4 枚冷冻胚胎。

**本案争议点：**

1. 冷冻胚胎的法律属性。
2. 冷冻胚胎能否继承？
3. 冷冻胚胎的法律归属问题。

# 第六章　社会调查

## 第一节　社会调查概述

### 一、社会调查的概念及特点

社会调查指调查机构或组织者是非官方的社会力量(类似于社会力量办学的概念)。民意民情调查机构、社会公共事务调查研究机构、社会调查公司、民间调查公司、商业调查公司、商务调查公司等都应该归属于此类社会调查机构范畴)对社会事务和社会信息所进行的调查。未来的法律人才应当懂得作为一个法律人在其所处的位置上对外观察问题的方法、观点以及独特的推理思维方式。法学教育领域中引入社会调查的作用在于通过社会调查活动,培养法学专业学生独特的法律思维能力。社会调查可以促使学生广泛地认识社会,学会以法律人的角色观察和分析问题,用法律解决复杂的社会问题。

总体上来说,社会调查具有以下几个特点:第一,社会调查是一门方法性学科,它强调认识方法和工作方法,因此,按照传统的法学人才培养方案的规定,不可能将其设置为专业必修课或专业选修课;第二,社会调查是一门综合性学科,因为其既包括抽样、问卷的设计等社会调查基本理论知识的学习,也包括为法学研究服务的综合性调查工作;第三,社会调查是一门实践性学科,其主要目的是把一系列社会调查的具体方法和操作技术运用到法学研究、立法、司法、执法的实践中去,提高法学学生的实践能力。

社会调查能力是法学专业学生所必备的能力之一。而法学专业所进行的社会调查涉及的内容较为多元,法学类的社会调查主要有几个方面的内容:一种是理论性的社会调查,这种调查主要存在于立法类的调查中,这类调查的任务主要是对立法的合理性进行论证;另一种是实证性调查,这种实证性社会调查的目的可以是多样的,既可以是对法学的相关理论进行调查,也可以对司法实践的效果进行调查,归根结底都是为了法学的发展提供一定的辅助性资料。对于法学本科专业而言，社会调查作为一门实践课程，其主要作用在于对学生法学实践能力的培养，课程设计应当体现出社会调查的本质特点，才能获得预期的效果，因此，社会调查课程应当通过社会调查，培养学生公共协调与合作交流的意识和能力。

## 二、社会调查的意义

### （一）培养学生的实践能力

高校素质教育内容主要包括三个方面，即诚信教育、服务社会和创新思维。社会调查可以同时满足这三个方面的教育目标。社会调查基于真实的调查数据，在此基础之上对社会法律现象进行实事求是的分析，得出合理的结论，最终提出具有总结性的观点与理论。而社会调查的最终目的都是为了使得某个法律制度更加完善。因此，社会调查能够满足素质教育各个方面的要求。社会调查包括了解现实、认识现实和解决现实问题三个环节。通过上述三个环节，可以把学生所学知识和现实问题结合起来，用知识指导实践活动，做到理论与实际相结合。

### （二）增强大学生学习的主动性和积极性

法学专业所进行的社会调查涉及的内容较为广泛，学生要选择适合的调查主题，面对不同的情况、不同的被调查对象，有针对性地、有一定行动策略地解决各种问题，处理好相应的关系和事件。这有利于培养学生作为一个独立主体发现问题、解决问题的意识和能力。社会调查的主动性主要体现在以下两个方面：一是选题的主动性，社会调查的形式与内容必须由学生自己来设计，需要通过自主思考来实现这一过程；二是调查行为的主动性，在社会调查过程中，教师只对学生进行适当的引导，而不参与具体的社会调查，整个社会调查的过程都由学生自我把握。这对于学生主动性、积极性，以及创造性的培养都具有较大的意义。

### （三）社会调查是法学专业学科发展的必然要求

法律的生命不在于逻辑推理，不在于某种利益集团或权力组织的主观意志，而在于社会需要，法律的生命力全靠经验和实践的佐证。法社会学成为现代法学科学中创新和发展机遇最多的一个分支。中国传统法学日趋僵化，无论从学科内容和方法论特征还是从社会功效和文化心理来看，传统法学的突破口只能在引入社会学研究方法的过程中迅速打开。而社会调查是社会学研究的基本方法，以其特定的方式满足了研究者探讨各种社会行为、社会现象和社会问题的需要。在法学研究和教育中引入社会调查方法，是法学学科发展的必然要求。

## 第二节　社会调查的方法

在社会调查阶段，主要采取文献调查法、实地观察法、抽样调查法、访问调查法、集体访谈法、问卷调查法、实验调查法、蹲点调查法等调查方法。其中抽样调查法、访问调查法和问卷调查法最为关键。

### 一、抽样调查法

抽样调查是按照一定程序，从所研究对象的全体中抽取一部分样本进行调查或观察，并在一定条件下，运用数理统计的原理和方法，对全体的数理特征进行估计和推断。抽样调查有经济性、实效性、适应面广、准确性高等优势。抽样调查被公认为是非全面调查方法中用来推算和代表总体的最完善、最有科学根据的调查方法。抽样调查主要通过以下的步骤来实现。

(1)界定总体(总体是指所要研究对象的全体，是根据一定研究目的而规定的所要调查对象的全体所组成的集合，组成总体的各研究对象称之为总体单位)

(2)制定抽样框(抽样框是指用以代表总体，并从中抽选样本的一个框架。抽样框在抽样调查中处于基础地位，是抽样调查必不可少的部分，其对于推断总体具有相当大的影响)

(3)实施抽样调查并推测总体

(4)分割总体

(5)决定样本规模

(6)决定抽样方式

(7)确定调查的信度和效度

### 二、访问调查法

访问调查是根据调查内容来选定特定的调查群体，对其进行针对性的访问，来获取调查所需要的各类数据和信息。访问调查法在适用时需要注意以下几个方面的问题。

#### (一)调查对象的区分性

对于针对性较强的社会调查，应当根据具体的调查目标来确定调查对象(例如被害人视角下的社会矛盾消解机制研究中所确定的调查对象应当设定为被害人这一特定群体)。但是对于具有广泛性与群体性的调查内容在调查对象的选择上就必须具有一定的分散性和多元化(例如对于司法满意度的调查)。这种访问对象应当针对多个社会群体展开,群体应当处于不同的阶层,有着不同的生活模式,只有做到多元化,才能保证调查结果的有效性,否则就会陷入局限调查的尴尬之中。

### (二)访问方式的多元化

对于不同的法律问题,所需要进行的访问方式也应该有着一定的区别,如果是单项调查内容,可以选择集体访问模式,在集体访问模式下,被访问的信息能够很快得到反馈,这样可以有效地收集更多的数据资料。如果是综合调查内容,则应当选择单独访问的模式来进行,在单独访问的方式中,能够根据所需要的信息来进行有针对性的发问,由于问题的综合性,信息的收集需要有一个过程,这就需要访问者与被访问者之间有一个互动交流,以便获得更为全面的信息。

## 三、问卷调查法

问卷调查主要通过邮寄、个别分送或集体分发、访问等多种方式发送问卷,经被调查者填答,从而收集到有关被调查者对某项问题的态度、意见,然后比较、分析研究对象对该项问题的看法,以供研究者参考。在问卷调查中最为关键的问题在于问卷的设计,在法学实践中的问卷设计需要注意以下几个方面的问题。

### (一)调查目的的确定性

在设计问卷时,首先应当确定调查的目的,在确定目的之后来确定调查内容。只有确定调查的内容和目的,才能明确想要获取的数据范围,紧紧围绕研究问题和所要测量的变量来进行问卷的设计。例如希望通过问卷来了解社会公众对轻罪问题的看法,那么就可以设定一系列目标数据,如对轻罪制度的了解程度,如何看待轻罪制度;对轻罪制度支持、反对的理由;对轻罪制度的范围、方式的认识等,并按照重要程度将这些数据予以排列。

### (二)调查对象的确定

问卷调查需要对调查对象进行合适的选择,调查对象选择的科学性决定着问卷调查数据的有效性与可参考性。法学社会调查的主题主要包括两个方面。一是理论类主题。这类主题的调查内容需要从一般社会公众与专业人士两个不同角度进行调查,一般社会公众与专业人士的调查角度与调查目的都有着明显的差异,对一般社会公众的调查主要在于了解调查主题的公众态度和理论可行性,而对法学专业人士的调查则主要侧重于调查法学理论的正确性与科学性,因此,在设置问卷时需要有所区别。二是实践类主题。这类主题的调查内容强调的是法律施行、法律适用以及法律执行等方面的相关问题，这类问题一方面是法学专业问题，同时也是社会问题中的一个分支，这类主题的研究目的通常是了解社会公众对司法实践的满意度等方面的问题，这种主题需要的是具有广泛性的意见，因此，这类调查问卷的设计应当具有普适性（当然这种普适性也需要根据具体领域来最终确定）。调查对象的群体类型、职业、文化程度、性别、年龄的分布状况都是需要考虑的问题。

### （三）调查问卷的设计

调查问卷的设计需要根据一定的步骤来完成。

1. 确定调查问卷的提纲

围绕调查的目的进行前期调研，查阅与收集资料，了解调查主题所可能设计的内容，通过对专家进行咨询与论证，来了解调查的可行性。确定调查主题的可行性与合理性之后来确定调查问卷的提纲，对调查的问题进行初步的设置。例如对于轻罪刑罚制度的研究，在调查问卷的设计中需要考虑的问题主要有：轻罪设立的合理性调查、轻罪刑罚种类增设的可行性、轻罪刑罚中非监禁刑增设的可行性。在问卷提纲设计时需要注意调查对象的不同群体，针对不同群体可设置不同类型的问卷内容。在内容上，问卷提纲主要包括调查目的与内容，希望获取的目标数据，潜在的调查对象的范围，大致包括哪些问题，问题的数量，如何编写问题与选项，需要注意的问题等（王贞会，2015）。

2. 设计调查问题

调查问题可以分为封闭式问题和开放式问题。封闭式问题是为被调查者提供了备选答案，除了备选答案之外，被调查者无须提供其他的非标准答案。开放式问题并不提供备选答案，而是由被调查者根据自身情况给出答案。封闭式问题能够较为准确地收集到调查者所需要掌握的数据，便于统计；而开放式问题则能够使社会调查的内容更为丰富，甚至能够弥补调查问卷中所遗漏的部分问题，能够较为全面地反映问题的核心，但是开放式课题的不足之处在于调查结果分析的分散性，这种分散性导致数据的统计存在一定的障碍。在有些情况下，可以将封闭式问题与开放式问题相结合，或者通过将开放式内容作为封闭式问题中的一个选项来设计。这样则能够更好地将被调查者的真实想法进行统计。学生在设计调查问卷时可以根据自己的需要来决定问卷的具体模式。

例：[封闭式问题]

本地区刑事和解（调解）主要适用在哪个诉讼阶段：

A. 侦查阶段　　B. 审查起诉阶段　　C. 庭前审查阶段　　D. 法庭审理阶段

例：[开放式问题]

您关于“我国社区矫正的设置”还有什么其他想法吗？

(请写明)____________________

例:[封闭式问题+开放式问题]

(受过刑罚处罚之后)你对将来的生活持什么态度?

A. 乐观　　　B. 悲观

你认为在今后的生活中存在哪些问题?(请写明)

例:[封闭式问题+开放式选项]

在对轻罪进行非监禁的设计时,何种方式更为合适?(可多选)

A. 宵禁令　　　B. 震击监禁　　　C. 社区义务劳动　　　D. 事后罚金

E. 褫夺公权　　　F. 其他(请写明)____________________

3. 设计调查问题的要求

第一,问题必须简单、明确,避免包含两种或两种以上情形的双重或多重含义。问题设计是否明确对于问卷调查结果的准确性有着一定的影响,当被调查者不能准确地判断问题所表达的含义时,其做出的选择就有可能出现偏差。

第二,问题的设计必须符合被调查者的实际情况,也就是说,问题应当针对被调查者的知识背景、理解程度等因素来进行设计。有些专业性较强的问题在调查时就应当选择具有一定专业背景的人群。例如涉及"轻罪制度中非监禁刑罚""强制措施"这种类型的问题,一般的社会公众可能难以理解,因此,这类问题所针对的被调查者应当是特定的。如果需要对一般的社会公众进行整体性调查,就要注意问题设计的普适性。

第三,问题的设计不应当具备明显的倾向性。在设计问卷时应当保持中立的态度,不能有任何诱导性的词语表示,防止对被调查者造成不必要的干扰,破坏问卷调查的客观性与真实性。

## 四、文献调查法

所谓文献调查法是指通过寻找文献搜集有关信息的调查方法,是一种间接的非介入式的调查方法。文献调查的对象是文献,这就需要对文献的种类和来源有深入的了解。法学社会调查中,文献调查法也是较为常用的一种调查方法,文献调查法虽然不需要通过直接调查的方式来进行数据的收集,但是文献调查法也需要建立严密的调查计划,并对将要利用的文献进行真实性、可用性进行检查,这样才能保证调查的系统性和可靠性。文献调查超越了时间、空间限制,通过对古今中外文献进行调查可以研究极其广泛的社会情况。同时,文献调查是一种间接的、非介入性调查。它只对各种文献进行调查和研究,而不被调查者接触,不介入被调查者的任何反应。这就避免了直接调查中经常发生的调查者与被调查者互动过程中可能产生的种种反应性误差。文献调查法在法学实践中的运用主要被用来调查以下几种类型的主题:一是立法与司法的发展情况；二是不同历史时期法律制度的比较研究；三是同一时间不同国家的法律制度的比较研究。总体上来说，文献调查法所涉及的文献内容主要来源于以下几个方面。

一是国家统计局和各级地方统计部门定期发布的统计公报、定期出版的各类统计年鉴，这些都是权威性的一般综合性资料文献。

二是国内外有关报纸、杂志、电视等大众传播媒介。这些传媒提供种类繁多、形式多样的各种直接或间接的信息，它们是文献调查中主要的查找对象。

三是国内立法机关、司法机关、执法机关定期公布的相关案例、各类数据与统计资料。

四是研究机构、高等院校发表的学术论文和调查报告等。

## 第三节　社会调查的步骤

一项社会调查工作一般包括五个阶段：选题阶段、准备阶段、调查阶段、分析阶段和总结阶段。

选题阶段（基础阶段）

⇓

准备阶段（关键阶段：准备调查内容、准备调查工具、准备调查对象）

⇓

调查阶段（实质阶段：收集资料，实施调查）

⇓

分析阶段（核心阶段：审核、整理、统计、分析）

⇓

总结阶段（调查报告）

### 一、选题阶段

社会调查课题就是社会调查所要研究、说明或回答的社会问题。在确定选题之前教师应当对学生进行适度的引导，对社会调查的基本概念、特点、适用方式进行讲解，使得学生对社会调查的目的和内容有基本的认识。同时可以要求学生先根据自己已有的理论知识、对日常生活的观察与思考以及对当前社会热点、焦点话题的把握，初步形成自己的调查研究课题，需要同时说明调查研究课题的名称、产生过程以及课题的性质。教师也可以根据课程设置的不同需要，结合学生的兴趣、爱好和知识层次，和学生一同拟定具有一定法律研究价值的社会调查选题。选题应当结合当前国家的政治、经济热点问题和相关的法律、法规、政策的最新动态。

## 二、准备阶段

1. 制定调查方案。社会调查方案内容主要包括：调查研究课题主题、目的和基本观点；调查研究对象；调查的内容和范围；调查研究的模式；调查研究的时间与步骤安排；分组安排；经费预算和物质保证。调查方案在设计时应当注意调查选题的合理性，内容的包容性，调查对象群体的针对性与调查模式的科学性。在调查方案设计完成之后，教师应当给予必要的建议。

2. 选择调查方式和方法。社会调查存在着多种形式，根据不同的分类依据主要有普遍调查法、典型调查法、个案调查法、抽样调查法以及文献调查法、问卷调查法、访问调查法、观察调查法等不同方式。学生应当根据调查的主题来确定调查的方式和方法。

3. 拟定调查内容。这是社会调查的关键性阶段，调查内容应当根据调查方式来确定。学生应当根据调查的目标进行分析，确定调查过程中需要掌握的资料和数据，根据具体的需要再确定调查的内容。需要注意的是，不同的调查内容可能需要不同的调查方式，在同一调查主题中可能出现几种调查方式，学生可以根据不同的调查方式来设计不同的调查内容。如文献收集法应当确定文献收集的具体内容以及来源，并对学生进行分组，各自收集不同领域内的资料。而问卷调查法则应当由学生根据具体的问题需要来科学设计问卷。总而言之，确定调查内容是社会调查中的一个核心环节。

## 三、调查阶段

社会调查报告的客观、科学、真实、典型与否，除受调查的条件、调查人的水平等因素的影响外，主要取决于调查资料自身所具备的质与量。而调查资料的质与量往往受资料收取过程中手续是否合法、方法是否恰当、保全是否有效等因素的影响。这就要求学生针对不同的调查对象设计不同的调查模式。调查时间、调查对象、调查场所、调查方法、调查过程、调查结果都要用文字、照片、绘图、录音、录像等方式客观、真实地记录与固定，以保证调查结果的真实性与可靠性。

## 四、分析阶段

社会调查不仅是一项资料搜集工作，而且是一项资料的分析研究工作。各种不同的调查方式的分析方式也有着不同。例如文献收集法需要将所收集的文献内容进行统一归类，进行横向和纵向的梳理，对相应的问题进行分析归纳。对问卷调查法，有着更为复杂的分析方式。首先要对于完成的调查问卷，先进行审核，剔除无效问卷，对有效回收的问卷进行进一步的汇总、整理、录入等工作，以便对资料进行统计分析。其次，进行资料的整理和分析。在调查资料的整理、分析过程中引导学生注意统计方法和统计软件的运用，定性分析和定量分析的结合等，从而为得出符合客观实际的调查结论准备相应的数据、资料。对于访谈调查法应当根据其访谈内容进行分析，将各种答案进行分类归纳，总结规律，进行观点的总结。在这个阶段，教师应当对学生的调查结果进行适当的引导，从而保证学生能够得出较为科学的结论。

## 五、总结阶段

总结应当在分析的基础上进行，在进行调查结果的分析之后，学生应当在分析的基础上进行总结，撰写调查报告。调查报告是对某种事物或某个问题进行深入细致的调查后，经过认真分析研究而写成的正确反映客观事物及其规律的书面报告。调查报告是社会调查活动的最终成果，是感性认识到理性认识飞跃的反映。

### （一）社会调查报告的要求

首先必须做到目的明确、立场观点正确。调查研究首先要明确调查的目的，一般而言，法学社会调查的最终目的都是为了对现行的各类法律制度进行改善，通过调查了解社会群体对现行法律制度的看法、意见和建议。除此之外，社会调查必须要有正确的立场、观点，才能实事求是地进行调查研究，认识事物的本来面貌，得出合乎客观实际的结论。

其次要讲究时效性，及时捕捉信息，及时反馈信息，讲究时间效益，才能发挥调查报告的作用。法律是开放的和变动的，法律制度的时效性在现在社会中体现得越来越明显。在进行法律调查时需要注意调查结果的及时处理，以保证调查结果能够有效转化为立法者与司法者所需要的内容。

再次，调查报告的分析方式应当科学、合理，保证调查结果的有效转化。法学社会调查的结果除了要具有绝对意义上的真实性，同时其理论论证也是不可缺少的一部分，在进行法学社会调查报告的撰写时，需要将相关的调查结果与法学理论相结合，保证调查结果与我国法律体系的衔接。

最后，调查结果要有新颖性，应抓住社会现实中的新动向、新问题，通过调查研究，在对真实材料进行科学分析的基础上，形成对事物或问题的新看法，最终提出建议或可行性方案。法学社会调查作为一种较为常态的实践模式，是否具有理论与实践价值最为关键的一点就是调查内容与调查结果是否具新颖性，这是调查的价值所在，也是法律社会调查的意义所在。

## (二)调查报告的格式

从外部形式上看,调查报告由标题、前言、主体、结语四个部分组成。

1. 标题。标题的形式可以分为单标题和双标题。单标题就是一种较为简单的标题形式,一般在标题中体现出调查对象与调查内容。所谓的双标题就是由正副标题组成,正标题一般采用常规文章标题写法。副标题则采用公式化写法,由调查对象、调查课题、文体名称组成。在法学社会调查中副标题的作用一般来说是以角度的方式来对主标题进行限制,或者对主标题做出进一步的说明。例如"社会矛盾的化解机制研究——以被害人为视角"。

2. 前言。社会调查报告的前言一般要根据主体部分组织材料的结构顺序来安排,前言的主要作用是对调查报告的内容进行简要说明,对社会调查的目的和意义进行简要说明,也有的调查报告在前言部分交代调查的目的、方法、时间、范围、背景等,使读者在入篇时就对调查的过程和基本情况有所了解。总体上来说,前言起着导入性的作用。

3. 主体。主体部分是调查报告最为核心的内容,这部分需要介绍社会调查所涉及的内容与所获得的相关数据与资料,同时将数据与资料的分析过程以及结果进行说明,同时辅之以理论的支撑,最后得出具有实践价值的调查结果。不同的调查方式有着不同的撰写方式。一是理论可行性调查报告。这种报告的形式主要是通过不同理论的调查结果进行资料分析,根据各种理论的支撑点来进行分析,分析各种理论的优劣势,最终做出自己的判断。二是某种制度或法律实施的可行性调查报告。这种报告的主体部分应当侧重于该制度或者法律在实施过程中存在的问题,社会公众对于该问题的态度以及建议,通过调查者的调查以及与被调查者之间的沟通来对该制度或法律的完善提出相应的建议,同时辅之以被调查者的意见,最终得出自己的结论,这类调查报告的内容相对复杂,需要有一个较为严谨的逻辑结构。

报告主体部分的撰写体现着社会调查活动的价值,在调查报告的写作中既要注意与一般调查报告整体形式上的一致性,同时也需要考虑法律专业特有的特点,在进行调查报告的写作中对法律的严谨性、可行性加以重视。

4. 结语。调查报告常在结尾部分显示作者的观点,对主体部分的内容进行概括、升华,因此,结尾往往是比较重要的一个部分。常见的写法有下述三种。一是概括全文,明确主旨。这种结语的形式多见于理论可行性论证的调查报告,通过调查研究来说明理论存在的科学性与合理性,结论的作用在于进一步强调调查者的观点。第二,指出问题,启发思考。这种调查报告常见于对法律现象的调查研究,在研究过程中,调查者更多的是根据现实存在的,但是并没有引发立法者与司法者重视的相关问题进行研究,调查的意义在于引发相关的注意。第三,针对问题,提出建议。这种调查报告的转化可能性较大，这类调查报告的针对性较强，一般是针对法律制度或者法律实施中存在的现有问题进行调查，为立法者与司法者提出具有实践基础的完善建议。

**附：社会调查问卷模板**

**模板一：社会人员信任度问卷调查**

（注：本问卷除注明之外均为单选题）

1. 您的年龄：

A. 18岁以下　B. 18～35岁　C. 35～60岁　D. 60岁以上

2. 您的性别：

A. 男　B. 女

3. 您的文化程度：

A. 小学　B. 中学　C. 大学本科　D. 硕士

E. 博士　F. 其他

4. 您的现住地：

A. 中国境内　B. 中国境外

5. 您的祖籍：

A. 中国境内　B. 中国境外

6. 您的职业：

A. 学生　B. 社会工作者　C. 公司职员　D. 研究人员

E. 商人　F. 政府工作人员　G. 医护工作者　H. 无业

7. 您认为以下哪种说法更为合适：

A. 人性本善　B. 人性本恶　C. 人性没有善恶之分，在于后天的发展

8. 您认为人与人相处的最为重要的本质是：

A. 诚实　B. 善良　C. 热情

9. 您是否常常怀疑那些出乎意料的热情人的动机是否诚实：

A. 是的　B. 有些时候是　C. 从来没有

10. 和循规蹈矩的人交往会使得您：

A. 很有兴趣　B 介于A与C之间　C. 他们思想简单，使我厌烦

11. 您对待陌生人的态度是：

A. 警惕　B. 尝试相信　C. 信任

12. 如果有陌生人向您借手机，您会：

A. 借　B. 看情况　C. 不借

13. 当和立场相反的人争辩，您会：

A. 尽量找出基本概念的差异　B. 不一定　C. 彼此让步

14. 您和陌生人的熟悉需要通过多长时间的相处：

A. 较短的时间　B. 看情况　C. 需要通过较长时间的相处

15. 您和什么人之间有金钱上的往来：

A. 朋友　B. 根据情况来定　C. 只要有利益关系就可以

16. 您对商业交往对象的态度是：

A. 可以成为朋友

B. 根据不同的人有着不同的交往方式

C. 纯粹是商业往来对象，不能成为朋友

17. 您认为一般人之所以不犯罪的原因是害怕被处罚：

A. 是的　B. 不一定　C. 不是

18. 您喜欢设法影响和您一起工作的同时，使他们能协助您达到所计划的目的：

A. 是的　B. 看情况　C. 不是

**社会信任度英文模板**

Questionnaire

1. Your age：A. under 18　B. 18～35　C. 35～60　D. over 60

2. Your gender：A. Male　B. Female

3. Your degree of education：

A. Primary school　B. Secondary school

C. Bachelor's degree　D. Master's degree

E. Doctoral degree　F. other

4. Your location：　A. China　B. Europe

5. Your ethic group：　A. Chinese　B. European

6. Your profession：

A. Student　B. Social worker　C. Company employee　D. Researcher

E. Business person　F. Government worker

G. Health care worker　H. Unemployed

7. Do you agree most with which of the following statement?

A. human is kind by nature

B. human nature has no good or evil, it depends on its acquired development

C. human is evil by nature

8. Which of the following is most important when you interact with the others?

A. honest　B. kind　C. warm-hearted

9. Do you always suspect whether those unexpected warm-hearted people's

motivation is honest or not?

A. yes　B. sometimes　C. never

10. Working with rigid rule follower will make you:

A. at ease　B between A and C

C. they are simple-minded, which makes you bored

11. The attitude you treat a stranger:

A. on guard　B. try to believe　C. trust

12. If there is a stranger want to use your mobile phone to make phone call, what would you do?

A. lend it　B. it depends　C. do not lend it

13. When arguing with a person who has different opinion, you will:

A. try to identify the differences in basic concepts　B. it depends

C. try to reach mutual concessions

14. How long do you need to become familiar with a stranger?

A. a short period　B. it depends　C. need a long time

15. With whom you may have financial links?

A. only friends　B. it depends

C. only if there is financial benefit

16. You and your business partners:

A. can be friends　B. depend upon their personal characteristics

C. only for business, friendship is not needed

17. Do you think average people do not break the law is that they are afraid of punishment?

A. yes　B. it depends　C. no

18. Do you enjoy to make your colleagues to assist you to achieve your own aim by affecting them?

A. yes　B. it depends　C. no

**模板二:居民法律意识问卷调查**

1. 您的性别:

A. 男　　B. 女

2. 您的年龄:

A. 18 岁以下　　B. 18～35 岁　　C. 36～60 岁　　D. 60 岁以上

3. 您目前的学历水平是:

A. 小学以下　　B. 初中　　C. 高中　　D. 专科

E. 本科及以上

4. 您目前的职业是：

A. 教、科、文、卫、体职业　B. 军人、武警战士

C. 企业管理人员、职工　D. 自由职业者

E. 国家公务员　F. 离退休人员

G. 无业　H. 其他

5. 您是通过哪些途径了解到法律知识的？（多选）

A. 报纸　B. 电视　C. 网络　D. 社区宣传

E. 其他

6. 您认为法律在日常生活中的作用如何？

A. 非常重要，遇到麻烦时会首先想到用法律手段来解决

B. 比较重要，会尝试用法律维护自己的权益

C. 一般，除非迫不得已不然不会寻求法律的帮助

D. 法律根本没用

7. 您平时会主动了解或接触法律吗？

A. 经常关注法律动态及新闻　B. 需要时会了解

C. 完全不会

8. 您比较关心哪方面的法律？（多选）

A. 民法　B. 刑法　C. 婚姻法　D. 道路交通安全法

E. 消费者权益保护法　F. 治安管理处罚法

G. 劳动与社会保障法　H. 其他法律法规

9. 当您的权益受到损害时，您会怎么做？

A. 用私力解决　B. 通过金钱或关系来解决

C. 觉得忍一忍就算了　D. 通过法律手段维权

10. 如果购物时买到了假冒伪劣产品，您会怎么做？

A. 自认倒霉，不追究了　B. 到商场讨说法，要求换货或者退款

C. 到消费者协会寻求帮助　D. 通过法律途径解决

11. 在路口遇到红灯时，您会怎么做？

A. 无视它，直接过去

B. 看路上车子多不多、安不安全再做决定

C. 看是否有交警或者监控摄像头再考虑要不要过去

D. 等绿灯亮了再过去，时刻遵守交通规则

12. 请问您在饭店吃饭时有索要发票的习惯吗？

A. 每次都索要　B. 偶尔索要

C. 大笔金额才索要发票　　D. 很少索要发票

13. 您知道法律援助机构吗？

A. 知道也接受过援助　　B. 知道但没有接受过援助

C. 听说过但不知道具体职能　　D. 没听说过

14. 您认为打官司有必要请律师吗？

A. 很有必要　　B. 可请可不请　　C. 没有必要

15. 对于法院、人民检察院、公安机关等机关，您的态度是？

A. 非常信任　　B. 比较信任　　C. 完全不信任

16. 在您的经历中，您曾使用法律武器解决纠纷吗？

A. 有　　B. 没有　　C. 偶尔

17. 您觉得影响我国法律有效执行的因素有哪些？（多选）

A. 法律制度本身的不健全不完善　　B. 公检法执法机关执法不严

C. 政府机关干部的贪污腐败　　D. 公民法律意识淡薄

E. 其他

18. 您认为对法律的执行哪些监督是最有效的？（多选）

A. 电视、报刊、广播等新闻舆论的监督

B. 公检法等执法机关的监督

C. 党委、政府、人大、政协等领导机关的监督

D. 广大公民的监督

E. 执行机关内部的上下级监督

F. 其他

**社会实践调查报告格式**

系部名称：

专业：______年级：______班级：______姓名：______学号：______

调查单位：

调查时间：

调查报告正文

一、调查目的

介绍实践的目的、意义、实践单位或部门的概况及发展情况，以及实践要求等内容。这部分内容通常以前言或引言形式，不单列标题及序号。

二、调查内容

先介绍社会调查安排概况，包括时间、内容、地点等，然后按照安排顺序逐项介绍具体实践流程与实践工作内容、专业知识与专业技能在社会调查过程中的应用。以记叙或白描手法为基调，在完整介绍社会调查内容基础上，对自己认为有重要意义或

需要研究解决的问题重点介绍,其他一般内容则简述。

三、社会调查的结果

围绕社会目的要求,重点对社会调查中发现的问题进行分析、思考,并提出解决问题的对策、建议等。分析讨论及对策建议要有依据,有参考文献,并在正文后附附录。分析讨论的内容及推理过程是社会调查报告的重要内容之一,包括所提出的对策建议,是反映或评价社会调查报告水平的重要依据。

四、社会调查总结或体会

用自己的语言对实践的效果进行评价,着重介绍自己的收获体会,内容较多时可列出小标题,逐一汇报。总结或体会的最后部分,应针对社会中发现的自身不足之处,简要地提出今后学习、锻炼的方向。

五、正文

正文是社会调查报告的核心内容,是对社会调查活动的详细表述。这部分内容为作者所要论述的主要部分,作者需要将在社会调查过程中的问题进行总结、分析,将相关理论与社会调查过程的实践情况相结合,得出自己的结论。

**法学社会调查实践报告范本**

**范本一:法学专业社会实践调查报告格式要求**

按教学计划和相关实践教学的规定,写明学生在实践教学环节中必须完成各环节,以及社会实践环节需要达到的考核要求。

法学社会实践调查报告

一、调查目的

通过社会调查,使学生更加明确本专业的培养目标和具体要求,同时将所学知识运用到实践中去,从而加深对所学知识的理解,提高实际解决问题的能力。

二、调查要求

1. 调查主体:最好以个人为单位单独进行;或者几人为一组进行,但每人要从不同角度采写报告。(写清楚分组的具体情况以及学生的具体分工)

2. 调查范围:要具体、明确。(根据不同的调查内容设置明确的调查范围)

3. 调查内容:法律实践的内容应限定在立法、执法、守法与司法实践范围内,要选择有关单位或场所进行调查,调查内容应结合专业课有关内容,立足于单位,选择在理论与实践上有意义和代表性的问题进行调查。例如,可以选择立法中的问题进行调查,分析立法的科学性、合理性以及立法中存在的不足。例如“有期徒刑的上限设置是否合理”等问题。也可以选择执法中的问题进行调查,例如“城管执法方法的调查”等。

4. 调查报告材料要求

(1)应以直接材料为主,即通过亲身实践、调查采访所获取的第一手材料。

(2)社会调查原始材料及各种记录力求清晰、完整、翔实,具有一定的针对性和现实意义。如果在审查中缺少原始材料,则不给予社会调查的学分。

5. 调查方法

(1)在某个单位的亲身实践;

(2)文献收集;

(3)设计调查问卷;

(4)通过其他相关渠道获得信息。

6. 调查方式

根据调查的内容可以分为普遍调查和非普遍调查。

普遍调查:在一定的调查总体范围内,对所有对象进行调查。

非普遍调查:在一定的调查总体范围内,只选取部分样本对象进行调查。

具体调查的方法有三种:重点调查、典型调查、抽样调查。

7. 调查报告字数

三、报告写作格式

调查报告由标题和正文两部分组成。

1. 标题

规范化的标题格式,即“发文主题”加“文种”,基本格式为“关于××(地区、对象)××问题的调查报告”,例如“关于××市居民中婚外同居问题的调查报告”。

2. 正文

正文一般分前言、主体、结尾三部分。

(1)前言:写明调查的起因或目的、时间和地点、对象或范围、经过与方法,以及人员组成等调查本身的情况,从中引出中心问题或基本结论。

(2)主体:这是调查报告最主要的部分。这部分详述调查研究的基本情况、做法、经验,以及分析调查研究所得材料、数据中得出的各种具体认识、观点和基本结论。

(3)结尾:结尾的写法也比较多,可以提出解决问题的方法、对策或下一步改进工作的建议;或总结全文的主要观点,进一步深化主题;或提出问题,引发人们的进一步思考;或展望前景,发出鼓舞和号召。

3. 写作要求

调查报告的主体部分要有充分的调查事实、数据材料等。调查报告的结尾部分要有对策与建议等。

四、成绩评定

评定成绩时既要考虑调查报告的文体特点是否得到体现,表述的逻辑、语言情况怎样,也要看报告内容的分量和深浅,要把内容和形式结合起来,综合考虑。

调查报告的成绩分为及格和不及格两种评定。有下列情况之一者应定为不及格：

(1)选题不合理；

(2)观点有明显错误；

(3)不符合调查报告写作要求；

(4)论据不足，写作空泛；

(5)表达不清，结构散乱，或者语言甚为不通。

**范文二：法学社会调查报告范例**①

一、调查研究意义

1. 本课题的研究目标是实现犯罪与被害的最大程度的矛盾化解，就犯罪行为导致的直接后果与间接后果来看，单纯的刑罚与刑事附带民事诉讼并不能从根本上化解犯罪所带来的负面影响。刑罚的严厉程度与社会矛盾的化解程度并不成正比，这种忽视被害人角度的矛盾化解机制是不完善的。解决由于犯罪带来的社会矛盾必须形成一个双向机制，单纯的惩罚并不能产生“恢复”的功效。

2. 本课题以被害人的刑事地位为基础，实现刑事被害人刑事地位的突破，实现从“权利”到“权力”的跨越，保证刑事被害人的刑事实体权力的实现，确立被害人的刑事处分权，将被害人承诺理论引入刑事基础法，为被害人救助制度的体系性研究确立完整的理论基础；保证刑事被害人在立法、司法中实现贯通式的救助模式，避免司法超越立法的行为模式。

3. 本课题立足于社会学、犯罪学、刑事法学多学科领域，将被害人作一个广义上的理解，将被害人的概念进行扩充化定义，从社会矛盾的前期、中期以及后期三个不同阶段进行不同类型被害人所引发的社会矛盾进行不同程度的制度性研究。既研究直接被害人，也研究间接被害人(间接被害人是指由于犯罪被害导致的外延性被害人，这类被害人通常是由于直接被害人的被害而导致的其承受一定损害的人群，而在现今的被害人研究中并没有将这部分被害人加以明确的保护，对于这部分被害人引发的社会矛盾的关注度尚有欠缺，本课题中的被害方指的就是这部分人群)。

4. 本课题对于问题的解决方式既包括理念上的贯彻，同时包括制度上的建立。理念上以“恢复”与“弥补”为终极目标，在制度建立上将国家与社会机制相结合，被害人与犯罪人相协调，多角度、全面性的矛盾消解机制。

二、调查研究目标

1. 确立被害人在社会矛盾消解机制中的主体地位，将其地位设置为主动性，改

① 摘自作者的教育部2010年度人文社会科学项目“被害人视域下的矛盾类型以及消解机制”(10YJC820070)调查研究报告。

变传统的、被动的刑事被害人模式。

2. 将被害人视域下的社会矛盾进行类型性划分，同时配套以相应的解决原则及机制。机制的设置必须呈现体系化的特点，将犯罪前矛盾的被害预防、犯罪中矛盾的规避以及被害人视域下的社会矛盾的和解都必须纳入矛盾解决机制中，以保证矛盾解决的完整性。

3. 把被害人视域下的社会矛盾的刑事消解机制做理念上与实践上的区分，实现被害人"权利"到"权力"的转变，实现被害人从"程序性权利"到"实体性权力"的转变，实现应然性权利向实然性权利转变。

4. 将恢复性司法的理念从单纯的刑事诉讼角度扩大到刑事法的角度，确立被害人在刑事案件中的决定性作用，将求刑权从公诉机关的绝对公权力中分离出来，作为一个兼具公权力与私权利性质的概念，为被害人对刑罚的影响力创造前提性条件。

5. 将被害人承诺理论立法化，保证被害人在刑事领域内享有绝对的自由决定权，为被害人作为主体在刑事案件中的介入权奠定立法上的基础。同时为犯罪的前置性排除创造条件，避免司法成本的不必要投入。

三、调查研究过程

第一阶段：调查准备阶段(2010 年 9 月—2011 年 3 月)，对本课题可能涉及的相关理论进行梳理，拟定理论研究与实证研究内容。

第二阶段：实证调查阶段(2011 年 4 月—2011 年 12 月)，对本课题涉及的引起社会矛盾的被害人(方)问题的因素、被害人(方)刑事实体参与权的现状、被害人(方)涉及的犯罪类型以及被害人(方)认为可以作为罪后赔偿或补偿的有效矛盾消解方式等问题向被害人(方)、司法机关、律师事务所等单位进行调研或者咨询。

第三阶段：调查分析阶段(2012 年 1 月—2012 年 6 月)，对本课题进行的相关调查与咨询结果进行分析，对被害人视域下的社会矛盾消解机制现存的问题进行分析与总结，归纳出我国罪后社会矛盾消解机制的应然状态，为后期的理论研究提供实证支撑。

第四阶段：理论研究阶段(2012 年 7 月—2013 年 6 月)，对本课题中涉及的理论问题进行深入研究，主要涉及的问题有：被害人概念的厘清、被害人视域下社会矛盾的特征、被害人视域下社会矛盾的种类、被害人视域下的社会矛盾化解机制的理论基础分析(包括被害人承诺理论与刑法的谦抑性研究)、被害人视域下的社会矛盾化解机制研究的必要性、被害人视域下的社会矛盾化解机制研究的可能性、被害人视域下的社会矛盾消解机制的具体模式(包括被害人承诺理论的立法化、被害人刑事处分权的设立、新型社区修复模式的建立、被害后心理疏导模式的建立)等。

第五阶段：报告撰写阶段(2013 年 7 月—2014 年 3 月)，撰写本课题的中期研究成果与研究咨询报告，对本课题的研究进行阶段性总结。

第六阶段：采纳应用阶段(2014年4月—2015年3月)，本课题成果中将被害人这一群体纳入到刑事犯罪的罪后关系的修复中的相关成果，在××省人民检察院进行实际运用，有效提高了检察院公诉工作的效率，同时辅助检察监督工作更为有效的开展。本课题的研究成果之一的新型社区模式的建立，在××省教育矫正局的具体应用过程中，为社区建设与发展提供了一个具有建设性的发展模式，对犯罪人社区矫正的内容进行了进一步的明确，并在具体的实践过程中产生了较为明显的作用，充分缓解了被害人与犯罪人之间的罪后矛盾。另一成果是被害人承诺以及被害人刑事处分权，为刑事谅解的达成、罪犯的改造以及重新社会化提供了充分的依据，并在犯人再社会化的效果中取得了较为明显的效果。

四、社会调查内容(包括调查结果与分析)

在此阶段，本课题组深入××省、××省以及其他相关省份内的各级司法机关、律师事务所等相关单位以及相关被害人，对课题研究的具体内容进行调查，对数据进行概括性分析与总结，对被害人角度的社会矛盾进行实证调研，对被害人在刑事案件中能获得的精神、物质上的补偿进行一个全面的了解。一方面对本课题研究的必要性进行论证，另一方面也对本课题的研究创设一个前提。调查的内容主要有以下几个方面。

(一)引起社会矛盾的被害人因素

此调查主要从了解被害人(方)在犯罪引发的社会矛盾中所产生的影响来进行。具体而言，针对被害人(方)对犯罪方、司法机关以及其他社会群体基于犯罪而产生的敌对性情绪以及极端性行为来进行。(对案件中的被害方发放问卷100份，见表一)

**(表一)各类典型犯罪被害人和被害方情绪状态调查表**

| | 故意杀人罪(9份) | 故意伤害罪(28份) | 抢劫罪(14份) | 盗窃罪(13份) | 交通肇事罪(36份) |
|---|---|---|---|---|---|
| 被害人 | 情绪极端1份(犯罪未遂，被害人未死亡) | 情绪极端18份情绪相对缓和8份(其中2人死亡) | 情绪极端4份(4起案件中被害人死亡)情绪相对缓和6份 | 情绪极端2份情绪相对缓和11份 | 情绪极端5份(8起案件中14人死亡)情绪相对缓和17份 |
| 被害方(主要指被害人的亲属以及相关利益人) | 情绪极端7份情绪相对缓和2份 | 情绪极端23份情绪相对缓和5份 | 情绪极端10份情绪相对缓和4份 | 情绪极端2份情绪相对缓和11份 | 情绪极端8份情绪相对缓和28份 |

(二)被害人刑事实体参与权的现状

此调查主要是针对我国的司法现状进行，旨在了解被害人在刑事诉讼过程中对案件审判产生的实体性影响，此调查主要通过对10余个司法机关以及律师事务所等

单位进行咨询的形式来实现。（被害人刑事实体参与现状的数据分析是通过对某法院近五年的相关数据进行，结果如图一所示）

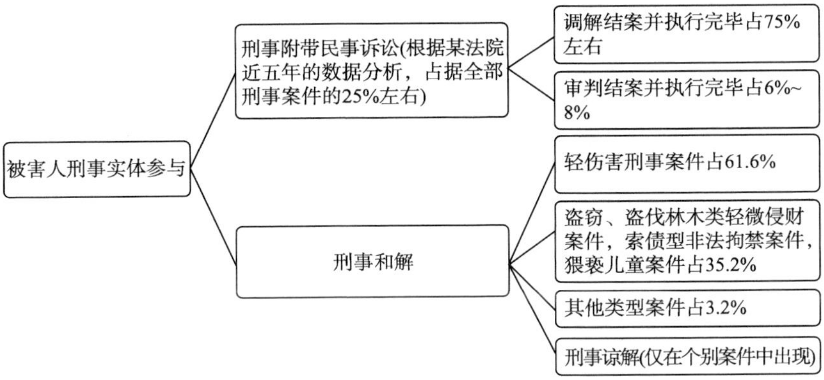


（图一）被害人刑事实体参与方式

通过图一可以看出，被害人实质参与刑事案件是有限的。由于刑事谅解只是在个别特定案件中出现，并不具有普适性，因此，被害人实体参与刑事案件程序的主要是刑事附带民事诉讼以及刑事和解两种方式，根据我们从××法院调查的结果显示，该省法院共审结刑事案件55342件，其中刑事附带民事诉讼一审案件10439件，占刑事案件的18.9%，死刑案件中附带民事诉讼的案件为91%。按照案件数量多少的顺序，前5位的罪名依次是故意伤害罪、交通肇事罪、寻衅滋事罪、故意杀人罪和抢劫罪。其中，故意伤害案件占全部案件的46.4%，交通肇事案件占32.5%，两个罪名的刑事附带民事诉讼案件数量占到了案件总数的76.3%。由此我们可以看出，刑事附带民事诉讼案件的概率在刑事案件中只是占据了较小的一部分。在刑事附带民事诉讼案件中，有调解与判决两种方式结案，这两种结案方式中，以调解结案的方式获得的效果较好。以调解结案为主的处理方式，对刑事案件被告人与被害人之间的矛盾化解起到了积极作用，强调了案件处理的法律效果与社会效果的统一。而以判决方式来结案的刑事附带民事诉讼案件只占到全部刑事案件的6%左右，这说明以判决形式结案的效果欠佳，犯罪方与受害方通过这种方式很难实现矛盾的缓和。

根据对××法院的调查数据显示，2014年，该法院共受理各类刑事案件291件402人，运用刑事和解程序办理刑事案件13件13人，适用率为4.47%。2014年适用刑事和解程序的案件服判息诉率达100%，被害人对和解结果与判决较为满意，刑事和解取得了较好的社会效益。但是，由于具有以上多重限制，刑事和解能够运用的范围仍然是有限的。

综合以上的调查结果，我们可以看出，被害人能够实质性参与刑事案件的比例是非常有限的。

（三）应然与实然的被害人视域下的刑事消解机制

本课题调查过程中，对各类案件的100名被害人（方）进行了问卷调查，问卷所针对被害人（方）涉及的犯罪类型如表二所示。

**（表二）案件被害人类型分配表**

| | |
|---|---|
| 交通肇事罪 | 37份 |
| 故意杀人罪 | 3份 |
| 故意伤害罪 | 18份 |
| 抢劫罪 | 19份 |
| 盗窃罪 | 23份 |

同时对其所认为可以作为罪后赔偿或补偿的有效矛盾消解方式进行相应的调查，调查的结果如表三所示。

**（表三）被害人认可的有效矛盾消解方式分类调查**

| 被害人（方） | 经济赔偿 | 赔礼道歉 | 刑事处罚 | 罪后行为补偿 |
|---|---|---|---|---|
| 交通肇事罪 | 35 | 23 | 27 | 5 |
| 故意杀人罪 | 3 | 0 | 3 | 1 |
| 故意伤害罪 | 18 | 11 | 13 | 4 |
| 抢劫罪 | 19 | 7 | 19 | 0 |
| 盗窃罪 | 23 | 15 | 17 | 12 |

通过调查显示，这几类犯罪中被害人（方）所获得的各种实际补偿以及赔偿也有所不同，具体结果如表四所示。

**（表四）被害人（方）实际获得赔偿及补偿类型调查**

| 被害人（方） | 经济赔偿 | 赔礼道歉 | 刑事处罚 | 罪后行为补偿 |
|---|---|---|---|---|
| 交通肇事罪 | 33 | 3 | 36 | 0 |
| 故意杀人罪 | 1 | 0 | 3 | 0 |
| 故意伤害罪 | 10 | 1 | 17 | 0 |
| 抢劫罪 | 4 | 2 | 19 | 0 |
| 盗窃罪 | 0 | 3 | 23 | 0 |

通过该调查我们可以看出，针对不同类型的犯罪，被害人（方）对罪后矛盾可能消解的方式有着不同的要求，总体上来说，主要有以下几种情形。

第一，对于主观恶性较大的犯罪，例如故意杀人罪与抢劫罪这两种犯罪，犯罪人与被害人在犯罪时有着面对面直接的接触，通常被害人对犯罪人的印象深刻，同时因犯罪引起的恐惧心理最为严重。这种类型的犯罪，由于罪行恶劣，犯罪人在犯罪时所表现出的人身危险性大，被害方在犯罪后会有着较长时间的心理阴影，因此，在罪后被害方会尽量避免回忆起受害时的情景，也就很难接受犯罪方罪后补偿行为。而对于盗窃罪、交通肇事罪以及较轻的故意伤害罪，犯罪人的人身危险性以及主观恶性均较小，被害方与犯罪方在犯罪时形成的对立情绪也相对较小，因此更容易接受犯罪人的罪后补偿性行为。

第二，刑事处罚与经济赔偿之间存在着反比关系，越是刑事处罚严重的刑事犯罪，其经济赔偿的可能性越小。犯罪方对于刑事处罚与经济赔偿总量的心理承受程度是有限的，当犯罪人可能被判处较重的刑事处罚时，其家属往往不愿意再对被害方进行应有的赔偿。经济赔偿效果较好的刑事犯罪一般出现在经济赔偿对刑事处罚有所影响的情况之下。从表四中可以看出，交通肇事罪与故意伤害罪的经济赔偿比例是最高的。

第三，罪后补偿行为与赔礼道歉两种罪后补偿方式没有被广泛地运用。从某种程度上看，这两种方式应当是对罪后矛盾的化解产生直接影响的行为。赔礼道歉就犯罪人而言，如果不能对判决结果产生直接影响，其赔礼道歉的主动性必然受到影响。罪后补偿行为则是由于在我国现行立法与司法中尚没有这种相应形式的行为模式，因此，并没有被广泛地运用。但是从调查结果来看，被害人对罪后补偿行为还是有着一定程度的认可与接受的可能性。

五、调查理论分析

略。

# 第七章　法律诊所总论

## 第一节　法律诊所概述

### 一、法律诊所的概念和特征

（一）概念

法律诊所即诊所式的法律教育，它起源于20世纪70年代初期的美国，已通过实践被证明是一种法学院学生获得法律经验、培养实务能力的有效方法和途径，其突出的实践性特色是具有单纯课堂教育无可比拟的优势，可用于培养大量的法律实务人才，可加强对理论性研究的理解和实践配套经验。法律诊所课程所学内容的核心是律师的执业技能，诊所给予学生的是法律职业训练，如会见当事人、提供咨询意见、搜集证据、谈判、制作法律文书、诉讼技巧等。同时培养学生的职业责任心，即职业道德，鼓励其积极参与法律援助，以实现法学理论与法律实践的统一。诊所式法律教育与其他改革措施一起丰富了中国法学教育的内容和形式，积极推动了中国法学教育方法的探索和观念的转变。作为一种新的教学模式，诊所式法学教育是对原有教学模式的改革和补充，同时它的出现又确实对僵化的传统教学模式起到了极大的冲击作用。它的鲜明特色有利于改变传统的思维和定式。

（二）特征

以诊所式课堂为代表的教育模式并非是一种单纯教学方法的引进，而是一种全新的教育观念和内容的引进，是对传统法学教育模式的挑战和改革。总体上说，法律诊所具有以下特点。

1. 实践性

法律诊所以学生为主体，在师生互动和学生互动的过程中实现法律教学的目的。

法律诊所通过解决具体而实际的问题，锻炼学生的实践能力。在法律诊所中，学校和社会都是学生的课堂，学生在模拟练习中，扮演案件所需要的各类角色，培养了学生多角度观察问题的能力、运用理论知识分析和解决问题的能力。通过角色模拟练习，使学生获得实务经验和技巧。

2. 互动性

法律诊所将学生和老师重新定位，教师是法律诊所活动的主持人和指导者，给学生以广泛的空间和机会，引导和启发学生自己去寻找解决问题的途径。学生之间是一个紧密集体的共同成员，是积极的合作者，为了共同的目标和任务，他们需要全面而持续地沟通与合作。法律诊所是在师生之间的全面互动中展开的，它体现了对学生主体性和创造性的尊重，可以让教师在教学中充分体验到学生的感受和表现，是一种渗透了民主精神的现代教育方式。

3. 公益性

法律诊所的设立是要促使学生关注社会公益、推动建构公益问题的法律解决途径，包括公共秩序、经济秩序、社会资源、弱势群体、公共道德、公共卫生教育等(孙笑侠，1995)。公共利益是与社会中每个人的具体利益息息相关的。但是，“公共利益在主体上是整体的而不是局部的利益，在内容上是普遍的而不是特殊的利益”(颜运秋，2002)。法律服务包括诉讼与非诉等许多领域，在市场化经济体制改革过程中，律师作为法律服务的主体追求的除了正义还有经济效益。而法律诊所填补了该领域的空缺，公益案件既有助于实现诊所式法律教育所要求的对学生的“公民教育”和职业伦理教育，使他们在为别人和公益的实践中体会现实处境下实现公益的艰难以及公益服务的重要性；同时又充分调动学生运用法律知识解决社会问题的能力。

## 二、法律诊所的历史沿革

诊所式法律教育发源于美国，又称“临床法律教育”，创设于20世纪70年代初期。它是在仿效医学院学生在医疗诊所临床实习的做法，原则上在有律师执业资格的教师指导之下，将法学专业学生置于“法律诊所”中，为处于生活困境而又迫切需要法律援助的人提供法律咨询，“诊断”其法律问题，开出“处方”。福特基金会为了缩短法学院毕业生适应社会的周期，投资1000万美元作为启动资金，资助美国法学院开展法律诊所项目，以此促进学生对法律理论的深入理解。其优点在于培养法学学生的职业技能和职业道德意识，特别是律师职业技能，以实现法学理论与法律实践的统一。目前，法律诊所已成为美国法学院法律教育的重要组成部分。诊所式教学方法被引入了许多学校。课程力图使学生学到各种法律条文以外的实践知识、能力和技巧，比如如何收集、分析、判断和确认事实，如何运用心理、语言、行为分析以及经济、文化、社会、道德等分析方法分析法律的实际运行和操作。

继美国之后，拉丁美洲、非洲、西欧、东欧、澳大利亚、新西兰、南亚等许多国家和地区的法律院校普遍应用了这种教学方法。法律诊所教育对这些国家和地区法律学生的培养以及法治建设起到了很大的促进作用。除此之外，在为社会的弱势群体提供法律援助方面，也为社会做出了巨大的贡献。

英国于20世纪70年代建立了第一个公开的法律诊所，开创性地提出了对在校法学院学生的“非专业课程”也采取“真实的当事人诊所”和“模拟诊所教育”的方式，并在法学院课程设置上取得了日渐明确和可靠的地位。英国现行的诊所模式有三类：校内当事人诊所、校外当事人诊所和模拟诊所。澳大利亚法学院法律诊所以追求社会正义为理念，先后成立了蒙那西诊所项目和新南威尔士诊所项目，并以此为依托，撰写了很多法律学术论文和毕业后技能培训的文章。印度于20世纪60年代后期引进了诊所式教学方法。1969年德里大学开设法律诊所，为监狱里的囚犯提供法律服务。这些都为法律诊所的发展提供了重要文献资料。

法律诊所在中国起步较晚，2000年福特基金会资助了中国7所高校的法学院开设法律诊所课程，标志着法律诊所在中国的开展迈出了重要的一步。在随后的两年内，法律诊所在中国高校法学教育中迅速发展，并因此而引发了法学教育模式的重大变革。多所高校法学院在传统的法律实习实践活动的基础上引进法律诊所模式，在提高学生法学理论学习与实践应用能力的结合方面进行了有益的探索。一方面，这些法学院成立的法律诊所已逐渐完善，无论是诊所的日常运作管理，还是各个诊所通过社区法律服务活动对社会所形成的一定的积极影响，都充分说明法律诊所的可行性和必要性。更重要的是，参加诊所的学生在分析法律问题、提高法律实践能力、认识社会、增强社会责任感和职业道德观等方面都有了不同程度的提高。另一方面，也促进了关于法律诊所的理论研究和学术交流的提高。

为了更好地推动法律诊所在中国的发展，在福特基金会的支持下，2000年8月，在武汉大学召开了“武汉大学法学院暨耶鲁大学法学院诊所法律教育研讨会”，来自耶鲁大学、哥伦比亚大学、纽约大学等多名诊所专家为与会代表做了专题报告。首批开设诊所课程的7所大学在会上进行了经验交流，介绍了各自诊所的发展情况，共同探讨了普遍面临的问题。同年12月，7所大学的诊所师生还应邀出席了中国人民大学举办的“诊所法律教育与21世纪法学教育改革论坛”。2001年1月，福特基金会召集了开设诊所课程的法学院在北京开会，总结诊所课程的实际开展情况。随着法律诊所的推广，在随后的十多年间，更多的法学院校陆续加入到开设法律诊所的行列中，并逐渐在传统的法律实践活动的基础上将法律诊所模式广泛应用，几乎覆盖了国内著名大学的法学院和政法院校，并成为法学教育改革的一项措施和内容。其中，发展较早、成果较好的有西南政法大学法律诊所、浙江大学法律诊所、北京大学法律诊所、中国政法大学法律诊所、中国人民大学法律诊所、西北政法大学法律诊所、中华女子学院法律诊所等。随着信息时代的来临，互联网极大地改变了人们的生活，通过各种网络新技术与工具来建立法律诊所为公众和当事人服务已成为新兴潮流，未来的法律诊所将为法学教育与法律服务发挥更大的作用。

## 三、法律诊所的目标

法律诊所教育的本质在于帮助学生培养专业化的职业技能，培养训练学生法律思维能力、法律推理能力和职业素养，同时为社会提供法律服务。法律诊所的总体目标是为学生提供一种全新的、注重体验的学习方式，培养完整意义上的“法律人”，包括法律诊所教学目标以及培训学生法律实务的技能，如会见客户及为客户提供咨询、事实调查、摘要与陈述、法律检索和法律文书起草、证据的甄别和分析、谈判、调解和辩论等，同时该课程还致力于使学生在实践中增强法律工作者的角色意识和责任意识，增强学生在社会转型期法治建设中对各种问题的客观认识和辨别能力，增强其从书本知识向法律应用实践转换的能力，增强学生的合作精神和独立开展工作的能力。

### （一）提供公众服务

诊所学生通过法律援助，为社会弱势群体提供法律帮助，使这些弱势群体不因自己经济条件的局限和不足而使其合法权益得不到伸张，实现为公众服务是法律诊所的首要目标。

### （二）提高综合能力

诊所学生通过与社会的接触，增长知识，了解社会，向当事人、律师、法官等司法实务人员学习，获得基本的法律实践技能。学习与他人合作，不仅是从事法律职业的需要，也是从事所有行业的能力需要。学习从事法律职业所需的基本经验、技巧，诸如会谈、计划、事实调查、咨询、法律文书写作、陈述、质证和口头辩论等活动。需要在实案代理中尝试这些技能，并通过反馈进一步理解和运用这些技能，提高综合能力。

### （三）提升职业责任感

法律工作者需要具有一定的职业责任感，在一般性的理论学习中，很难将这种法律责任感进行升华。而通过面对实际案件和当事人，更容易产生并提升法律职业的责任感。

### （四）激发创造能力

法律诊所要求学生进行批判性思考，活学活用，通过专业的法律方法得出案件的法律后果，不生搬硬套现有的法律理论与权威结论。学生可以发挥自我能动性来对案件进行主动思考，进行理论体系的自我重塑，从而创造出具有自我特色的法律思维模式与行为方式。

## 第二节　法律诊所的种类

法律诊所并不是单一法律实践形式，根据不同的划分标准，法律诊所有着不同种类，在对学生的培养中有着不同的功效。

### 一、根据诊所的性质分类

根据诊所的性质，可将法律诊所分为四个种类：虚拟法律诊所、真实法律诊所、校外法律诊所以及社区法律诊所。

#### （一）虚拟法律诊所

虚拟法庭诊所不是真正的法律诊所，虚拟诊所设置的目的单纯是为了提高学生的综合能力，是一种独立于法律行为之外的实践课程。但是，虚拟诊所的活动同样分诉讼、上诉、谈判、调解、仲裁、会见与咨询等业务内容，不同的是，诊所自始至终没有真实的当事人和真实的案件，因此，虚拟法律诊所更像是对特定法律技巧的专题培训。虚拟法律诊所的优势在于教师可以随意设计各种类型的案例材料提供给学生，不需要受到案件来源、案件当事人等各方面外在因素的干扰。在虚拟诊所中，教师给学生足够多的案件材料，通过角色分工、分组讨论、情景模拟等教学方法来训练学生某一方面的技巧。虚拟诊所的期末评估，可以是完整的模拟练习。学生在期末考试中面临复杂的法律问题以及职业道德问题，学生的学习成绩将取决于他们对问题的解决。精心设计的虚拟案件力图提供和真实诊所一样的学习机会，例如如何着手办理一起特定的案件，如何准备开庭，面对道德冲突时如何进行选择。相对于真实当事人诊所，虚拟诊所成本低、风险小，教师和学生的负担较轻，比较容易形成学习的计划和体系，学习的进程也是可控制的。不足之处在于，学生无法体会到真实社会的多样性，无法感受到当事人及案件的复杂性，难以真正地进入角色。

#### （二）真实法律诊所

校内真实法律诊所，是指设立在法律院校中，通过与真实的当事人接触，解决真实的法律问题，培养学生成为理性的，具有责任感与专业技能的职业法律人的法学教学模式。目前大多数法律诊所都属于这种模式。这种法律诊所兼具有实践课程与社会服务的双重功效，既能够为学生提供真实的诊所式教育，也能够在学生力所能及的范围之内为社会提供初步的法律服务。

### （三）校外法律诊所

校外法律诊所是指法学院的学生在学习期间，被指派到校外的法律实务部门，如公安、检察院、法院、律师事务所等，在有经验的法律从业人员指导下，参与真实的法律事务并获得学分的校外法律诊所。校外实习法律诊所有着比真实法律诊所与虚拟法律诊所无法比拟的优势。首先，和虚拟法律诊所相比，学生可以接触到真实的案件与真实的当事人，在真实的法律从业者指导下进行学习，获得比虚拟法律诊所更真实的体会；其次，真实法律诊所虽然在法学院校中开设，学生与教师上课学习方便，但真实法律诊所对于案件量的要求与成本相当高，大量的学生无法获得足够的案件与学习资源。而校外实习法律诊所给需要实践的学生提供了大量的案例与实践平台。但是，校外法律诊所需要学校为学生提供足够的法律实践的资源，只有在这个前提之下，校外法律诊所才能真正发挥其作用。

### （四）社区法律诊所

社区法律诊所起源于美国，1972年乔治敦大学首次实施该项目。最初以法学教学项目的形式出现在美国的大学中，这一项目运用角色模拟、庭审模拟、案例讨论等教学方式，通过学生深入社区、街道讲授法律知识和运用法律为弱势群体提供法律帮助的形式，加深学生对法律知识的理解，训练学生运用法律解决实际问题的技能，培养学生作为未来法律工作者应具备的社会责任感和职业道德。在我国，社区法律诊所尚未开设，但是从法律诊所的未来发展来看，社区法律诊所有着其存在的价值。

## 二、根据诊所训练内容分类

根据诊所训练内容，可将法律诊所分为：法律援助和律师执业模拟。

### （一）法律援助

对于法律诊所而言，法律援助是最基础的部分，也是几乎所有的法律诊所都拥有的共性部分。法律援助应当是最符合法律诊所设置目的的一种实践方式。通过法律诊所这个平台，学生可以接触最基础的职业环境，并在这个环境之中磨炼最基本的执业技能。学生在教师的监督下为某些特殊人群(低收入人群[①]、弱势群体或者可能被判处较为严重刑罚的行为人)提供免费的法律援助活动,帮助他们行使最为基础的法律权利,从而应对其所面对的司法困境。

(二)律师执业模拟

1. 商业谈判训练。商业谈判训练是一种新兴的诊所活动,商业谈判是当今社会律师面临的一个新的挑战,与传统的诉讼型律师有着一定的不同之处。这种职业练习的难度非常之大,甚至在个别的情况之下已经超过了处理棘手案件的复杂度。在商业谈判训练之中,除了自如的运用已经学到的相关商业领域的部门法,学生应当尽可能多地去学习经济学相关知识及谈判礼仪。总而言之,此项训练是一项非常综合的模拟活动。学生通常会被分为正反两组,结合获取的真实商业案例,来进行谈判和解决问题的训练。虽然法律诊所制度在我国已引进十余年,但是此项训练在我国法学院之内仍然缺位,随着法律实践课程的不断发展,这类法律诊所的相关训练应当在实践中予以重视。

2. 当事人沟通技巧训练。法律诊所的核心价值在于培养出色的职业律师,因此,与当事人的沟通及交流技巧的重要性就不言而喻。法律工作者的首要任务是获取案件的基本信息,而基本信息获取的重要途径就是与当事人之间的交流,这种交流的程度直接决定着法律工作者对案件的了解情况,并对案件分析以及案件处理带来直接影响。因此,与当事人之间的沟通则成了法律工作者需要具备的一项必备技能。

## 第三节 法律诊所的要素

一个完整的法律诊所项目由两个基本要素组成,包括诊所主体、客体。法律诊所主体包括诊所教师、学生和当事人,他们在诊所中的地位不同,作用也不同。

### 一、法律诊所的主体

法律诊所让学生在真实的环境下学习法律、适用法律,为当事人分析真实的法律纠纷,处理法律事务,在实践中培养学生的实践能力、思维能力和学习能力。开设法

---

① 与我国法律援助制度相同的是,美国法律诊所选择被援助人群的依据也同样是——收入的多寡。区别在于我国大多数情况下根据申请者用人单位的工资证明为申报援助依据,美国法律诊所允许申请者直接向他们汇报收入的情况,诊所会根据当地政府的信用系统及财政系统所提供的信息来进行对受援者的甄别。

律诊所需要三个主体，即有一定司法实务经验的教师、法学专业学生和当事人。

### （一）诊所教师

诊所教师作为教学目标的实施者和具体教学内容的传授者，在诊所教育中发挥着重要作用。诊所教师是教学活动的设计者、组织者和评价者，同时也是诊所课程顺利开展的保障者。法律诊所中，一堂课通常是由两位或多位教师共同完成的。诊所教师分为课堂教师和指导教师两种。课堂教师主要按照教学计划对学生进行实践理论的讲授，而指导教师则根据学生的具体实践方式来对学生进行针对性的指导，通常来说指导教师需要具有一定的执业基础，这样才能应对和指导学生在实践中可能遇到的具体问题。

### （二）诊所学生

在法律诊所中学生是教学的中心。这样的角色转换突破了传统法学教育中学生被动接受知识的瓶颈。教师要注重学生的感受和面临的问题，强调、突出教学的实践性。每一个诊所学生都有发言的机会，学生和教师真正平等地进行交流。在学生的选择上，主要考虑高年级学生，因为他们已完成了主要实体法、程序法的学习，部分学生还选修了法律文书、律师实务等课程，他们基本具备了进行司法实践所需要的法学理论知识。选拔方法可以是每学期期末由学生提出书面申请，通过初步审查后进行面试。面试主要考核学生的专业基础知识、口语表达能力、应变能力与心理素质，通过交流还要了解学生的人格和社会责任心，经过综合考核后确定参与学生名单。

但是，我国高校法律诊所学生在进行实务时普遍面临着不同程度的身份困境，根据我国《律师法》及有关的法律规定，诊所学生在面对真实的当事人时，不能以律师身份来办理案件，而只能以公民代理身份代理当事人参加诉讼。

### （三）诊所当事人

诊所当事人是诊所学生的法律服务对象。法律诊所在课堂内使用真实的背景材料，在课堂外学生代理真实的案件并因此接触到了真正的当事人。诊所的当事人往往是特定的，即一般是付不起律师费用，需要法律援助的人。当遇到法律问题时，他们往往请求法律援助机构给予法律救济。当事人由法律援助中心介绍到法学院校的法律诊所或通过其他途径找到法律诊所寻求法律帮助。当事人对法律诊所以及学生代理案件，有一个从顾虑到信任的过程。学生通过代理的案件学会尊重当事人，理解当事人的困境，注意与当事人的沟通，从而学会从法律的角度去看待社会、面对社会的问题并思考解决问题的方法，激发学生学习法律知识的积极性。

## 二、法律诊所的客体

法律诊所的客体指的是法律诊所中所需要适用的案例。这是法律诊所运行中一个重要的环节，在选择诊所案件时要考虑下列因素。

### （一）诊所的类型

许多法律诊所只受理特定类型的案件，确定诊所的类型有利于发挥诊所教师的专业特长；有利于诊所学生间讨论共同的话题；有利于对外宣传和扩大影响；有利于积累同一领域法律问题的办案经验。诊所在确定类型时必须缜密思考，确保案源。在国内不同院校已形成了各具特色、有所侧重的专门性法律诊所。例如西北政法大学设立了刑事诊所、民事诊所、立法诊所、公益法诊所、社区诊所和劳动法诊所；清华大学设立了消费者权益保护诊所和劳动者权益保护诊所；中国政法大学设立了刑事诊所、青少年越轨诊所、知识产权诊所，苏州大学设立了劳动法诊所和行政法诊所；武汉大学设立了社区诊所和调解诊所；扬州大学设立了婚姻家庭诊所等。不同类型的法律诊所有着不同的功能，能够解决的法律问题以及对学生能力的培养都有不同之处。不同的法律诊所对案件的需求也有着不同，根据部门法来设置的法律诊所，需要在本学科之内选择相应的案件；根据特殊需求设置的法律诊所，需要根据诊所设置的目的来对案件进行选择。

### （二）学生的能力

选择案件应当考虑到学生的能力，不应该接受超出学生能力范畴的案件，同时要考虑教师的负担和责任。在美国，诊所案件的实际责任承担者是诊所的教师，在我国，虽然许多案件由学生与当事人签订代理合同，但教师仍负有重大的责任。考虑到学生的能力，接受力所能及的案件是对当事人负责任的体现。在实践中一般法律诊所不接受大案、要案、疑难案件、申诉案件、久拖不决的案件及较远地区的案件。这类案件的处理需要复杂的综合能力，而法律诊所的学生尚不足以应对。

### （三）当事人的要求

由于法律诊所接受的案件一般属于法律援助案件，法律援助的资源有限，选择案件时需考虑当事人的情况，优先选择特别贫困的当事人、急需帮助的当事人、明显处于弱势的当事人、权利明显受到侵犯的当事人。一般而言，老人、残疾人、儿童、妇女、下岗职工、流动人口、农民属于“弱势人群”的范畴。

### (四)案件的公益性

具有公益追求的法律诊所,在选择案件时应当考虑到案件背后更深层次的意义,如案件带来的社会影响,对现行制度的思考,对某一社会现象的关注和讨论,对某一项公民权利的倡导性作用等。这就决定了法律诊所案件性质的公益性。公益诉讼案件的出现,预示着我国的法律援助进入了一个新的阶段。作为以法律援助为主要手段,以培养学生社会责任感和职业道德为重要教学目标的诊所式法律教育模式,必将越来越重视公益类案件为学生乃至社会带来的积极影响。

# 第四节 法律诊所的指导原则和规范

为了规范法律诊所的开设,法律诊所应当具备专门的规章制度,这些规章制度以现行法律、法规、规章为前提,适应本诊所的需要,具有针对性、现实性与实现性。经全体诊所人员通过后,得以贯彻执行,成为维持诊所运作、保障诊所教学的依据。从管理对象的角度划分,规章制度的规范对象可分为三大类:一类对象是诊所工作人员,包括负责人、教师、行政人员等,一类对象是诊所的学生,还有一类是诊所案件的当事人。从诊所监督管理工作角度来分,诊所的规章制度包括:值班监督管理制度,办公用品使用与维护制度,档案资料监督管理制度,办案程序监督管理制度,职业道德与纪律监督管理制度等。从诊所办案阶段的角度,可以分为登记制度、收案审批制度、资料管理制度、办案过程记录制度等。

## 一、指导原则

法律诊所的指导目标是加强课堂学习与社会实践的联系,提高教学实践活动的质量,充分保障当事人利益。

### (一)当面指导原则

当面指导原则是指在法律诊所中,教师应当和学生进行面对面谈话、讨论、模拟等活动。通过当面指导使得教师能够更好地把握学生对案件处理的准确性,这种当面指导的方式适用于法律诊所开设的初期以及疑难案件的处理。

### (二)间接指导原则

通过提示、启发等方式,引导学生思考和研究,促使学生进行独立分析和判断,诊所教师不应直接告诉学生问题的解决方法或答案。间接指导主要是在法律诊所日常的运作过程中使用。

### (三)严肃认真原则

法律诊所在运行过程中涉及的既可能是虚拟的案例,也有可能涉及真实的案例,学生在法律诊所中对于案件的处理可能会直接影响到案件的最终处理,因此,在法律诊所运行过程中,需要以严肃认真的态度来对待每一次诊所内的行为。

### (四)遵循程序原则

法律诊所的运行需要遵循一定的程序与规则。这是由法律本身的规则性决定的,教师与学生在进行法律诊所的各项活动时都应当遵循固有的程序,保证法律诊所运行的流畅性。

## 二、诊所规范

### (一)学生规范

1. 有下列情形之一,应当寻求教师指导:是否接受委托;外出调查;代理当事人参与庭审和听证、谈判、调解、仲裁等活动;对主要办案环节和案件结果的总结与反馈。

2. 学生要求指导应当遵守下列程序:经过办案小组讨论;提交指导计划书;接受指导时办案小组全体成员参加;对指导进行反馈。

3. 指导计划书包括:案情简介、分析意见、需要指导的问题等。

### (二)教师规范

1. 教师指导学生应当遵守下列程序:及时答复学生的预约;必要的指导准备;收到预约后及时安排并完成指导;指导后在诊所指导表上签署意见。

2. 每周至少安排一次与指导学生会见。指导应有书面记录;对于指导中遇到的问题,可以在诊所备课会议上研究解决;对于普遍性问题,应提交诊所教学会议讨论研究解决。

3. 教师应当对是否受理案件提出意见和建议,并与承办学生讨论后决定;对是否同意外出调查做出决定;在参与谈判、听证和出庭前指导学生进行模拟等准备活动。

4. 教师应当尽可能旁听所指导案件的庭审。在庭审过程中,教师参加的作用主要体现在以下几个方面:一是教师参加时可以对整个过程进行适当的引导,对庭审中存在的问题进行有针对性的指导;二是教师可以通过参加庭审来了解学生对基础理论与庭审流程的学习程度,对课程的考核有着一定的参考性价值。

# 第八章　法律诊所分论

## 第一节　会见与咨询

### 一、会见

会见指法律诊所学生与当事人、证人以及其他与案件相关人员之间的会晤与谈话。会见是调查取证、查清案件事实的重要手段，贯穿于接待当事人到查明案件事实的整个过程。这里的会见仅指诊所人员对当事人的首次接触。通常情况下，会见与提供咨询是分不开的，在法律诊所学习中，会见当事人是指学生以律师或案件代理人的身份与当事人交流，倾听当事人的诉求并给予一定的咨询解答的法律专业活动。

#### （一）会见的意义

会见当事人是与当事人交流的基本途径，诊所学生在提供法律服务过程中，会见当事人，与当事人进行交流并给予适当的法律咨询，对于学生的诊所学习与实践意义重大。主要体现在以下方面。

1. 有利于全面、客观了解案情及当事人的法律诉求

案件信息可以从当事人提供的书面材料中获取，也可以通过与当事人谈话交流的方式获取。但如果仅凭当事人提供的书面材料，或者间接的案件介绍，诊所学生了解到的案情往往是不全面、不完整和不完全真实的，由于经验不足，从而导致对当事人提出的要求难以把握，无法准确处理。之所以产生这种现象，是因为书面材料是静态的，不够生动形象，而通过与当事人的交流可以获取直观的感性认识。另外，书面材料有限，当事人难以通过书面材料提供出案件所有方面的信息，而信息的全面性对于提供法律服务的代理人来说对胜诉有着重要的影响，诊所学生需要补充这些相关信息，才能全面客观地了解案件，判断事实与法律状况，为案件的处理提供信息的保障。

2. 有利于加强与当事人之间的沟通协作

在当事人来到诊所与学生交谈之前，诊所学生与当事人是互不相识的陌生人，彼此缺乏了解，更谈不上当事人对学生的信任。通过会见交谈和提问，不仅让学生认识了当事人和当事人的法律诉求，而且也让当事人对诊所和学生有初步的了解。可以缩短当事人与学生之间的距离，为案件的处理打下初步的良好人际关系。

3. 有利于诊所学生学习与人打交道的技巧

任何一件法律纠纷，当事人的个性都是鲜明独特的。而诊所学生如果想处理好案件，了解案件事实和熟练掌握法律必不可少，但更重要的是与当事人沟通交流和应对复杂人际关系的能力，这就要求法律诊所学生必须要有丰富的社会阅历、生活经验和较强的辨别能力，从而使自己能够准确、有效、安全地处理法律事务。

### （二）会见的原则

会见当事人，从表面上看，仅仅是与当事人的一场谈话，甚至表现为很随意的聊天，但会见的双方都清楚这是一场有目的的谈话。因此，要使会见取得实效，实现双方的初步目标，诊所学生在会见当事人时应遵循以下原则。

1. 尊重当事人原则

人与人之间交流最基本的原则便是尊重他人，诊所学生与当事人交流同样必须遵循这一原则。不论当事人职业与社会地位如何，不论当事人语言表达是否清晰，都应该表现出对其基本的尊重与热情。比如接待人应当着正装，且必须整洁。尽量不要让当事人等待，如果等待无法避免，应该向他说明原因，并说明需要等多长时间。同时，一些基本的社交礼仪是必须遵守的，如起身、握手、自我介绍（包括最基本的情况如姓名、学历和职位等）。

2. 以事实为依据，以法律为准绳原则

法律诊所为当事人提供法律服务是一项法律工作，因此，在与当事人的交流中，必须遵循“以事实为依据，以法律为准绳”的基本原则。这就要求诊所学生在判定事实时必须重证据，在没有证据证实的情况下不轻易下结论；不偏听、轻信当事人单方叙述的情况。在答询时必须严格按照现行法律进行解答，不能用法学领域中有争议的学术观点或未经权力机关认可的民间习俗来解答问题，更不能凭感情和义气来评价和判断问题。诊所学生也不能为了获取案源夸大事实，怂恿当事人诉讼。

3. 独立性原则

诊所学生是独立于当事人的主体，可以对案件发表独立的意见，不应为满足当事人利益而发表违背事实的意见。在实践中，往往有许多当事人为了争取利益，会要求诊所学生增加一些不合理的诉求。此时就必须仔细分析那些诉求是否有事实及法律依据，对那些既不合法又不合理的诉求，应该向当事人表明自己的意见和态度，如果当事人继续坚持则可以拒绝法律援助。另外，对当事人可能做的虚假陈述要理性地分析和判断，如果事实与证据可以确定当事人说谎，则不能按当事人的要求进行代理，也不能指使当事人为了赢得案件做虚假陈述或制造虚假证据。

### （三）会见的目的

对于当事人来说，不论是亲自来诊所访问，还是通过电话来询问，其目的都是希望诊所学生能为他们解决法律疑虑，维护他们的合法权益。而要达到这个目的，必须将自己面临的问题或正在发生的案件事实告诉法律工作者。如同病人到医院看病一样，病人首先要向医生陈述自己的不适或病情，医生只有在了解了基本病情后才能对症下药。对于诊所学生而言，其目的应当是双重的，一方面是为了获取法律实践的经验，另一方面是为了服务社会，实现法律的价值。这两个目的在法律诊所中都是必不可少的。

当事人有法律问题需要解决，诊所学生需要法律问题来学习，在这一点上，双方形成了一个结合点和共同的目标，即解决法律问题，实现当事人的诉求。因此，法律诊所学生与当事人会见的目的就是了解案情，收集足够的信息，为案件的进一步解决奠定基础。

### （四）会见的技巧

1. 会见前的准备

诊所学生在走进法律诊所接待当事人前，或接听当事人的电话之前，应做好心理准备和一定法律知识的储备，同时对当事人陈述内容基本要素的设计。

首先是心理准备。当学生走进诊所后，身份则发生了变化，在当事人面前，不再是单纯的学生，而是法律工作者或案件代理人，身份的改变会产生心理的变化。良好的心理素质，是取信于当事人的第一要素。

其次是法律知识的储备。良好的心理素质是建立在扎实的专业知识基础上的。学生加入法律诊所后，一是对已学过的法律知识做适当的回顾，特别是程序法知识，对于实体法，要掌握相关部门法的基本法律原理和制度。二是根据本诊所的性质和案件代理范围，有重点地准备该方面的法律知识。三是可以查阅一些典型案例，翻阅已结案件的卷宗档案和以往诊所同学的办案心得与总结，增强对案件处理的感性认识，发现并总结案件处理的规律和标准。

最后是对当事人陈述内容的要素设计。当事人的陈述通常有以下特点：一是时间长、枝节多；二是情感性强；三是目的鲜明；四是于己有利。以上特点决定了当事人的陈述并非都是有用信息，或完全客观真实。对此，初次会见当事人的学生一般需要从当事人的陈述中发现两个基本信息，即当事人的目的和案件的基本事实，围绕两个基本信息做进一步设计，才能在整个会见中占据主动，保持自身的独立性。

2. 会见中的注意事项

(1)注重仪表

以主要提供法律服务的执业律师为例，律师是被社会尊崇的职业，属于白领阶层。在与当事人接触时，得体的正装穿着会给人一种庄重的感觉，容易赢得当事人的信任。作为法律诊所的学生，虽然不是执业律师，接触的案件也并非都是大案要案，但会见当事人时端庄整洁的仪表，是对从事法律工作的人基本的要求，也是对当事人的尊重。

(2)合理沟通

会见过程中要与当事人建立相互信任的关系，特别是初次会见时要给当事人留下值得信赖的印象。必须要注意和当事人的交流和沟通方式，可以通过观察有经验的老师和律师的做法来学习。对当事人有起码的真诚和尊重，当事人才会感到法律服务者的诚意，便于建立和谐的服务关系。

(3)注意观察

在会见过程中，通过当事人对案件的陈述，可以获得对案情的了解。因此，在会见过程中要耐心地倾听当事人陈述，还可以用一些肢体语言表示对当事人的同情和理解，如眼神、手势等，不仅要注意自己的表情，也要时时观察对方的表情。有经验的法律服务者往往能从当事人的谈话中，抓住有关案情的要害和事实。当事人的面部表情、眼神、情感变化、语调语速语气、动作等肢体语言，可以显现愤怒、喜悦、自信、沮丧、逃避、无奈、伤心等。有时当事人的语言是否完全真实，从话语中很难判断，而从当事人的表情或动作却能看出来[①]。

(4)注重记录

诊所学生应当在当事人陈述后进一步对其提供的资料进行认真审阅，一方面加深对案情的了解，另一方面对当事人的陈述进行核实，初步判断已掌握哪些证据，还需要哪些证据。不论是倾听当事人陈述，还是阅读书面材料，都要勤于动手，做好必要的记录。

记录也是会见的一项重要工作。记录质量的好坏，与当事人的语言表达能力相关，也和记录人员的记录技巧相关，一个好的法律工作者，应该能够让当事人按自己设计的模式进行叙述，如首先要求当事人陈述案件的基本信息：当事人姓名，案件发生的时间、地点、过程，发生的原因与结果，当事人的基本要求等。将这些基本要素记

---

① 美国杰出律师 F. 李. 贝利在《舌战手册》一书中对律师用眼睛的功能表述得十分精彩，他说用眼睛观察别人，我们可以知道他是什么样的人，可以了解他内心世界，可以看出他真正的意图和想法。

录下来后，可以要求当事人按照时间顺序陈述案情，也可以要求当事人按照事件内容，一一介绍。

抓住要点，整理总结。一份笔录不可能将当事人的每一句话都完整地记录下来，对书面材料也无必要全面摘抄，笔录应该是对当事人叙述的事实及对阅读的书面材料，进行归纳总结，力求准确。但是在实践中，往往由于受当事人语言表达、记录速度、书面材料有用信息的多寡等因素的影响，学生的笔录可能会出现记录不准确、不完整的现象，也有可能出现当事人陈述与书面材料中均没有涉及但又必须弄清楚的问题，特别是没有书面材料验证的数据等重要信息。对此学生应以高度负责的态度，及时与当事人核对，或向当事人提问，或要求当事人复述，并准确地记录下来。最终做到对案情的全面把握。

## 二、接待咨询

接待咨询是通过法律援助机构，法律诊所的工作人员与希望获得法律援助的当事人之间通过沟通互动，以了解当事人的实际处境与诉求，为当事人解决法律问题的一种专业服务活动。接待来访咨询主要运用的工作方式是通过语言（书面或口头）的交流，并在法律专业人员的协助下，逐渐了解当事人的个人事实状况和法律困惑，审视分析相关问题的症结与障碍，为当事人提供法律上的帮助，解决当事人的具体问题。其实质是对当事人法律需求信息的接受、理解与反馈。接待咨询是会见之后双方的进一步接触。

### （一）口头咨询

口头咨询是法律诊所中常用的咨询方式，是当事人与诊所人员以听和说作为沟通的手段，直接的、及时的交流信息、沟通意见的方式，是一种直接、快速的沟通方式。口头沟通具有信息传递快、反馈快的特点，可以分为电话咨询和当面咨询两种。

1. 电话咨询

电话咨询是有法律援助需求的当事人通过拨打法律援助咨询电话，与接待人员在电话中交换信息并寻求帮助的咨询方式。电话是社会日常交流最普遍的方式，也是寻求法律诊所援助的当事人最常用的方式。与其他方式相比，电话咨询具有自身的优点，如对于咨询者而言，回避了面对面带来的各种顾虑和尴尬，咨询者相对而言比较放松，表达比较真实；同时，电话咨询成本较低，受到客观条件制约相对较少。但是由于其沟通时间有限，存在当事人提供信息真实性存疑、不充分等缺陷，而且一般情况下，不可能仅凭电话咨询确立最终的法律援助事务的代理。因此，电话咨询一般用于简单的法律问题解答，或是正式当面咨询的前期方式。

2. 当面咨询

当面咨询是当事人与法律诊所人员双方直接会面并通过语言沟通来反映、分析和解决问题的活动,又称面对面咨询。当面咨询可以比较全面地掌握情况,能够更深入地为当事人提供有效的帮助。这是法律诊所提供法律服务的最基本方式。当面咨询对于提供咨询的法律援助方来说需具备的综合素质较高,在咨询技巧上有较强的技术性。

### (二)书面咨询

1. 传统的书面咨询

传统的书面咨询也是法律工作者必备的一项技能,一般通过阅读和写作两种方式配合进行,也就是阅读当事人提供的书面材料和为当事人提供书面的咨询意见。书面咨询具有固定性和规范性的特点,一般用在比较正式的场合,对法律服务提供者的法律知识和写作能力要求较高。

2. 网络咨询

随着信息与网络技术的不断发展,通过网络以电子邮件、网聊等方式进行法律咨询已成为越来越常见的方式。这种咨询方式的优点是不受居住条件和距离的限制,而且对那些不善于口头表达和正式书面写作的当事人来说是一种较常见的方式。但是咨询效果会受当事人的表达能力、理解力和个性特点等影响。一般不能用于解决重要的法律问题的正式场合。

### (三)咨询程序

解答法律咨询的方式多种多样,不同的咨询方式应采取不同的策略。就整个工作程序来说,进行法律咨询一般可以概括为六个步骤。

1. 登记和记录

在解答法律咨询时,要对询问人的基本情况如姓名、性别、年龄、职业、工作单位、住址、电话号码等进行登记。登记的目的在于方便后期工作的开展。一方面可以对诊所的各类情况有一个整体性的了解,定期对法律咨询问题进行总结,保证诊所更为成熟的运作。另一方面可以对咨询人的情况进行跟踪了解,保证咨询的效果。

除了登记咨询人基本信息之外,还应当对咨询的问题做基本的记录。有时候当事人咨询的问题比较复杂,在记录的时候只需将案件的主要事实、主要问题和主要证据记录清楚。记录的主要目的是为了使案件的基本情况有一个较为全面的记载,另外,在适当的时候可以作为诊所的档案来使用。

2. 听取咨询者的陈述

这是解答法律咨询的前提和基础。在听的过程中要做到“听全”“听准”“听懂”。

要“听全”，就要有耐心，即便是杂乱无章的冗长叙述，也要耐心听完，否则，就容易从片面情况出发，得出不合实际的结论，出现错误。要“听准”，就要聚精会神，对问题的细节或关键情节不能含混和疏漏，必要时可做记录。要“听懂”，就要边听边分析，以便抓住问题的实质和争议的焦点，弄清咨询目的，归纳咨询要点，对当事人的解答才能有的放矢。

3. 观察和审阅

一是审阅来访者带来的证据、资料等有关的书面材料，以证实询问者的叙述有无根据。审阅材料应注意是否与“问题”有关。注意审查的技巧，要给自己查询、准确判断的余地，把握不准最好不要当场解答。

二是指观察来访者的精神状态，并注意他的不同情绪的反映和感情的变化。法律服务者切忌“先入为主”，看到当事人振振有词或悲伤落泪就断定他“确实有理”，对于情绪过于激动的，要善于稳定其情绪，使之恢复常态，要透过现象看本质，为有针对性提问创造条件。

4. 有针对性提问

提问的目的有两个：一是弄清楚事件的主要情节；二是使所咨询的问题涉及的“事实”更加清晰明确，进一步突出主题。当事人不懂法律，他们的述说会遗漏、忽略一些重要的法律事实，或者对自己有利的说得多，对自己不利的说得少或者干脆隐瞒不说，所以应当主动发问，让当事人来回答。提问的目的是为了尽快地把握住“问题”的中心环节，从而使解答更有针对性、更有准确性。

5. 综合分析

综合分析是咨询中最为关键的环节，是指在来访者的陈述之后，对所提的问题做一番分析与综合，从法律、法规和政策的角度找出问题的症结，抓住实质进行剖析。诊所学生进行法律咨询，在分析综合的基础上，还要对来访者的问题做出法律上的判断，如对问题本身的合理性、合法性，问题中涉及的权利义务关系，以及法律上是否给予保障等，做出正确的判断。

6. 解答

解答是咨询的最后阶段，也是最为关键的阶段。这是针对来访者提出的主要问题，在分析判断之后做出的回答。咨询解答的要求是：

(1)重点突出，深入浅出。这个要求主要强调要明确问题的重点，把当事人的问题重点进行详细的解答。同时注意表达方式，用通俗易懂的语言，把有关的法律、法规和政策、道理解释透彻。

(2)以事实为根据，以法律为准绳。来访者提出的问题涉及诉讼的，在基本情况没有弄清之前，也可以不做具体回答，只可以根据掌握的情况提出倾向性意见，以防所答与事实不符，给以后的工作带来不便。另外，提出的结论或解决问题的办法要以法律、法规为依据，具体可行。

以上六个环节并不是各自孤立存在的，这里安排的次序也不是一种咨询工作的固定程序。它们之间有着密不可分的联系，需要互相结合，互相穿插。

### （四）咨询原则

法律人在进行法律咨询时要恪守以事实为依据，以法律为准绳的原则。一定要在准确、全面和深入了解客观事实和分析适用法律知识的基础上，客观、公正地表达自己的法律意见和建议。在进行法律分析时，要准确适用法律，不能一味迎合咨询者的利益，甚至助长其错误的观点和主张。例如，对于一位私自拆看女儿信件而与女儿产生隔阂的咨询者，应该详细地询问咨询者的年龄、职业、文化水平及其女儿的年龄、学习情况和母（父）女平时相处的关系情况，根据法律的规定对其进行讲解："根据我国法律的相关规定，父母对于女儿有监护和教育的权利和义务。但父母在行使自己的权利时，应该注意方式和方法，不要造成对子女的身心伤害，不要侵犯子女的人身权利。"

在解答咨询时，由于存在对案件证据及事实情况了解的局限性，要提醒当事人讲实话，不要只表述对自己有利的事实和只提供对自己有利的证据。法律人在出具咨询意见时，要向当事人强调，咨询意见出具的基础是当事人介绍的事实情况及其提供的相关证据，如果上述事实和证据不准确，就可能影响到咨询意见的准确性。

例如：甲先生就其与某公司的买卖合同纠纷向法律诊所的乙同学进行咨询。甲先生自称："其与某公司长期以来一直保持业务联系。2012 年 10 月 11 日，甲先生向某公司送货，货物 500 件，价款为 7500 元。某公司收到货物后，向甲先生出具收条一张，收条上写明了货物的数量、价款等，并由某公司盖章。但某公司收到货物以后，拒不向甲先生支付货物款，经甲先生多次催要无果。"

乙同学经过分析认为，上述货物买卖行为事实清楚，证据充分，某公司应当向甲先生支付货款，并建议甲先生在继续催要无果的情况下提起民事诉讼。后甲先生依据乙同学的建议向法院提起诉讼。经法院审理查明，甲先生提供的货物是自己私自生产的产品，没有经过任何部门审批，也没有卫生食品许可证等必要的资质证件，属于假冒伪劣产品，遂驳回甲先生的诉讼请求。乙同学出具错误意见的原因就在于甲先生提供的事实不准确——货物本身存在瑕疵，在不掌握案件真实情况的前提下得出错误的结论。

### （五）咨询中的注意事项

1. 专业术语的大众化

在回答咨询的问题时，法律人要做到准确、客观、全面，在语言表达上，要主旨明确，有的放矢，语言简练流畅，口齿清晰，切忌故弄玄虚，故意玩弄法律术语。即使是较为复杂的法律问题，针对非专业的当事人，也应当以深入浅出的表达方式来使当事人了解问题的重点。

2. 解答问题的专业性

法律咨询是对法律服务人员业务能力的一种检验。法律咨询涉及面广，会遇到各种各样的复杂问题，比如婚姻家庭、劳动争议、消费纠纷、医疗纠纷、交通事故、人身权利、房屋纠纷等，每个法律人一般较熟悉自己的专业领域，不可能样样精通。在法律咨询过程中法律工作者应当对咨询者提出的问题进行全面评估之后才能做出解答，不能在没有对应的理论支撑之下进行没有把握的解答。

例如，某公司经理甲为公司的一起劳动纠纷向律师乙咨询。乙律师还没等对方开口，就先将自己过去的代理案件成功率有多高描述一遍，接着在匆匆浏览一遍案件材料后就大包大揽："这个案子我绝对帮您打赢，我们可以签委托合同了。"经理甲听完后二话没说，拱手而去。

经理甲转而向另一家律师事务所的丙律师咨询。丙律师在耐心听完甲经理的案情介绍、仔细阅读相关材料后说道："我现在还不能确定是否接受你的委托，因为我刚才只是听了你的初步案情介绍。你把全部材料的复印件给我一份，明天我将全面研究你的案情，在我对案情了解透彻后，再通知你来洽谈委托代理事宜；同时你也可以多咨询几家律师事务所，比较以后再做决定。"接着丙律师把精心准备的有关律师事务所和律师个人的详细资料，送给了经理甲一份。经理甲最终和丙律师签订了委托代理协议。

这个例子能够看出，在法律咨询这类专业性较强的工作中，咨询者更倾向于能够仔细思考、认真专业的法律工作者，由于法律专业的分工较为庞杂，任何法律工作者都有可能面临自己的专业盲区，在这种情况下需要谨慎作答，一方面可以保证咨询的质量，最大可能地满足咨询者的需求；另一方面也可以提高自身的综合能力，使得自己在后续的学习、工作过程中能够充实自我。

## 第二节　事实与证据调查

### 一、事实与证据调查的概念

事实与证据调查是指司法人员、执法人员及其他有关人员为查明案件事实和收集证据所进行的各种调查活动的总称。事实与证据调查的目的是查明案件事实。案件事实是已经发生的客观事实,不以任何人的意志为转移。事实与证据调查的主体主要是法官等司法人员和行政执法人员及其他法律工作者,包括法官、检察官、警察、律师、公证人员和仲裁人员等。当事人自身为了收集证据证明案件事实也可以成为事实调查的主体。在法律诊所中,诊所学生就成为事实与证据调查的主体。

调查人员应当通过已知的证据推断未知的案件事实。事实调查是一种专门的调查活动。不同于人们日常生活和工作中的一般调查,一般调查活动往往以查明事实为基本任务。但对于事实调查来说,查明事实只完成了调查任务的一部分,更重要的是证明案件事实,即用合法的证据来证明调查者已经查明的案件事实。在某些情况下,调查者查明案件事实的同时也就掌握了证明案件事实的证据,但有时调查者虽已了解案件事实却并未掌握证明案件事实的充分证据。因此,在事实调查的同时必须辅之以证据调查,调查才有着法律上的实质意义。

## 二、事实与证据调查的途径

查明事实与获得证据的途径有很多,概括起来有以下几种。

### (一)当事人提供

这是获得事实和证据的主要途径。在实践中,诊所的客户往往没有清晰的、明确的证据概念,这需要通过与客户交谈、阅读相关的案件材料,准确地向客户列出案件需要的证据清单,向客户讲解需要的证据是什么,从而指导客户根据案件的需求提供、搜集和整理证据。

### (二)主动搜集、调查

这是发挥律师作用的最重要的取证途径和方法,比如查验现场、会见证人、向证人取证、模拟实验和制作模拟实验笔录、向有关机关取证等。在美国,诊所学生在案件代理中具有准律师身份,而我国诊所学生在代理案件时只能进行公民代理,这导致诊所学生在调查取证时不具有律师的权限,有些案件中的很多证据凭借诊所学生自身的力量难以取得。这也是我国目前诊所法律教育存在的一个重大问题,有待有关部门从体制的层面进行改革完善。

### (三)进行鉴定和证据保全

在案件中遇到某些专门性问题时,如伤情鉴定、笔迹鉴定等,律师和法律诊所服务人员可以告诉当事人向司法鉴定机构申请鉴定,鉴定报告书即为我国诉讼法中法定证据种类中的鉴定意见。对于涉及一些可能灭失的证据,如证人证言,律师和法律诊所服务人员可以告诉当事人申请证据保全。

### （四）申请法院调查取证

根据《最高人民法院关于民事诉讼证据的若干规定》第17条的规定："符合下列条件之一的，当事人及其诉讼代理人可以申请人民法院调查收集证据：(1)申请调查收集的证据属于国家有关部门保存并需人民法院依职权调取的档案材料；(2)涉及国家秘密、商业秘密、个人隐私的材料；(3)当事人及其诉讼代理人确因客观原因不能自行收集的其他材料。"此外，第19条也规定："当事人及其诉讼代理人申请人民法院调查收集证据，不得迟于举证期限届满前七日。"在司法实践中，向法院申请调查取证应提交书面申请书，申请书应载明基本的证据线索和所要证明的事实，以供法院判断该证据与案件事实是否具有关联性。书面申请应该载明申请人申请人民法院调查收集证据的原因以及不能自行收集的原因，写明调查的事项、目的和要求。同时，当调查对象是自然人或单位时，应列明被调查人的基本情况，如姓名或单位名称、住所等，以便法院顺利开展调查工作。

## 三、事实与证据调查的指导原则

事实与证据调查活动是调查人员运用多方面知识、方法和技能，以正确的原则为指导，按照法定的程序进行的活动。在调查中，如果指导原则不正确，采用方法不当，或者违反法定程序，都可能导致对案件的错误认定和处理，甚至造成冤假错案，侵犯公民的人身、财产和民主权利，影响调查效果。实践中，因事实调查方法不当而导致对案件错误处理的不乏其例。事实调查需注意依据以下原则。

### （一）实事求是原则

在事实与证据调查中，要遵循这一原则需要做到以下几点。

1. 客观。在事实调查中，首先要做到的就是客观，客观的要求主要体现在调查中审查证据的客观性，不能靠假设和推理来认定证据。在调查过程中要抛开没有根据的主观推断，以客观的事实标准来对案情的整体与证据的体系进行核实。

2. 全面。事实与证据调查还必须坚持以唯物主义辩证法全面看问题的观点，切忌片面性和表面性。在事实调查中，由于法律工作者在多数情况下都要站在当事人的立场来考虑问题，在这种情形下，难免会受到当事人所提供事实与证据的影响，甚至受到当事人情绪的影响，从而导致考虑问题的片面性。同时，表面性是证据调查中容易犯的另一种错误。在事实与证据调查中，也存在着许许多多的假象或表象。如违法犯罪人员为逃避惩罚，往往要制造假象，编造谎言，甚至嫁祸于人，而没有违法犯罪的人也可能在某一方面与案件发生偶然的巧合。当事人、证人、被害人由于主客观诸因素的影响，其陈述或证言也会有不实或虚假之处。如果诊所学生不进行深入细致的调查研究，就会被假象或表象所迷惑。

（二）重证据、轻口供原则

该原则主要适用于刑事案件。证据的种类有很多种，每种证据的证明力都有所不同，在调查取证过程中，需要注意各类证据相互之间的印证。在调查取证过程中，会获得各种证据形式，而最常见且比较容易取得的是口供，最难取得但最客观，最有证明力的是物证、书证等，有些调查者会轻信口供，是事实调查中常见的错误。

例如，某公安机关在调查一起职务侵占案时，记录中见到这样一段口供。问：你拿了多少钱？答：我拿了5万元。问：你采取什么手段职务侵占的？答：收书本费不记账。两年多时间零零星星侵占的。问：你侵占的数字是怎么来的？答：是我估计的。问：你为什么不多不少估计了这么个数字？答：在原单位审查时，让我交代具体数字，我说不上来，没办法，就估计了这么多。问：数字确实吗？答：只会少，不会多。问：这个数字你还变不变？答：就是这么多，再也不变了。在没有任何其他证据的情况下，一审法院就凭这样的口供，认定被告人侵占书本费5万元。很明显，这样的口供的证明力是明显不足的。

口供即犯罪嫌疑人、被告人的供述和辩解。这种证据内容非常复杂，虚假的可能性也很大。由于犯罪嫌疑人、被告人在诉讼中处于被追究刑事责任的特殊诉讼地位，与案件的处理结果有直接的利害关系，其陈述的背景、动机也十分复杂，口供必然有真有假，或半真半假，或完全虚假。过分依赖口供会给事实调查和案件处理带来危害。一方面会把收集证据的工作引入歧途，使调查人员的注意力全部集中在当事人的口供上，而忽视口供以外的其他人证、物证的收集，错过收集其他证据的最佳时期。另一方面容易形成错案。实践证明，有罪者不认罪、作虚假供述以及无罪者承认有罪的现象都存在，如果以未经查证核实的口供作为定案的主要依据，就会导致错案发生。

（三）非法证据排除原则

我国刑事诉讼法、民事诉讼法和行政诉讼法以及其他办理案件程序的法律、法规，对于收集证据的方法及其程序都做了十分明确具体的规定。在证据获取过程中也需要遵循一定的规则，否则会对证据的效力产生一定的影响。在我国，非法证据主要包括以下几种。

1. 运用刑讯逼供的手段获取的口供等言词证据。刑讯逼供是指国家司法机关工作人员对犯罪嫌疑人、被告人使用肉刑或者变相肉刑，逼取口供的行为。刑讯逼供行为严重地侵犯了犯罪嫌疑人、被告人的人身权利和民主权利，使其在肉体或精神上感到痛苦而被迫做出的某种供述，通过这种方式获取证据可能会导致被审讯对象重伤、死亡和冤假错案的发生。

2. 以威胁的方法收集证据，是指调查人员以给调查对象或其亲友造成个人利益的损害相威胁，使调查对象因害怕而提供虚假的证据。

3. 以引诱的方法收集证据，是指调查人员以满足调查对象的某种个人利益为诱饵，诱使调查对象按照调查人员的意图提供证据。

4. 以欺骗的方法收集证据，是指调查人员以编造不能实现的情况或隐瞒真相，使调查对象信以为真，而按照调查人员的愿望提供证据。

5. 以其他非法的方法收集证据，是指以除刑讯逼供、威胁、引诱和欺骗方法以外的非法方法收集证据。形式上虽不同于刑讯逼供，但其目的都是为使调查对象按照调查人员的主观要求提供证据，都是违背调查对象的真实意愿，其结果不仅达不到弄清案件事实真相的目的，还容易导致证据失实。

非法证据排除原则对于法律工作者担任辩护人的角色时有着非常重要和特殊的作用，非法证据排除原则在实践中的运用可以通过以下案例来进行说明。

例如，被告人甲是一家医院的科室主任，任职期间曾收受本院职工和医药代表贿赂。检察机关指控的受贿数额为12万元(建议量刑10～12年)，甲在侦查阶段承认了自己的全部罪行，但是庭审中只承认收受5万元，并指出12万元的供述是在侦查机关威胁、引诱的情况下做出的。威胁、引诱的说法并无证据，但有证据证明侦查机关未能全程录音录像。此案可以采取以下辩护思路。

(1)侦查机关是否按照规定对讯问过程实行全程同步录音录像。

《人民检察院讯问职务犯罪嫌疑人实行全程同步录音录像的规定》第2条:“人民检察院讯问职务犯罪嫌疑人实行全程同步录音录像，是指人民检察院办理直接受理侦查的职务犯罪案件，讯问犯罪嫌疑人时，应当对每一次讯问的全过程实施不间断的录音录像。讯问录音录像是人民检察院在直接受理侦查职务犯罪案件工作中规范讯问行为、保证讯问活动合法性的重要手段。讯问录音录像应当保持完整，不得选择性录制，不得剪接、删改。讯问录音录像资料是检察机关讯问职务犯罪嫌疑人的工作资料，实行有条件调取查看或者法庭播放。”《人民检察院刑事诉讼规则》第201条也有同样的规定。中央政法委出台的关于切实防止冤假错案的指导意见，在要求法官、检察官、人民警察在职责范围内对办案质量要终身负责之外，还特别规定讯问嫌疑人应当全程同步录音或者录像，即把全程同步录音录像的范围由职务犯罪扩大到了所有的犯罪，这说明进行全程同步录音录像的重要性。

(2)讯问笔录的时间是否规范。

《关于办理死刑案件审查判断证据若干问题的规定》(按照规定,办理其他刑事案件,参照此执行)第18条:"对被告人供述和辩解应当着重审查以下内容:……(二)讯问笔录的制作、修改是否符合法律及有关规定,讯问笔录是否注明讯问的起止时间和讯问地点,……"。

(3)侦查机关的讯问过程是否合法。

《刑事诉讼法》第50条规定:"审判人员、检察人员、侦查人员必须依照法定程序,收集能够证实犯罪嫌疑人、被告人有罪或者无罪、犯罪情节轻重的各种证据。严禁刑讯逼供和以威胁、引诱、欺骗以及其他非法方法收集证据,不得强迫任何人证实自己有罪。必须保证一切与案件有关或者了解案情的公民,有客观地充分地提供证据的条件,除特殊情况外,可以吸收他们协助调查。"本案中被告人指出侦查机关在讯问过程中存在威胁、引诱、欺骗行为,具体方式是提审时先进行威胁、引诱、欺骗,然后再制作笔录和进行同步录音录像。从有关讯问过程的录音录像资料可以看出,确实存在侦查人员提示、诱供行为(具体情况略)。从提押单和讯问笔录进行比对可以看出被告人所谓先威胁、引诱、欺骗,然后再制作笔录和进行录音录像的说法符合事实。讯问笔录的内容和起止时间也能够反映出先威胁、引诱、欺骗,然后再制作笔录和进行录音录像的问题。显然,侦查机关的取证行为违反法律规定。

(4)被告人出现前后不一致的供述应当如何认定。

控方不能证明庭前供述的合法性,在庭前会议上辩护人已经提出被告人的庭前供述不具有合法性,法庭调查阶段也提供了相关线索及证据,但是直至法庭调查结束,公诉人也没有提供任何证据证明供述合法,所以被告人的庭前供述不能作为定案的根据。依据为《刑事诉讼法》第58条:"对于经过法庭审理,确认或者不能排除存在本法第54条规定的以非法方法收集证据情形的,对有关证据应当予以排除。"最高人民法院《关于办理刑事案件排除非法证据若干问题的规定》第11条规定:"对被告人审判前供述的合法性,公诉人不提供证据加以证明,或者已提供的证据不够确实、充分的,该供述不能作为定案的根据。"

(5)控方证据的情况(主要考察证据的收集程序是否合法,证据是否充足)。

控方证据的认定需要考虑两个方面的因素。

第一,证明力不够。关于受贿数额问题只有行贿人的证言和被告人的供述与辩解,没有其他证人证言,更没有书证(如取款记录、存款记录)等客观性证据。

第二,证据不足。开庭过程中公诉人申请休庭补充证据,说明公诉人已经认识到指控犯罪的证据不足,但是补充证据的结果却是只增加了一份跟甲以前的笔录内容相同的笔录。因此,完全可以说现在的证据跟第一次庭审时的证据没有区别。由此可以得出结论:控方自己都认为证据不足。

在确定以上两个方面的问题之后，可以充分地对本案进行合理、合法的辩护。

(四)证据查证属实原则

我国三大诉讼法中都规定了证据必须经查证属实才能作为定案的根据，这是法律对定案证据的要求。我国三大诉讼法没有明确规定证据达到什么程度可以认为查证属实，在司法实践中往往由法官自由裁量。2010 年，最高人民法院、最高人民检察院、公安部、国家安全部和司法部联合发布的《关于办理死刑案件审查判断证据若干问题的规定》第 5 条规定："每一个定案的证据均已经法定程序查证属实；可见查证属实的标准关键在于是否经法定程序，强调证据的收集、证据的审查判断要严格地依法定程序进行。"在实践中不能凭经验、凭感觉主观性地对证据加以取舍，而是要通过正当程序去调查收集运用证据，认定案件事实。

(五)遵守职业道德原则

忠于事实真相，既是法律对事实调查活动的要求，也是调查人员必须遵守的一项纪律和职业道德。但是在事实调查活动中，有少数的人员违反法定义务和纪律，违反职业道德，在事实调查中弄虚作假，隐瞒、伪造证据。中华全国律师协会颁布的《律师执业行为规范》对于律师各项执业行为都有明确规定。律师在代理不公开审理案件过程中都应当严格遵守相关法律、法规及行业规范，注重职业操守，自觉履行不公开相关审判信息的保密义务，不实施有悖禁止性法律规定的行为，依法依规履行代理职责。作为法律诊所师生，在代理有关案件时，也应当遵守相关法律职业道德原则，不得侵犯他人的权利。

## 四、调查取证的方法

调查取证的一般方法主要有：询问当事人和证人，调取书证、物证和视听资料，进行现场检查和技术检验等。

调查取证的新型方法是电子取证。随着技术的发展，以数字信息为媒介的证据成了调查取证的新内容，与传统的证据相比要求调查人员具备更高的能力和专业知识。

(一)电子取证的特点

电子证据与许多传统证据取证一样，需要借助专门的工具、方法提取，如指纹、鞋印等也必须借助显现、灌模等方法才能辨认、提取和分析。电子数据依附于电子设备或电子设备的介质中，仅靠肉眼难以辨认，必须借助专门的工具，人们才能解读其含义。但电子证据与传统证据的取证有着一定的区别。

1. 传统证据的取证一般是犯罪过程终止后进行，如凶杀、强奸、爆炸、纵火案件。电子物证的取证有时需要在犯罪正在实施的过程中进行，如黑客攻击等。

2. 电子物证变化较快，如正在运行系统的内存、寄存器中的数据，时刻都在发生变化，提取时较困难。传统证据存留时间较长(当然是现场不受到破坏的情况下)。

3. 电子物证在法庭上举证时容易受到质疑，所以，取证时必须采取一定的技术手段或方法保证证据源的真实、可靠。而且电子物证取证难度大，涉及计算机、通信、网络等多种技术。而传统证据则一般不会受到质疑。

### (二)电子取证的注意事项

1. 保证证据的原始性

(1)尽可能少的改变系统状态，在不对原证据进行任何改动或损坏的前提下获取证据。

(2)证明所取的证据和原有的数据是相同的。

(3)在不改变数据的前提下对其进行分析。

2. 保证取证的程序合法性、合理性

(1)取证的全过程必须有第三方见证人在场监督。

(2)取证使用的软件必须合法。

(3)取证的过程必须有详尽完整的记录。

(4)取证人员必须具有相应的资格。

### (三)电子取证的内容

1. 相关电子设备及其附属设备。

2. 可移动存储介质，包括磁盘、磁带、光盘等。

3. 网上的备份空间，远程存储以及软、硬件备份，特别是某些专用备份。

4. 对于应用程序等，查找初始安装盘。

5. 有助于分析证据的有关软件、硬件说明书等。

6. 有关计算机账号、密码和电话号码等信息。

7. 某些打印的文件。

8. 网上活动踪迹，如电子邮件、聊天记录、上网历史记录等。

### (四)电子取证的步骤

1. 现场勘查

现场勘查是取证的第一步，这项工作是后期工作的基础。现场勘查主要工作有：冻结目标计算机，避免发生任何的改变、数据破坏或病毒感染；绘制犯罪现场图、网络拓扑图;在移动或拆卸任何设备之前拍照存档等(图 8-1),这些工作都为今后模拟和犯罪现场还原提供直接依据。同时需要保证"证据的连续性",即在证据被正式提交给法庭时,必须能够说明在证据从最初的获取状态到在法庭上出现状态之间电子物证没有任何变化。这就要求整个检查、取证过程必须是受到监督的,也就是说最好所有调查取证工作,都应该有其他方委派的专家监督。除此之外,还应当积极要求证人、犯罪嫌疑人配合协作,从他们那里了解操作系统、用户名口令、存储数据的硬盘位置、文件目录等。

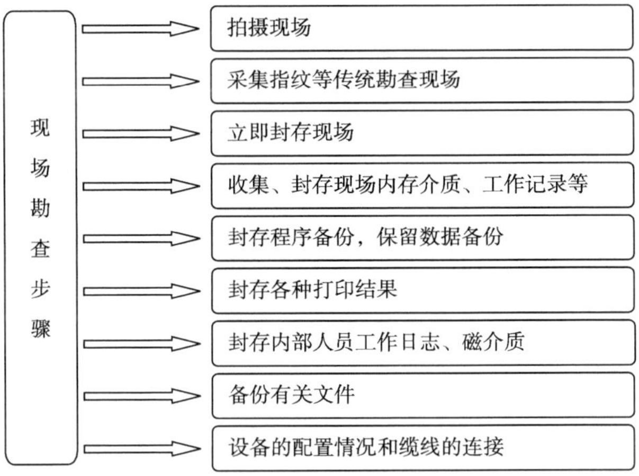


图 8-1　现场勘查的步骤

2. 询问主要当事人

现场勘察同时,取证人员应依据案情对主要当事人进行询问,以了解案件发生前后的情况。比如计算机运行状态,有什么异常现象,做过那些操作等。询问时注意不要泄露与案件有关的情况。

3. 电子物证的提取——提取硬件设备

(1)提取硬件设备

硬件设备包括:便携机、台式机、大型服务器、主机、路由器、电话、手持设备、防火墙、其他网络设备等。

存储介质包括:光盘、软盘、磁带、内存棒和 USB 存储设备等。

(2)收集硬件设备的原则

独立部件原则。在确保硬件包含大量与案件有关的电子证据情况下,为了避免遗漏任何证据,极端的做法是收集所有的硬件。但是在很多场合下这种方式并不可取,比如用于商业活动的系统因此停止运行会造成巨大的经济损失,又如像医院这样的机构,计算机是十分重要的,取走这些机构的计算机可能会危及生命。硬件数量多，体积大。比如大型的企业管理网络中，服务器及互连的各种设备多达上百台，全部收集不可能。因此，在进行硬件收集的过程中，要保证将包含与案件相关证据的硬件进行独立的提取，既保证证据采集的需要，也保证其他功能的继续使用。

关闭电源选择原则。如果怀疑随机存取存储器（RAM）中的数据是关键数据时，关闭电源会丢失 RAM 中的数据，应先把 RAM 中的数据转储到外接盘中，然后再关闭电源收集硬盘。如果设备中正在运行有破坏、修改数据的程序，应立即关闭电源。是否关闭电源，取决于对内存中是否包含有用的证据。

## 教学案例

有一起杀人案，被害人死于钢丝勒颈，被抛尸于沟渠中，尸体颈上缠绕的钢丝绳断掉一截。在对犯罪嫌疑人的房间搜查时，在卫生间下水道内发现了一截折断的钢丝绳。侦察人员由于找不到被搜查人的家属和邻居，就直接把这截钢丝绳带回来并进行了对比和成分鉴定，并未制作搜查笔录，最终确认就是尸体颈上的钢丝绳断掉的那一截。

请问：这截被搜获的钢丝绳能否作为物证在诉讼中采用，为什么？

案例：

某年 3 月 10 日上午 10 时 30 分，某市附近下水道内，发现一无名女尸。公安局闻讯后立即派人前往现场。经勘查，发现死者系 30 岁的女子。尸体上除颈部有一处勒痕外，未发现其他致命伤。经群众辨认，查明死者系县居民甲。

公安机关经过侦查发现，甲同乙有不正当两性关系。当侦察人员准备调查乙时，乙到外地去了。侦察人员迅速赶往邻县将乙拘回。预审中，乙很快就交代了自己杀人移尸的经过。乙说，他与甲早就开始通奸，甲一直纠缠着让其与妻子离婚后同其结婚，乙没有同意。乙一直纠缠不休，导致甲非常愤怒，早就产生了杀害乙的念头。3 月 5 日晚，甲又到乙处吵闹，并威胁乙要将其，乙气不过就勒住甲的脖子，再用被子捂了半小时，后将尸体装入麻袋，扛至城外公路的下水道内抛尸。根据乙的交代，侦察人员在乙住所的床下室内搜出了移尸用过的编织袋，袋内有 1 根与死者血型相同的长发，麻袋外沾的泥沙与下水道内的泥沙相同。

然而，尸检结果却显示：死者颈部组织无出血，无窒息死亡现象，胃内容物无毒物反应，结论为可能系一氧化碳中毒致死。为查明案情，侦察人员又进行了复勘和复验，结果均表明甲是一氧化碳意外中毒死亡。但是尸检结果却与口供出现矛盾，在做了大量的思想工作后，乙终于说了实话。原来，乙出差去外地，6 号才回到城里，一打开房门，发现甲躺在床上死了。乙由于与甲有染，害怕甲死在自己家里说不清楚，索性决定抛尸。因此，乙没有选择报警，而是等到天黑，乙将尸体装在编织袋里扔在下水道内。侦察人员根据乙的陈述，查实乙在甲死前后，确实是在外地出差，有监控视频为证，甲死亡确系一氧化碳中毒所致。遂决定撤销案件，释放了乙。

问：本案查明事实过程中采用了哪些证据调查方法？

## 第三节　模拟调解

### 一、调解概述

调解是一种重要的解决纠纷的机制，是指在第三方的主持下，当事人双方自愿妥协，合意解决纠纷的活动。我国目前主要有法院调解、人民调解、行政调解和仲裁调解四种。这四种调解又可分为诉讼内调解和诉讼外调解两类。法院调解属于诉讼内调解；人民调解、行政调解和仲裁调解属于诉讼外调解。它们共同构成我国的调解制度体系。调解的优势在于：一是能够最大化的节约司法资源，多数调解通过诉讼外的方式来解决争端，避免了司法资源的过度使用；另一方面能够较为理想地化解社会矛盾。通常来说，通过调解获得的协议能更好化解双方纠纷，也能更好得到执行，避免诉讼引发的社会矛盾的激化。因此，调解是我国司法领域中的一项重要工作，也是法律工作者需要掌握的一项重要能力。

由于调解主体的限制性，在法律诊所中，真正的调解很难做到。但是由于调解具有广泛的适用性，因此，法律诊所的学生应当掌握调解的基本技巧，在法律诊所的课程中应当开设模拟调解这类的课程。

### 二、模拟调解的准备及要求

在进行模拟调解时，要注意模拟调解所需要进行的准备工作以及相关的要求。

#### （一）调解角色的分工

在课前，教师组织学生进行角色分工，将模拟调解的背景资料发至相应参加人。在模拟调解开始前，引导学生注意做好调解前的准备。课堂上由两组学生分别根据不同案情先后进行模拟调解，每组调解时间由教师根据实际情况灵活掌握。认真阅卷，熟悉案情，分析双方当事人的争议焦点，从而搞清双方产生矛盾的症结所在，对症下药，以提高调解的成功率。利用与当事人及其代理人短暂的接触时间，尽量了解当事人家庭、工作等背景情况，甚至其本人的脾气、性格和喜好，充分了解双方当事人对案件的认识和意见，做到知己知彼。

### （二）制订合理的调解方案

在做好调解准备工作的基础上，作为审判人员，应该对案件的性质、双方争议的焦点、当事人间矛盾的症结所在了然于胸，针对不同的案件、不同的当事人，要制订出合理的调解方案。而且在调解过程中要正确分析和判断，因人制宜、因案制宜，采用适合的调解方法，达到满意的调解效果。比如，如果是离婚案件，通过阅卷和对当事人的了解，认为双方有良好的感情基础，本次诉讼仅是因为一些家庭琐事或误会引起的，双方感情并未真正破裂，还有和好的可能，就要立足于调解和好，围绕如何促使双方和好制订调解方案；如果仅是考虑如何就共同财产的分割、子女抚养等问题进行调解的话，就应针对该内容进行调解。

## 三、模拟调解的方法与技巧

模拟调解应当借鉴实践中的调解经验来进行。调解目的只有一个，那就是成功促成双方当事人调解解决纠纷，使双方达到“双赢”，甚至是使法院、涉及的单位和人员、原被告及双方代理人乃至整个社会达到“多赢”。根据实践经验总结，可以运用以下调解方法。

### （一）分别调解法

在调解过程中，由于民事案件当事人双方本身就已存在情感冲突，因此，有时在受到来自对方或其他方面不良信息的刺激后，就极易使冲突进一步升级或矛盾进一步恶化。此时就要想办法把双方当事人分开，使双方没有接触的机会，使他们接受不到来自对方或其他方面不良信息的刺激，从而能够理智地分析和面对问题。此时调解人则通过各个分别劝说的方法，使双方逐步缩小意见差距，在双方意见接近时，调解人要直接提出调解方案，促成调解成功。作为给一方当事人提供代理的法律诊所师生来说，也要积极和调解人等中间调解机构组织交流沟通，促使已方被代理人积极交流，达成调解与和解。这种方法在调解婚姻家庭案件、相邻关系案件、侵权赔偿案件、涉农案件时适用较多。

### （二）辨析调解法

在审理合同纠纷案件、工程款案件或者双方均为单位公司、委托代理人素质较高的案件时，双方当事人较注意判决的执行，即款项的尽快收回。作为法律诊所师生，在调解过程中要积极配合调解人，为当事人双方创造沟通的桥梁，应当针对案件事实和当事人纷争的焦点，将其行为纳入法律或政策的轨道进行法律适用的解说，对案件进行剖析，并提出具体适用的条款，以事实为根据，以法律为准绳，告知当事人调解有利于尽快实现诉讼的目的，利于现金流的畅通，让当事人明白为什么要调解及为什么要提出如此的调解方案，从而最终促成调解协议的达成。

例如，在一起工程款纠纷案中，通过审阅双方提供的证据材料及与原被告的沟通，法官发现双方一直有着良好的合作关系，且在诉讼前双方多次协商，仅是因为双方对增加工程量的鉴定结果各持己见，才未能最终达成协议。这就有了案件调解的基础，也增强了通过调解使双方达成协议从而圆满结案的信心。通过组织双方交换证据进一步了解了双方争议之所在，发现原告诉求的标的700万元存在“水分”，其真实的想法在300万元左右，而被告并不否认未付清工程款的事实，只是认为原告单方委托所做的鉴定报告与事实有差距，不能作为认定事实的依据，被告只愿意按照其工作人员的计算支付200万元左右的工程款。针对这种情况，法官通过多次与原告的代理人沟通，指出其提供的证据存在的缺陷以及其认识上的错误，又通过被告的代理人指出被告方认识上的错误和不足，使双方重新回到实事求是解决问题上来，通过组织双方现场勘验，指导其共同对账、核算，及时提出小矛盾的解决办法，使双方互谅互让，最终以被告一次性支付220万元，若未发生质量责任，保修期满后一次性支付30万元保证金达成调解协议。

法律诊所师生在为客户提供法律服务时，遇到可调解的纠纷时也应尽量根据法律、法规，在依法的情况下进行调解，化解矛盾。

（三）借助外力法

这里所说的外力，可以是当事人的亲属、其委托的代理人、其所在的单位或街道办事处、村委会，甚至是其委托说情的人或与本案原本无关的第三人。在司法实践中，当事人间的关系往往到了十分对立时才会到法院解决矛盾纠纷，因此，很多案件由法官做当事人的调解思想工作，当事人不一定会接受，往往有当事人会因为法官的热忱调解而怀疑法官在偏袒另一方。如果法官通过其信任的人去做思想工作，当事人可能就会接受。所以，法官在调解前一定要做好准备工作，摸清当事人的社会关系，以便选准借力点，充分利用外力，这样，在实际调解过程中才能做到事半功倍。

例如，在一起拍卖纠纷案中，法官发现本案涉及的拍卖标的是位于某县城的一家拥有固定资产、流动资产上千万、职工近150人的集体企业，双方当事人的真正争议焦点是成交的价格，且当时原告因自身拥有的企业发展过快、投资回报慢而导致资金紧张，而第三人又面临如果不能将该企业成功改制会带来种种麻烦，这时法官果断引入与本案无关的第三方，使其与原告达成合作协议，继而与被告和第三人达成调解协议，并监督双方顺利对该企业进行了交接，一次性付清了相关款项，成功完成了该企业的改制活动，也使一场可能发生的风波、一个潜在的社会不稳定因素化于无形。

## 第四节 法律谈判

### 一、法律谈判概述

现实生活中，每个主体都是自身利益的最大维护者，它和资源的稀缺性两者之间的矛盾始终难以调和，因此，生活中矛盾和争端时有发生。解决矛盾和争端的方式多种多样，谈判便是其中非常重要的一种方式。谈判与人们日常生活息息相关。而对于法律从业者，尤其是律师而言，法律职业就是谈判（弗拉斯科纳等，2005）。对于法律谈判，多数学者普遍认为它是替代性纠纷解决机制的一种。根据《法律谈判》一书作者的观点：法律谈判系指由律师代理当事人进行的谈判协商（拉里·特普利，2005）。谈判就是一个将法律培训、法律技能和人际交往的能力融合在一起并最终达到预期目的的一个过程（弗拉斯科纳等，2005）。现实生活中，不论是诉讼律师还是非诉律师都离不开谈判。谈判者的谈判能力越强，就越能为自身和客户赢得更大的利益。法律谈判在法律工作中的地位极为重要，在法律诊所设置时，必须将法律谈判作为一项必备的课程安排，培养学生基本的法律谈判的能力，掌握法律谈判的一般技巧。

### 二、法律谈判的主要类型

根据法律谈判内在的性质划分，目前通常使用的谈判类型主要有三种：竞争型谈判、合作型谈判和问题解决型谈判①。

#### （一）竞争型谈判

竞争型谈判又称为对抗型谈判，谈判双方的谈判内容为某种相对确定的利益或资源，因为利益或资源有限，一方获取多便意味着另一方得到的少或者损失的多。所以在这种谈判中，任何一方都不愿做出让步。绝大多数的法庭诉讼就属于此类型的

---

① 此分类为英国学者戴安娜·特赖布的观点，引自[英]戴安娜·特赖布：《法律谈判之道》，高如华译，法律出版社 2006 年版，第 5 页。根据戴安娜·特赖布的分析，其所提出的三种谈判类型并不相互排斥，谈判者经常在一个谈判过程中每一个独立的阶段只能选择其一，但是熟练的谈判者在解决某个争端的不同阶段可以使用所有这三种类型。

谈判。使用这种谈判方式，一般需要谈判者能够尽可能地利用自己所具有的相对优势，挤压对手的谈判空间，逼迫对手退让。

### （二）合作型谈判

合作型谈判是一种非对抗性的谈判，多数情况下，是以谈判者自身做出适当让步，以获取对手的信任，并促使其也做出一定的让步，双方最终达成妥协方案。其最终的目的在于双方之间合作协议的达成。在典型的合作型谈判中，谈判者会解释其让步或建议的理由并会试图调解双方的利益冲突。

### （三）问题解决型谈判

问题解决型谈判也是一种非对抗性的谈判，但其不是寻求分配有限资源并以让步为基础的模式，而是以扩大共同利益和拓展有限资源，使当事方问题解决的潜力最大化为目的。该种类型通常适用于双方存在着共同利益的情况下，双方的立场并不是针锋相对，存在着可以同时满足双方利益的解决方案的情形。例如民事法律行为中，一方因为缺乏资金而希望迟延付款，而另一方因为税收原因正好希望接受分期付款。这种谈判最终的目的是为了合理地解决问题，双方的目标是一致的，因此，这类谈判的争议性相对较小，相对来说，难度也较小。

## 三、法律谈判技巧

法律谈判是一种通过学习可以掌握，并通过实践不断成熟的专业技能。一般来说，法律谈判作为一种专业技能谈判，既具有一般谈判的普遍特点，也具有法律专业的自身特性。法律谈判的技巧可以从以下几个方面来把握。

### （一）理清法律关系

对于所代理的谈判，应该尽可能地收集所有相关的辅助性材料，如案件资料、相关法律法规、谈判对手的情况资料等。针对所掌握的资料，结合相关的法律规定，才能制订出比较合理可行的谈判策略，才能知道谈判何时开始、如何展开、如何陈述基本情况、如何沟通以及如何妥协。在资料翔实的基础上，谈判者应当首先理清谈判中的法律关系。

一是理清与谈判当事人之间的关系。谈判者与当事人之间是一种委托代理关系，处理好和当事人之间的关系是谈判按预定计划顺利发展的前提，同样能体现出谈判者的谈判能力，谈判者要充分了解当事人谈判的目的和对于委托事项抱有的心理预期。并不是所有的法律谈判都能按谈判者的预期发展，谈判过程中会发生许多意想不到的事情，在此情况下，谈判者需要分析谈判方案，及时与当事人沟通交流，调整谈判策略。

二是理清与谈判对手之间的关系。谈判是一种博弈，一般情况下，谈判各方所掌握的资料、面对的问题、所处的谈判地位是基本相同的，产生不同结果关键在于是否预知对手的谈判策略。对于法律谈判来说，除了了解谈判对手的谈判风格，还要尽可能把握对手可采用的每一种可能的法律谈判方式，每一个可能实现的法律解决方案。为了达到此目的，在法律谈判前，应多换位思考，从对手的角度分析自己的劣势，做出不同的应对策略。

三是把握法律谈判与时效、证据之间的关系。法律谈判对时效和证据方面有着重要的意义，这些都涉及更具体和专业的法律知识与实务经验。例如，谈判者要考虑法律谈判是否会对与案件有关的诉讼时效产生影响，法律谈判过程中各方是否要草签会议纪要、谅解备忘录等文件，上述文件中所涉及的内容对各方会有什么样的影响，尤其是若谈判破裂上述文件是否会成为对方诉讼的证据材料等。

### （二）保持客观冷静的态度

参与谈判者主要是为当事人提供法律方面的服务，而不是利益的直接享有者，所以，很多情况下谈判者可以客观地看待谈判中出现的问题。谈判者必须在谈判过程中时刻保持清醒的头脑和清晰的辨识力，谈判者代表当事人的利益，故应最大限度地维护当事人的利益，切不可因谈判过程中出现的一些情况而过于激动，进而影响自己的情绪和谈判，使得谈判达不到预期的效果。

### （三）掌控谈判主动权

谈判往往涉及双方当事人的利益，谈判代理人最重要的能力是在谈判中掌握谈判的进程，掌握谈判的主动权。掌握主动权之所以重要，一方面是能够更好地获得当事人的信任，为今后的合作开拓更为广泛的空间；另一方面是能够把握谈判的整个流程，能够更为轻松地获得预期的谈判效果。

### （四）运用综合手段解决问题

谈判是考验法律工作者综合能力的专业工作，谈判过程中对法律工作者的专业水平、综合知识甚至是生活经验等都提出了较高的要求。因此，在法律谈判中，谈判者主要运用法律专业知识，但不能将谈判过程仅仅局限在法律知识方面，因为很多情况下，法律意见和法律方案是建构在其他专业领域的基础之上的，谈判者在提出法律意见的时候应尽可能结合案件关联专业领域的情况和特性，这样才能提出切实可行的法律方案和意见。

任何法律谈判经验都需要在实践中总结和验证，才能取得良好的效果。

# 第五节 民事诉讼代理

## 一、民事诉讼代理的概念和特征

民事诉讼代理，是指由法律规定或者当事人委托的诉讼代理人，在授予的代理权限范围内，以当事人名义代为实施或接受诉讼行为，以维护当事人合法权益的制度。民事诉讼代理制度的设置，既可以使无诉讼行为能力人的权利得到保障，又可以使有诉讼行为能力人的能力得以加强，从而有利于诉讼程序的顺利进行，有利于当事人的利益得到充分保护。它是法律诊所学生所应当具备的重要知识与技能。

民事诉讼代理具有以下特征。

1. 诉讼代理人须具有诉讼行为能力。诉讼代理人的职责，就在于通过自身的诉讼行为维护被代理人的合法权益，因而其须具有诉讼行为能力。这是诉讼代理人履行其代理职责的前提。在诉讼过程中，如果代理人丧失诉讼行为能力，其代理资格也随之丧失。

2. 诉讼代理人须在代理权限范围内进行诉讼活动。诉讼代理权是代理行为的依据，诉讼代理人在实施代理行为时，须有诉讼代理权，并且不得超越代理权限，否则在不被追认的情况下，诉讼代理的法律后果无效。

3. 诉讼代理人须以被代理人名义进行诉讼活动。诉讼代理人不是案件当事人，与案件无直接利害关系，其参加诉讼实施或接受诉讼行为的根本目的在于维护被代理人的合法权益。

4. 诉讼代理的法律后果直接归属于被代理人。诉讼代理人的代理行为是在代理权限范围内，以被代理人的名义实施的，目的在于维护被代理人的权益。因此，在代理范围之内的有效代理行为产生的法律后果由被代理人承担。

5. 诉讼代理人在同一案件中只能代理一方当事人进行诉讼。在民事诉讼中，当事人双方的利益是彼此对立的，由一人同时代理双方进行诉讼存在利益冲突，很难保证被代理人的利益得到真正保护，诉讼代理制度也必然失去价值。

## 二、民事诉讼代理的主要工作

1. 代为书写并向法院递交各种法律文书，包括起诉状、答辩状、反诉状、上诉状、申诉状、代理词等。

2. 选择适当的诉讼管辖法院。如果是被告的诉讼代理人，认为原告选择的管辖法院对案件无管辖权时，可以向法院提出管辖权异议。

3. 调查、收集、保全证据并向法院提交证据。

4. 代为申请法院调取证据。如果因客观原因无法取得某项证据时，诉讼代理人应及时向法院提出申请，请求法院依职权调取该证据。

5. 代为申请财产保全或先予执行。财产保全可以在诉前提出，也可以在诉讼中提出，代理人应结合案件实际情况，适时提出财产保全申请，以保障将来裁判确定的权利得到实现。

6. 参加法庭审理，进行举证、质证。

7. 参加法庭主持的调解。如果代理人代为处分当事人的实体权利，必须要有当事人的特别授权。

8. 代为提出上诉。在法定的上诉期限内，针对一审裁判内容，提出上诉请求。按照最高人民法院的司法解释，被上诉人在二审期间提出上诉请求，法院一般不予审理。

9. 代为申请再审或代为申请检察院抗诉。2012 年《民事诉讼法》修改后，对再审事由进行了列举，代理人应仔细审查生效裁判的内容以及当事人的再审申请事由，判断是否具备申请再审的条件。

10. 执行阶段的工作。例如，申请执行人的代理人应在法定的期限内选择有管辖权的法院提出强制执行申请；被申请人的代理人可以对法院的不当或违法的执行行为提出异议。

11. 代理人进行的其他工作。例如，代理申请执行人查寻被执行人的财产状况；代理案外人就执行标的提出执行异议等。

## 三、民事诉讼代理的主要阶段

### (一)准备阶段

1. 阅卷阶段

诊所学生接受委托后所了解的案情，往往只是己方当事人陈述及所提交的证据材料。案件材料可能存在着一定的局限性。因此，在接受委托后，学生应当尽快全面了解案情。要想全面迅速了解案情，到受案法院查阅卷宗是一种非常有效的方法。在阅卷中，应当用全方位的法律意识进行阅卷，从中发现对己方有利和不利的证据材料。阅卷过程不仅是全面了解案情的过程，同时也是法律判断的过程。在阅卷的同时，代理人应有全方位的法律意识，并用此法律意识对有关材料的法律价值做出判断。

在阅卷方面，有两种倾向应当避免：一是无论材料有无价值，全面的抄录；二是只看卷宗,不进行必要的摘抄、复制[①]。前种方法说明代理人判断不够敏锐,后种方法说明代理人态度不够认真。许多当事人不了解法律规定和诉讼的要求,往往将大量没有法律价值的材料递交给法院。比如在一起工程合同纠纷中,双方当事人已就工程款达成了三次协议,在工程款数额上没有争议,只是在付款时间上有争议,而卷宗中却附加了很多诸如工程预算书、决算书、图纸、变更通知单等没有诉讼价值的材料。当然现在许多法院允许代理人复印卷宗材料,即便如此,也存在对材料的法律价值的判断问题,需要对阅卷内容进行合理筛选。

2. 调查阶段

在民事诉讼中,很多案件当事人各方发生争执,焦点就在案件事实本身。此类案件调查取证工作做得如何就成为案件代理成败的关键。

第一,确定合理、科学的调查方向。认真分析现有材料,从中发现争议焦点,据此确定调查方向[②]。

第二,了解被调查对象的基本情况,确立相应的调查预案。在我国司法并无强制证人作证的权力,调查取证能否完成,从某种程度上讲,主动权不掌握在代理人手中,而是掌握在证人手中。从事调查取证的代理人必须认真了解被调查对象的情况,包括姓名、性别、住所、性格、修养、爱好等,在此基础上确立相应的调查预案和谈话策略。

第三,证据保全。根据《最高人民法院关于民事诉讼证据的若干规定》规定,当事人及其代理人可以申请人民法院在诉前或诉中保全证据。需要注意的是从起诉、受理到开庭,需要经过一段时间,在这段时间内,有些证据可能出现重大变化,到开庭时再收集,将无法收集,这将会给当事人举证查明案件事实造成无法弥补的损失。为防止出现这种情况,需要事先对证据进行固定和保存。

3. 拟订初步代理意见,设计庭审方案

在对案件事实有基本了解后,就要对法律适用进行分析论证,并确定论辩角度。确定论辩角度是指确定某个案件的论辩切入点,比如是从事实方面进行论辩,还是从法律适用方面进行论辩,抑或从程序方面进行论辩。不同类型的案件或者同一类型的不同案件,案件情况不同,论辩的角度应有所区别,还要确定论辩的主要观点、论辩策略、撰写论辩材料等。

---

① 在一些经济纠纷中,当事人之间可能有多年的经济往来,此种情况下,就有很多当事人提交于法庭的往来账目,而这些往来账目很难在法院阅卷很短时间内理清头绪,摘抄复印显得十分必要。

② 一般在法庭调查后法庭辩论前,法官都会整理本案的争议焦点,征求当事人意见,如果在开庭前就能很好把握案件争议焦点,无疑能取得主动优势。

### （二）庭审阶段

庭审阶段是民事诉讼代理中最为关键的环节，也是诊所学生学习内容的重点所在。任何代理人都不会忽视庭审阶段，在庭审阶段应注意以下问题。

1. 适应司法环境

庭审阶段是一个考察代理人综合能力的阶段，在这个阶段，代理人必须熟悉类案审判实践，感知审判人员审判思路。比如有些审判人员可能善于听取代理人的意见，而有些审判人员则不愿听取代理人的详尽分析。代理人必须学会适应，迅速调整策略，本着对委托人的利益负责，也应学会非原则性的妥协(所谓非原则性妥协就是指在某些非主体性问题上做适当的让步来获取主体问题的解决)。但是在庭审过程中也需要坚持基本的原则，保证当事人的根本利益。

2. 重视法庭调查阶段

法庭调查阶段的任务就是通过举证、质证、发问、回答等调查使案件事实得到澄清或使论辩各方对事实和证据的分歧明朗化，为法庭采纳正确意见打下基础。关于证据认定的很多工作是在法庭调查阶段完成的，所以，必须高度重视法庭调查阶段，做好举证、质证、询问与反询问工作。

第一，掌握好发问和回答的步骤与方法。根据不同需要对不同人的发问采用不同的策略。有时可单刀直入，有时可迂回曲折，有时可步步紧逼，有时可声东击西。无论何种策略，目的都是获取自己所需的证据。

第二，不能轻易认可对方的证据。代理人在法庭上不能轻易认可对方的证据，通过合理的质证来找出对方证据中存在的不足之处，同时将要否定的事实概括成简洁的话语，具体表述对证据的哪一点进行否定，形成自己的观点在法庭上进行表述。

第三，在反询问中注意保护己方证人。通俗地说，反询问就是鸡蛋里挑骨头，证人在回答问题时，即便是如实陈述的，有时也经不起对方专业人士挑剔性的提问，在对方询问己方证人时，要注意保护己方证人，不要让己方证人受到人身攻击，在对方缠问己方证人时要申请法官制止。

第四，要认真倾听对方发言，敏锐捕捉对方发言中的破绽，并予以辩驳。

### （三）总结阶段

民事诉讼代理人在这个阶段除了整理和提交代理词外，还有整理补充证据，向委托人汇报案件审理情况，对是否和解提出意见，整理卷宗等工作。在这个过程中特别要注意以下几点。

1. 整理和提交代理词等书面材料

在不进行当庭判决的案件中，法庭休庭后，论辩各方应把庭上辩论的内容书面化。在有些二审案件中，审判人员只对各方当事人简单询问，这样论辩各方的观点可能因受询问方式的限制而无法进行充分的表达，在询问后，各方应将意见以书面化的形式补充和完善。包括代理词、补充证据目录及说明，对复杂案件也可制作一份对对方证据有异议的书面材料。整理代理词时，应当立足于法庭调查和法庭辩论的过程，将自己的若干意见整理成完整的材料。在书面意见中特别要注意增加或完善对对方所举证据的质疑和对对方意见的辩驳。对方所举的一些证据以及对方的一些观点，很可能是在庭审时才出现或发表的，尽管自己在法庭上已经表达了对证据的质证意见，但仍要用书面语言来进行完善。

2. 整理和补充证据

庭后补充证据有两种情况，一种是在休庭前法庭要求或者代理人自己要求补充的证据；另一种是休庭后，代理人根据情况认为需要补充的证据。按照《最高人民法院关于民事诉讼证据的若干规定》关于举证期限及后果的规定，当事人如果没有在举证期限内提交证据，将视为放弃举证权利，而且对于当事人逾期提交的证据，人民法院也不再组织质证，而不经过质证的证据是不能作为案件认定的事实根据的。这就要求代理人在休庭后迅速对证据进行必要的整理，对是否需要提交新的证据做出判断，但是否接受和质证，需经法院决定。

另外，对于证据目录的编写，有些代理人没有从法官的角度考虑，而仅仅是将证据进行罗列，这样不利于法官阅览和思考。应将证据按照与代理观点相对应的思路进行分类[①]，并注明每一类证据种类的名称，说明每一类证据要证明的问题。如果证据数量不是很多，也要将每一个证据证明的问题写在证据目录上。

3. 其他应注意的问题

第一，庭审结束后，要认真核实庭审笔录[②]，特别是关键话语，如对方质证的地方记录有无错误和遗漏，己方的意见有没有记录，表达是否清楚，如果有问题，及时要求法庭纠正。

第二，及时移交法律文书，妥当履行告知义务。在收到裁判文书后，要移交给当事人，让当事人签收，告知上诉期限以及法律义务等。

第三，科学归档。如同法院、律所，法律诊所学生在案件办理终结后也要做好案卷整理归档工作，一方面是为了日后查找，更重要的是这些案卷都属于档案材料，需

---

① 大致可采用这样的方式，例如有三组证据，每组证据又分别有两份证据，就可依这样“证据一1、证据一2，证据二1、证据二2，证据三1……”的形式编排。

② 较之于合议庭笔录，庭审笔录有很大不同，笔录中不少内容，实际并非当事人及代理人的原话，而是书记员或法官根据当事人及代理人原话的整理。庭审笔录也是法官裁判的一项重要材料。

要保管一定的期限。

## 教学案例

1. 案件案情叙述

甲(男,27岁)与乙(女,24岁)系夫妻,2007年结婚至今无子女。自2013年起,乙所在的单位破产,乙一直未找到合适的工作,每月仅有少量的低保收入。日久,甲对乙心生厌倦,多次提出离婚未果,并经常殴打乙。乙为维护自己的权益,也多次找到甲的单位和社区工作人员协调夫妻之间的关系,但未见成效。甲认为由于乙经常找到单位和社区,导致自己的名声受损,因此对乙更加厌烦,更加肆无忌惮的对乙拳脚相加。

2015年10月1日,乙找到当地的法律援助中心要求法律援助中心指派一名代理人为其离婚进行代理。法律援助中心联系当地某高校法律诊所为此案当事人提供代理。诊所工作人员根据调查得知夫妻二人的财产如下:(1)位于某处住房一套;(2)房内各自的家具若干;(3)房内的家电若干;(4)银行存款50000元;(5)甲与乙结婚前共同出资购买的一辆小轿车。

2. 收案思路

(1)根据当事人乙对基本情况的叙述,综合情况(如自身安排、案件状况、受理是否会危及自身安全等)决定是否代理该案件。

(2)对案件的性质进行分析,确定应当适用的法律。

(3)查阅相关法律法规及诉讼程序,确定案件管辖法院。

(4)与当事人签订授权委托书,确定委托权限(同时声明收费标准与案件败诉风险)。

(5)证据搜集与整理(涉及财产部分需要考虑是否需要进行财产保全)。

(6)向法院提起诉讼并提交法律文书等诉讼的相关材料。

(7)出庭为当事人代理诉讼(在当事人意愿下决定是否接受调解程序的启动〈以特别授权代理为前提〉)。

(8)通知当事人法院的判决结果,征求当事人的意见,确定是否上诉。

3. 诉讼准备

(1)对被代理人以及案件的相关情况进行深入了解,确认案情的真实度。

(2)案件性质的理论分析,同时进行相关法律法规的收集、整理。

(3)根据相关法律规范确定案件受理法院。

(4)相关证据的收集与整理,注意证据的真实性与证明力的问题。

(5)保证人身安全的情况下同被告进行接触、了解相关情况并在可能情况下搜集合法证据。

(6)在综合案件整体情况的基础上撰写起诉书,提交至相关法院提起诉讼。(必要情况下为防止男方转移财产可申请诉前财产保全)

(7)在被告提交答辩状后(注意审查被告提交答辩的时间是否符合法律规定),以律师身份查阅,了解对方掌握的资料。

(8)进入诉讼程序阶段。

4. 诉前证据及相关材料的搜集

(1)法律类

《中华人民共和国反家庭暴力法》《中华人民共和国婚姻法》《民法通则》等相关部门法律规范的搜集与整理。

(2)财产类

①银行存款以及银行投资的相关证明(向银行申请查阅):证明存款及投资数额及根据时间确定其是否是婚内共同财产的性质。

②车及相关动产的相关购买凭证:其购买时间与付款方式证明其是否是婚内共同财产的性质。

③房屋产权证:证明不动产归属、证明是否是婚内共同财产的性质。

(3)痕迹类

①要求被代理人对所受身体伤害到权威医疗机构进行鉴定并取得鉴定书:证明伤害存在及程度。

②被代理人相关医疗单据的搜集:证明伤害存在及程度。

③被代理人受伤部位的照片搜集:证明伤害存在及程度。

(4)证人证言类

邻居、同事、朋友对其夫妻感情不和的证言:证明夫妻感情破裂。

(5)其他类

被代理人的财产状况,说明其弱势地位(利于离婚财产的分割)。

5. 起诉书要点

(1)提出明确的离婚请求,并阐述离婚理由,同时辅之以相应的证据来支持离婚的请求。

(2)对被代理人所受精神、肉体伤害予以强调,提供相应证明,论证夫妻感情确实破裂的事实。

(3)阐释相关的法律规定,强调国家相关法律对已婚妇女权益的保护规定,突出被代理人的弱势地位。

(4)被代理人财产现状与窘困生活的强调,力争合理的财产分割。

(5)强调男方存在的家暴事实与过错、被代理人的无辜与弱势,力争财产分割上的优势。

# 第六节 刑事诉讼辩护与代理

## 一、刑事诉讼辩护

我国的刑事辩护制度由《宪法》和《刑事诉讼法》予以规定，作为司法制度的一项重要内容，作为刑事诉讼制度的重要组成部分，强调犯罪嫌疑人、被告人在未经法律规定的程序判决有罪之前，被推定为无罪，而享有辩护权及其他诉讼权利，可以委托律师或其他辩护人参与刑事诉讼程序，通过充分行使辩护权，与追诉机关进行平等对抗，以维护其合法权益。

### （一）刑事辩护概述

刑事辩护是指犯罪嫌疑人、被告人及其辩护人针对控诉一方的指控而进行的论证犯罪嫌疑人、被告人无罪、罪轻、减轻或免除刑事处罚的反驳或辩解，以保护其合法权益的诉讼行为。

辩护人是接受犯罪嫌疑人、被告人的委托或人民法院的指定，帮助犯罪嫌疑人、被告人行使辩护权，以维护其合法权益的人。辩护权是犯罪嫌疑人、被告人的一项基本权利。实际上，辩护权并不仅仅是犯罪嫌疑人、被告人的权利，而是每个公民的基本权利。因为从理论上来说，每个人都可能受到刑事指控，因此每个人都需要享有辩护权。

### （二）刑事辩护实际操作技巧

刑事案件形形色色，错综复杂，新的犯罪现象也在不断出现。作为法律诊所成员，独立或辅助担任刑事案件辩护人，必须具备良好的素质以应对各种问题。作为出色的辩护人，除了能言善辩，还应具备良好的专业素养、广博的知识、过硬的文字功底等内在素养。除此之外，还应该能够恪守职业道德和执业纪律，具有较强的责任感。上述各种素养都需要日积月累，而针对具体的刑事案件，则需要在各阶段做好充分的准备工作，并注意辩护技巧与方法的运用。

1. 开庭审理前的准备技巧

开庭前的准备，是辩护人实施出庭辩护方案的必要阶段。审理前的充分准备，不仅要掌握案件事实，还要考虑庭审过程中每个阶段应该做什么，怎么做更有效。因此，准备工作是刑事辩护的基础和前提。

（1）查清案件事实，拟定辩护方案

辩护的基础和出发点是辩者对案情心中有数。依照“以事实为根据”的原则，在准备工作中，要做到掌握案件事实，案件事实清楚。

第一，研究起诉书，明确被指控的事实，掌握与被指控事实有关的专业知识。

起诉书是人民检察院代表国家认定被告人的犯罪事实和追究被告人刑事责任，向人民法院对被告人提出诉讼的法律文书。起诉书所列的指控事实，是认定被告人是否犯罪的根据。针对不同的起诉书，应制定不同的辩护方案，无论是哪一类型的起诉，辩护前必须弄清起诉书认定的每一个事实是否成立，证明事实的证据的真实性、可靠性程度如何，是否有疑点、矛盾。

第二，全面分析案情。

分析案情有几种方式。一是通过查阅案卷材料来进行分析。查阅案卷材料是辩护人做好辩护工作的基础，其目的在于找出指控事实的根据和证据。辩护人在研究起诉书后，会对案情有详细的了解，也会发现很多自己需要但不清楚的问题，需要在阅卷中落实。阅卷中应做到明确案件辩护的关键焦点，发现、分析矛盾，找出有利于辩护的证据，明确需要进一步询问被告人的事实，逐一分析正反两方面的证据，重点摘录，列表分析。二是通过会见被告人来挖掘案情。会见被告人是全面了解案情，核对每一个指控事实及有关证据，掌握被告人合法要求的重要环节。

第三，调查收集相关证据，掌握其他诉讼参与人的基本情况。

辩护方案拟订过程中，对于需要由辩护人向法庭提交的有利于被告人的证据，要进一步调查落实。确实的反证证据，往往会对案件起着重要作用。有时还需要申请法庭传唤证人到庭作证。同时了解其他诉讼参与人的基本情况，才能在开庭审理时充分行使辩护权，恰当地运用辩护技巧，维护被告人的权利。

(2)拟好申请和发问提纲

辩护律师有权参加法庭审理，享有发问、辩论、发表意见和申请通知新证人到庭，调取新的物证，申请重新鉴定或勘验等权利，但各种申请及在法庭上的发问提纲必须在开庭前完成。

第一，准备好在法庭上提出的申请。

在案件审理过程中，辩护人可以提出申请的内容主要有：回避申请；请审判人员宣读卷内证据材料的申请；收集调取新的证据材料的申请；申请法庭通知证人到庭作证；提出重新鉴定或勘验申请；申请对被告人、证人、鉴定人、被害人发问；案件延期审理的申请等。不同的申请分别在开庭审理的不同阶段提出，庭前应准备好。

第二，针对不同诉讼参加人分别制定发问提纲。

庭审发问是辩护人在开庭审理中，当庭对被告人、证人、鉴定人等提出的需要当场回答的问题。辩护人发问是为了协助法庭查清案件事实，充实辩论依据。发问的内容一方面在于揭示被告人无罪、罪轻或者减轻、免除其刑事责任的事实和情节；另一方面，辩护人要通过新的发问，揭露不实证据，从而认定或否定某些事实。

(3)撰写辩护词

辩护词有狭义和广义之分。狭义的辩护词是指辩护人在刑事审判庭上为被告人作无罪、罪轻或减轻、免除其刑事责任辩护时,针对指控所发表的演讲词。广义的辩护词既包括辩护人制作的书面辩护词,也包括开庭审理中法庭辩论阶段辩护人的口头辩论和答辩发言(胡中安,1997)。一份强有力的辩护词,必须立论正确,论据充分实际,论证恰当。撰写辩护词主要应从以下几方面把握。

第一,辩护词要逻辑结构严密、立论准确、抓主要矛盾、主次分明、条理清楚。辩护人履行职责,参与诉讼,逻辑严谨的语言有利于抑制对方的错误,有利于匡正庭审视听,正当地影响法官审判思维。比如,在犯罪构成的四要件基础上,对每个案件的特殊之处要进行详细的分析,对案件中超出这四方面的地方要进一步分析,力求理论说明透彻。

第二,辩护词的论点必须逻辑严密经得住推敲,不能模棱两可;引用的法律条款要正确,对司法解释的引用要恰当。注意案件事实、证据与法律条款相互印证,为论点的成立提供充足的依据。另外需要注意的是文字必须简洁精炼,措辞恰当,情感与案情的基调相适应。

第三,辩护内容应当具有应变性。法庭辩论通常是先由控方宣读公诉词,再由辩护人宣读辩护词,称为第一轮辩护。由于宣读辩护词在公诉词后,辩护人还可以针对公诉词的论点调整修改辩护词。然后控辩双方针对案件争议进一步发表看法,进行辩论,这是第二、三轮辩论。法庭辩论发言不是对指控做全面辩驳,而是在发表辩护词后,就对方的不同意见具有针对性地辩驳,进一步说明辩护人的观点,由于发言时间紧迫,没有时间让辩护人做更多的思考,因此,开庭前做好辩论、答辩发言准备是提高辩论质量的关键。

2. 开庭审理中的刑事辩护技巧

(1)争取主动权

争取主动权是刑事辩护成功的重要因素。辩护方对于公诉方可能提出的问题避而不谈,而对自己一方有利的问题,先在论辩中全面论证,以达到先入为主,争取在庭审中占据主动。实践中,运用此方法必须在庭审前做好充分准备,且在庭审调查阶段对己方有利的事实、证据逐一认定,然后根据事实和证据,针对对方不正确的观点主动出击进行反驳,以期掌握辩论主动权。

除此之外,己方可先将对方提出的论题或观点假设为真,然后从这个假设为真的命题推导出一个或一系列荒谬的结论,从而得出原论题为假的辩论方法。此法是一种辩论性、反驳性很强的法庭辩论方法,因而推导出的必然性结论容易被接受,从而获得较好的辩论效果。这是一种后发制人的战术。先发制人可以产生优势,后发制人则可以变被动为主动。由于后发,己方可以知道对方的基本观点,发现其矛盾和弱点，然后以自己掌握的材料有针对性地进行反驳，有时可以导致对方措手不及。“当庭举证，当庭质证”的庭审方式，无疑为这些方法的运用提供了空间。

(2)充分运用专业知识

现实中刑事案件经常出现检察院以某罪名起诉被告人，被告人由于缺乏专业知识无法为自己辩护争取权利，出于种种考虑承认控方提出的任何指控及罪名。有时这些罪名与指控并非完全成立，作为被告委托的辩护人，必须以绝对专业的法律知识，一方面把握控方所提交的经过质证的所有证据，如果证明力不够，一定要据理力争，为被告人维护合法权利。另一方面要为被告在定罪量刑方面存在的无罪或者罪轻的情节进行合理地表达与辩论。

例如，某人民法院办理了这样一起刑事案件，检察院起诉一名在工地进行操作装载机的工人，在一天晚上工地下班后结束施工停放装载机的过程中，将铲斗不小心放到了地上一块土工布上，而土工布下面刚好睡了一名工地的看门人，事后经过与工友交谈得知当时看门人睡在土工布下面，并立刻报警回去查看，发现看门人已经死亡。检察院以过失致人死亡罪向法院提出公诉，虽然在庭审过程中被告人对检察院的所有指控都表示接受及认罪，但受委托进行辩护的法律诊所人员还是有着自己的观点，因为根据被告人的陈述，他在工地干了十几年装载机驾驶，从没发生过这种事情，另外当时是晚上 10 点多，工地已经没有灯光，只有装载机自身微弱的灯光，他看到地上有一块土工布，一般人是不可能钻在土工布里睡觉的，所以他也没有多想，就把铲车放在了土工布上。另外看门人自身有很大过错，工地施工结束后看门人应该把工地进行围挡关闭，不允许他人进出，更不能钻进土工布睡觉，根据施工方的要求，看门人必须值班，不得睡觉。而检方也并未举出有关装载机应如何操作的规程，法律诊所人员从这样一系列事实可以推断，被告人虽有一定过错，但他的注意义务并不能要求他放置装载车时在那样的夜晚还要揭开土工布来查看里面是否有人，一般人也无法预见土工布下面会有人，而过失致人死亡罪主观方面需要被告人应当预见可能产生的危害结果而由于疏忽大意未能预见或者已经预见而由于轻信可以避免，此案的关键在于被告人是否应当预见可能的危害结果，从以上事实及证据可得出被告人不能构成过失致人死亡罪。法官在庭审时也认同了辩护方的部分观点，虽然被告人全部自认犯罪，并未匆忙做出判决，而是以证据不足发回检察院补充证据。

## 二、刑事诉讼代理

刑事诉讼代理是指代理人接受公诉案件的被害人及其法定代理人或者近亲属，自诉案件的自诉人及其法定代理人以及附带民事诉讼的当事人及其法定代理人的委托，以被代理人的名义参加到刑事诉讼中来，在授权范围内进行诉讼活动，其代理行为的法律后果由被代理人承担的一项法律制度。刑事代理分为法定代理和委托代理两类。

### (一)刑事诉讼代理的特点

1. 被代理人范围的特定性。根据《刑事诉讼法》第44条的规定,有权委托诉讼代理人的仅限于公诉案件的被害人及其法定代理人或者近亲属,自诉案件的自诉人及其法定代理人,附带民事诉讼的当事人及其法定代理人。

2. 诉讼代理人只能以被代理人的名义参加诉讼活动。

3. 诉讼代理人只能在代理权限范围内从事代理活动。

4. 诉讼代理人进行代理活动所产生的法律后果由被代理人承担。

### (二)诉讼代理人的范围

委托诉讼代理人与委托辩护人的范围相同。根据《刑事诉讼法》第32、45条的规定,诉讼代理人的具体范围如下。

1. 律师。

2. 人民团体或被害人、自诉人、附带民事诉讼当事人所在单位推荐的人。

3. 被害人、自诉人、附带民事诉讼当事人的监护人、亲友。

### (三)委托诉讼代理人的时间

根据《刑事诉讼法》第44条规定,公诉案件的被害人及其法定代理人或者近亲属,附带民事诉讼的当事人及其法定代理人,自案件移送审查起诉之日起,有权委托诉讼代理人。自诉案件的自诉人及其法定代理人,附带民事诉讼的当事人及其法定代理人,有权随时委托诉讼代理人。

人民检察院自收到移送审查起诉的案件材料之日起三日以内,应当告知被害人及其法定代理人或者其近亲属、附带民事诉讼的当事人及其法定代理人有权委托诉讼代理人。人民法院自受理自诉案件之日起三日以内,应当告知自诉人及其法定代理人、附带民事诉讼的当事人及其法定代理人有权委托诉讼代理人。

### (四)刑事诉讼代理人的权利与义务

代理人的诉讼权利与辩护人基本相同,制度的设计都是为了维护当事人的合法权益。

1. 代理律师可以查阅、摘抄、复制与本案有关的材料,了解案情。其他诉讼代理人经人民法院准许也可以查阅、摘抄、复制本案有关材料,了解案情。

2. 需要收集、调取与本案有关的材料的,代理律师向证人或者其他有关单位和个人收集、调取与本案有关的材料，因证人、有关单位和个人不同意，申请人民法院收集、调取，人民法院认为有必要的，应当同意。代理律师直接申请人民法院收集、调取证据，人民法院认为代理律师不宜或者不能向证人或者其他有关单位和个人收集、调取，并确有必要的，应当同意。人民法院根据代理律师的申请收集、调取证据时，申请人可以在场。

代理人在享有一定诉讼权利的同时，也需为诉讼的顺利进行承担以下义务。

1. 按时出庭。

2. 积极收集证据，在法庭上积极举证。

### （五）刑事代理中应当注意的问题

在刑事代理中，因受害人与被告人之间尖锐对立，代理人的代理活动也有着一定风险。对此，应当采取正当的自我防范措施，通过以下手段合理规避风险。

1. 参与代理诉讼，要明确自己的职责和地位。在介入各个阶段前，绝对不能越权或越位。为了防范"妨害证据"的危险，可以采取"律师互证"（即接受委托后应由两人共同工作，这样可以增加调查、询问的可信度，同时又保护自己不受诬陷）等方法进行自我保护。

2. 尊重事实，忠于法律。善于发现案件真相，不能以主观想象猜测为依据，更不能歪曲事实，坚持调查研究，严格遵循法律规定。根据不同案情，改进并完善办案方法。这样既维护了当事人的合法利益，又坚持了社会正义，降低了自身代理的职业风险。

3. 严守职业道德和执业纪律。在代理刑事案件的过程中，代理当事人实施主张权利的方式，不能违反有关法律、法规。不能用不正确的方式帮助当事人行使权利。如果因此致使委托人的利益不能实现，甚至造成损失，代理人就违反了基本的职业道德，后果严重的还可能承担法律责任。

## 教学案例

案件情况

甲，男，1960 年 5 月 1 日出生。

甲怀疑其妻子生活作风有问题，经常打骂妻子，有时还在妻子外出时对其进行跟踪，甚至限制其妻子的行动。但均查无实据。甲在长期对妻子跟踪后认为其妻子与当地居民乙有不正常男女关系，与居民丙关系暧昧。2011 年 12 月 21 日 02 时，甲携带预先准备好的菜刀、包装编织袋、绳索等物，潜入居民乙家中，将处于熟睡中的乙用菜刀砍死。其后，甲又潜入居民丙家，挥刀欲砍丙时，丙惊醒并反抗，慌乱中，甲用刀砍伤了丙的妻子丁、儿子戊后逃跑。

甲于 2011 年 12 月 22 日向公安机关投案，在投案途中被公安机关抓获。

2012 年 4 月 1 日，检察机关以故意杀人罪向人民法院提起公诉。

询问证人笔录

询问时间：2011 年 12 月 21 日 07 时

询问地点：某镇派出所

询问人：D

记录人：E

被询问人：F

……

问：你怎么知道乙是被甲杀死的？

答：我看见的。

问：你把当时的情况描述一下。

答：昨天晚上我下班特别晚才回家，在路过乙家门口时，我见他们家没有关门，我就走进去了，结果看到了甲用一把匕首向乙捅去，乙当时就没命了（此处注意，如何判断乙当时就没命了，而且证人对凶器的描述与事实不符）。我看到甲特别凶的样子，怕他砍我，我就跑了，不敢吱声。

询问证人笔录

询问时间：2011 年 12 月 21 日 07 时（与上一份询问笔录竟然是同时间，同一个人进行的，违反证据询问个别进行的规则）

询问地点：某镇派出所

询问人：A

记录人：B

被询问人：丙

……

问：你怎么知道是甲砍伤的？（存在诱供的嫌疑）

答：因为我看到了。

问：把你妻子砍成怎样了？

答：砍成重伤了，已经不省人事，正在医院抢救。

问：还有谁受伤了？

答：我儿子也受伤了。

问：伤情如何？

答：轻伤。（轻伤的判断需要经过专业的鉴定机构来进行鉴定才能最终确认）

讯问笔录

讯问时间:2011 年 12 月 26 日 03 时

讯问地点:某镇派出所

讯问人:A

记录人:B

被讯问人:甲

……

问:你有没有砍人?

答:我没有砍,是他们应该死,这是报应。

问:你说说乙是怎么被砍死的?

答:因为他欺负我老婆,所以我想教训他。结果那天我去他家时,用刀吓他。不是我砍伤的,他本身就有病,是病死的。

……

问:你是怎么在丙家砍人的?

答:我没有砍人,是丙在砍人,那天我本来是去教训丙,因为他和我老婆关系不正常。结果没有教训成,反被他打了。而且我砍他老婆和孩子都是在我与丙抢刀的过程中,丙伤着的,不是我伤的。

某县公安局尸体解剖报告

解剖时间:2011 年 12 月 21 日

解剖地点:县医院

解剖所见:死者乙的尸表未见明显伤痕和异常,仅在腹部看到有一长 15 厘米的伤口,很深,缺乏具体数据。根据医院病历记载,伤及死者肝脏。(这只是尸检,没有解剖)

鉴定结论:死者乙系被人用单刃锐器砍伤致死。

法医:×××(签名)

2012 年 3 月 31 日(前后时间不对应)

某县人民医院诊断证明(需要确认该医院是否有鉴定资格)

患者丁因被人砍伤,于 2011 年 12 月 21 日送入我院抢救治疗,于 2012 年 2 月 1 日经抢救无效死亡。

特此证明。

医师:×××(签名)

2012 年 3 月 31 日

某县人民医院诊断证明

犯罪嫌疑人甲被公安机关带到我院门诊，经值班医师(是否能确诊精神病)检查，认为甲精神正常，没有精神病。

特此证明。

医师：×××(签名)

2012 年 3 月 31 日

某县公安局验伤报告

验伤时间：2012 年 2 月 19 日

病历摘要：2011 年 12 月 21 日，患者左侧胳膊被砍断，砍下部分找不到，缝合伤口。

验伤所见：被鉴定人戊左侧胳膊被砍断，残端可见明显的缝合痕。

鉴定结论：被鉴定人戊损伤程度为轻伤。

法医：×××(签名)

2012 年 2 月 27 日

某省公安厅验伤报告

验伤时间：2012 年 4 月 29 日

病历摘要：2011 年 12 月 21 日，患者左侧胳膊被砍断，砍下部分找不到，缝合伤口。

验伤所见：被鉴定人戊左侧胳膊被砍断，残端可见明显的缝合痕。

鉴定结论：被鉴定人戊损伤程度为重伤。

法医：×××(签名)

2012 年 5 月 10 日

某县公安局尸体解剖报告

解剖时间：2012 年 2 月 1 日

解剖地点：县医院

解剖所见：死者丁的右手及右前臂可见多处缝合伤痕，腹部有一长 20 厘米的手术切口疤痕(不一定是砍伤的伤口，可能是生孩子的伤口等)。根据医院病历记载，伤及死者脾脏。

鉴定结论：死者丁系被人用单刃锐器砍伤致死。(结论与事实没有必然联系)

法医：×××(签名)

2012 年 3 月 31 日(注意提交鉴定的时间与鉴定结论的时间，间隔太久)

某省公安厅物证鉴定书

检验日期:2011 年 12 月 24 日

……

检查所见:送检的物品为一单刃长形的砍器,重 2 千克,刃锐利。刀上可以检见较多血迹,经 DNA 检验,可以确认该刀上所留血迹与送检的 A、B、C 样本的遗传学特征相符。

(A 样本系丁所留,B 样本系乙所留,C 样本系戊所留)

检验人:×××(法医师)

复核人:×××(法医师)

某省公安厅物证鉴定书(作为辩方要认可此份证据的效力以及上一份证据的效力)

检验日期:2011 年 12 月 24 日

……

检查所见:送检的物品为一单刃长形的砍器,带刃部分为铁质,刀柄为木质,重 2 千克,刃锐利。刀上可以检见较多血迹。木质刀柄上发现 3 枚指纹,其中两枚模糊,无法辨认具体指纹特征,一枚指纹较清晰,经比对,与送检的 A 的指纹一致。

(A 样本系丙所留)

检验人:×××(工程师)

复核人:×××(工程师)

被告人的代理律师收集的证据

询问证人笔录

询问时间:2012 年 4 月 10 日中午 12 时

询问地点:某县某镇

询问人:H

记录人:I

被询问人:J,K,L(还是违反了单独询问证人的原则,所以证据不合法,无效)

……

问:你们觉得甲这人正常吗?

答:不正常。

问:你们知道他有什么毛病吗?

答:不是特别清楚。

询问证人笔录(和上一份证据的问题相似)

询问时间:2012 年 4 月 10 日中午 12 时

询问地点:某县××村甲家中

询问人:H

记录人:I

被询问人:G(甲的妻子)

……

问:你觉得甲这人正常吗?

答:不正常。他有病,平时老怀疑我有外遇,其实没有。

问:你带他去看过病没有?

问:去过,在县医院。

问:医师怎么诊断?

答:说是神经症具体的我也不太懂。

某县人民医院病历

2010 年 06 月 12 日

主诉:患者诉情绪不稳定,烦躁,易怒,总想打人。

现病史:家族中无精神病史,近期睡眠不好,多梦,烦躁,总有要想打人的冲动,有时候能够控制,有时候不能控制。

检查:躯体检查未见异常,精神检查亦未发现异常。

印象:神经症。

本案教学目的

1. 使学生了解刑事案件的办案方式以及辩护思路的形成方法;

2. 使学生把握刑事辩护的证据采集方式以及认证方法;

3. 让学生学会在法庭上对证据进行质证。

本案教学过程

1. 教师导入

(1)刑事案件的案件内容以及需要掌握的其他相关情况;

(2)刑事案件证据质证要求;

(3)律师在刑事案件中的基本办案思路;

(4)律师在刑事案件中辩护思路形成的方法。

2. 学生主导

(1)将学生分两组(控方、辩方)对本案的证据进行审查、讨论(注意抓住证据中存在问题的关键点进行)。

(2)两组同学分别派代表1名进行控辩体验。同时分别指定两名观察员(观察员的作用在于对学生在控辩体验中的表现进行总结,进行分析,发现问题,提升学生整体的控辩能力)。

3. 老师总结

学生控辩体验选题

(1)被告人是否应当进行精神病鉴定(确定鉴定机构以及鉴定的效力);

(2)列举相关的证据进行质证,从中体验质证的方式和方法;

(3)被告人是否构成故意杀人罪;

(4)被告行为是否可以认定为自首。

# 第七节　行政诉讼代理

## 一、行政诉讼代理概述

### (一)行政诉讼代理的概念

行政诉讼代理是指接受行政诉讼当事人或其法定代理人的委托,担任诉讼代理人参与行政诉讼活动,维护当事人合法权益的一项法律活动。党的十八届四中全会以依法治国为主题,全面论述了依法治国的方略,其中依法行政是重要路径,通过行政诉讼保障行政相对人合法权利的作用将得到进一步发挥。行政诉讼代理也是法律诊所必须掌握的重要技能。

### (二)行政诉讼中代理的种类

1. 根据审限不同分为:一审代理、二审代理。
2. 根据委托人身份不同分为:原告代理、被告代理、第三人代理。
3. 根据代理方式不同分为:法定代理、指定代理、委托代理。

## 二、行政诉讼代理的工作程序

行政诉讼代理与民事诉讼代理程序大致相同,但是有一些特别注意事项。

### (一)收案

收案是行政诉讼的第一步。收案时首先需要接见当事人,了解案件,决定是否接受委托。在这个阶段,应注意了解是否有具体行政行为的存在、是否超过法定诉讼期限、是否已经穷尽其他救济手段等，即注意了解该案件是否具有诉讼价值。其次是接受委托，签订委托协议。注意在委托协议中写明委托权限。在行政诉讼委托代理协议中，双方应将各自的权利义务约定清楚、明确，特别应明确受托方的代理权限，以免发生纠纷。代理权限一般在参加庭审，陈述事实，参加辩论，代为提出承认、放弃、变更诉讼请求，提起上诉等范围内，由双方协商确定。

收案之后主要工作有：制订工作安排时间表；制订问题提问函；制订应诉方案；进行诉前法律分析及风险提示。在此前提下，确认收案之后，需要对以下两项内容予以注意。

1. 具体行政行为是否符合法律条件。收案时需要对行政诉讼标的进行判断，也就是确认行政诉讼标的是否确定。行政诉讼必须"有具体的诉讼请求"是指：(1)请求判决撤销或者变更行政行为；(2)请求判决行政机关履行法定职责或者给付义务；(3)请求判决确认行政行为违法；(4)请求判决确认行政行为无效；(5)请求判决行政机关予以赔偿或者补偿；(6)请求解决行政协议争议；(7)请求一并审查规章以下规范性文件；(8)请求一并解决相关民事争议；(9)其他诉讼请求。

2. 行政复议与行政诉讼的关系处理。《行政诉讼法》规定，对属于人民法院受案范围的行政案件，公民、法人或者其他组织可以先向行政机关申请复议，对复议决定不服的，再向人民法院提起诉讼；也可以直接向人民法院提起诉讼。法律、法规规定应当先向行政机关申请复议，对复议决定不服再向人民法院提起诉讼的，依照法律、法规的规定。诊所学生在收案时需要注意的是行政复议前置的情形。行政复议前置(也叫复议前置制度)是指行政相对人对法律、法规规定的特定具体行政行为不服，在寻求法律救济途径时，应当先选择向行政复议机关申请行政复议，而不能直接向人民法院提起行政诉讼；如果经过行政复议之后行政相对人对复议决定仍有不同意见的，才可以向人民法院提起行政诉讼。根据相关的法律规范，目前我国法律规定的行政复议前置有以下几种。(1)公民、法人或其他组织认为行政机关的具体行政行为侵犯其已经依法取得的土地、矿藏、水流、森林、山岭、草原、荒地、滩涂、海域等自然资源的所有权或者使用权的，应当先申请行政复议；对行政复议决定不服的，可以依法向人民法院提起行政诉讼。(2)纳税人、扣缴义务人、纳税担保人同税务机关在纳税上发生争议时，必须先依照税务机关的纳税决定缴纳或者解缴税款及滞纳金或者提供相应的担保，然后可以依法申请行政复议。(3)被审计单位对审计决定不服的，应当在收到审计决定之日起15日内先向上一级审计机关申请复议，不能直接向人民法院起诉，这就是审计行政复议前置的规定。诊所学生应当确定案件的种类，是否需要复议前置，最终决定是否收案。

### (二)案情分析

案情分析是行政诉讼过程中的基础性工作，案情分析是否到位直接决定着案件的代理能否顺利进行，案情分析主要涉及以下几项工作。

1. 根据所掌握材料找出法律争议点(决定案件胜败的关键点)。这里的理论支撑必须权威且已被理论界所认可。

2. 围绕法律争议点找出理论依据、事实依据。

3. 全面搜集相关法律规定。法律规定的内容必须全面，既包括法律，也应当包括司法机关在办案时适用的各种法律文件。

### (三)起诉和应诉

起诉与应诉是行政诉讼代理的重要环节，在这个环节中，诊所学生应当进行合理分工，对案件起诉与应诉环节需要注意的问题进行梳理。

1. 时效。根据《行政诉讼法》的规定，公民、法人或者其他组织不服复议决定的，可以在收到复议决定书之日起十五日内向人民法院提起诉讼。复议机关逾期不作决定的，申请人可以在复议期满之日起十五日内向人民法院提起诉讼。法律另有规定的除外。公民、法人或者其他组织直接向人民法院提起诉讼的，应当自知道或者应当知道作出行政行为之日起六个月内提出。法律另有规定的除外。因不动产提起诉讼的案件自行政行为作出之日起超过二十年，其他案件自行政行为作出之日起超过五年提起诉讼的，人民法院不予受理。公民、法人或者其他组织申请行政机关履行保护其人身权、财产权等合法权益的法定职责，行政机关在接到申请之日起两个月内不履行的，公民、法人或者其他组织可以向人民法院提起诉讼。法律、法规对行政机关履行职责的期限另有规定的，从其规定。公民、法人或者其他组织在紧急情况下请求行政机关履行保护其人身权、财产权等合法权益的法定职责，行政机关不履行的，提起诉讼不受前款规定期限的限制。公民、法人或者其他组织因不可抗力或者其他不属于其自身的原因耽误起诉期限的，被耽误的时间不计算在起诉期限内。公民、法人或者其他组织因前款规定以外的其他特殊情况耽误起诉期限的，在障碍消除后十日内，可以申请延长期限，是否准许由人民法院决定。诊所学生在收案之后要严格按照诉讼时效来安排诉讼的进程。

2. 主体。收案之后，诊所学生应当核查起诉主体的身份是否符合法律的规定。

3. 管辖。包括地域管辖和级别管辖。诊所学生在收案之后应当核实起诉或者应诉法院是否符合行政诉讼管辖的相关规定。

### (四)庭前准备

庭前准备工作的核心内容是分析诉讼成因，把握争议焦点。在出庭准备阶段，代理人应当做好以下几个方面工作：全面阅卷，深入研究案件；熟悉法律，研究司法先例；告知当事人庭审程序，交代开庭注意事项；准备代理词和出庭证据；预测庭审问题以及庭审前的其他准备工作。

1. 取证问题。举证责任在被告，只需对行政行为合法性举证，同时提供作出该行政行为的证据和所依据的规范性文件。在诉讼过程中，被告及其诉讼代理人不得自行向原告、第三人和证人收集证据。原告也有证明的义务，例如在起诉被告不履行法定职责的案件中，除法律规定的特别情况外，原告应当提供其向被告提出申请的证据，同时，原告可以提供证明行政行为违法的证据。

2. 质证的安排。质证是行政诉讼的必经程序，是人民法院审查、核实当事人所举证据的主要方法。质证主要是指在庭审中，当事人相互就对方提供的证据的客观性、相关性和合法性进行充分对应、辩驳，以便法庭对所有证据进行审核和认定。质证应当围绕行政行为的合法性进行，质证的主要内容有：第一，行政主体的合法性；第二，证据的合法性；第三，适用法律的准确性；第四，程序的合法性；第五，行政行为是否合理。诊所学生应当根据这几个部分的内容进行质证。

### （五）出席法庭

出席法庭是行政诉讼代理中的一个关键环节，在这一环节中，行政诉讼代理工作主要围绕行政诉讼各种判决的理由开展工作。需要根据法庭的判决和理由来进行审查，确定判决的正确性与合理性，力争为被代理人获得最理想的诉讼结果。

1. 一审诉讼各种判决及理由。

(1)维持判决。同时具备以下三个理由。

一是证据确凿。单个证据真实可靠，具有关联性；整体证据确实可靠，排除疑点。(行政诉讼中的证据包括：行政程序(中)的证据、认定相对人行为事实的证据、行政行为自身正当程序的证据和一审诉讼程序事实证据)

二是适用法律法规正确。主体合格，适用现行有效的法律，适用正确条款。

三是符合法定程序。符合步骤和顺序，符合形式，符合时限，符合行政程序的一般原则(先调查后作为)。

(2)撤销判决。以下六个理由，具备一个即可。

一是主要证据不足。

二是适用法律法规错误。

三是违反法定程序。

四是超越职权。

五是滥用职权。

六是明显不当的。

(3)履行判决。同时具备以下四个条件。

一是被告负有法定职责或给付义务。

二是被告对相对人的申请不予答复。

三是无正当理由不履行或迟延履行。

四是判决理由尚有异议。

(4)变更判决。

行政处罚明显不当,或者其他行政行为涉及对款额的确定,认定确有错误的。人民法院可变更判决。

(5)确认性判决。

一是确认无效。

二是确认违法。

2. 二审判决及理由。

(1)驳回请求,维持原判。

理由:一审判决认定事实清楚,适用法律法规正确。

补充:行政诉讼中的"事实",包括行政相对人的行为事实、行政行为的事实、一审认定事实。

(2)改判、撤销或变更。

原判决裁定认定事实错误或者适用法律、法规错误的,依法改判、撤销或者变更。

(3)发回重审。

原判决认定基本事实不清,证据不足的,发回原审法院重审,或者查清事实后改判;原判决遗漏当事人或者违法缺席判决等严重违反法定程序的,裁定撤销原判决,发回原审法院重审。

## 三、代理行政诉讼的种类

### (一)行政诉讼原告的代理

作为行政诉讼原告的代理人,要审查被告所作出的具体行政行为是否符合事实,适用法律是否得当。原告提出的诉讼请求有无针对性,这是依法维护行政诉讼原告合法权益最主要的方面。所以,诊所学生在代理时应着重进行以下工作。

第一,明确行政诉讼与民事诉讼、刑事诉讼的区别,掌握行政诉讼的特点。行政诉讼是由行政相对人提起的,而不是由行政主体提起的,行政机关始终是行政诉讼的被告。人民法院审理行政案件,只能审查行政机关做出的具体行政行为是否符合行政法及相关的法律规范。

第二,对案件事实的调查,是依法维护被代理人合法权益的关键。事实调查的方向主要是对行政机关做出的具体行政行为的事实和证据的收集。例如干扰他人正常生活被处以行政拘留处罚,那么据以作出行政拘留这一具体行政行为的事实,就须在行政诉讼中进行调查，其调查目的主要在于行为后果是否构成治安管理处罚法所规定的违法事实。

第三，注意对证据的审查和判断。对案件涉及的所有证据进行认真审查和判断，是代理人对证据的客观真实性、相关性和合法性的确认过程，其目的在于确认证据的证明力。审查证据的内容，包括对每个证据的审查判断，也包括对个别证据与全案证据相关性的判断。

对案件个别证据的审查判断，就是对每个证据材料进行具体分析判断。首先应分析证据的来源，包括证据的形成过程，收集证据的方法是否正确，证据的形成是否受主观、客观因素的影响，是否出于不良动机提供伪证，提供证据的证人是否因不良的心理因素提供不实的证据，收集证据的手段是否合法，证据的内容所反映的事实是否与案件有直接的联系，这些对案件的定性及对行政相对人的利益有决定性的作用。

对己方所有证据进行综合分析判断，特别要注意全案证据是否充分，是否构成一个完整统一的证据链，有无矛盾之处。如果证据之间出现与案件事实相矛盾的情况，应重点分析矛盾的焦点，从而找出解决矛盾的方法，最终达到矛盾的统一，使案件合理、合法。

第四，分类确定诉讼请求。目前的诉讼请求主要包括：撤销之诉、确认之诉、责令履行法定职责之诉、变更之诉、赔偿之诉。法律诊所师生在代理行政案件中应当正确提出诉讼请求，如果提出的诉讼请求超出了法律规定的范围，法院会驳回相应请求的，同时诉讼请求之间不能相互矛盾，避免因这类技术原因导致败诉。除此之外，还需要根据不同情况来确定行政诉讼请求的内容。行政机关做出具体行政行为，必须符合法律、法规规定的程序。行政机关做出的具体行政行为不应超越法定职权，行政机关的职权是由法律确定的。代理人应当分析案情做出不同的处理方式：一是对于属于行政机关滥用职权的行为，代理人应指出其违法性，在司法实践中，如代理人遇到该情况，应提请人民法院判决撤销行政机关的具体行政行为，依法维护原告人的合法权益；二是如果行政机关所做的具体行政行为，对原告的处罚明显不当，代理人应提请人民法院依法判决撤销并重新作出具体行政行为。

### （二）行政诉讼被告的代理

代理被告（行政机关）一方进行行政诉讼，应当努力维护被告做出的具体行政行为。代理被告应对行政诉讼的对策主要是准确提出答辩意见以及汇集、整理并提交证据。主要内容包括以下几个方面。

第一，在行政诉讼中，对有争议的具体行政行为，如果事实清楚、证据确凿、适用法律法规正确、程序合法、内容适当，应请求人民法院作出维持具体行政行为的判决。

第二，在行政诉讼过程中，如果发现已做出的具体行政行为不当，可在判决前自行更正和撤销具体行政行为。

第三,合法的当场处罚应予以维护,对这种当场处罚行为,如果需要有证人证言,在实践中不现实,所以对于那些案情简单,违法者承认事实的,符合当场处罚程序和条件的,人民法院应当支持这种当场处罚的具体行政行为。

### (三)行政赔偿诉讼的代理

行政赔偿诉讼中,原告方应就其提出的赔偿主张提供充足证据。行政赔偿诉讼不同于一般的行政诉讼,双方当事人之间已不是具体行政行为的合法性之争,而主要是行政赔偿问题。解决该问题,既要适用《中华人民共和国国家赔偿法》《行政诉讼法》的有关规定,又要适用民事法律的有关规定,因此,在确定损害的存在与否以及损害的范围和程度时,应当"谁主张,谁举证"。原告请求行政机关赔偿损失的,应举出证据证明以下事项:(1)损害事实的存在;(2)受损害的程度,即具体损失的数额及计算方法;(3)受损害的事实与被告的具体行政行为有因果关系;(4)在法定期限提起赔偿诉讼;(5)单独提起赔偿诉讼的,已经过行政机关先行处理。行政赔偿诉讼中,被告一般不负举证责任,只是在针对原告提出的主张和事实根据进行答辩并提出反驳时,才应举出相应证据加以证明。在一并提起的赔偿诉讼中,原告应承担证明因受被诉具体行政行为侵害而造成损失的事实的责任。

## 教学案例[①]

(一)案情简介

甲(女)因不满政府工作人员的答复而在某镇政府乱骂、哭闹、打滚,后被公安机关治安拘留10日。甲以程序违法、没有举行听证为由提起行政诉讼。9月24日,某县人民法院对该起备受关注的"民告官"案件做出一审宣判,判令驳回原告甲的诉讼请求,维持公安机关的行政处罚决定。

2011年6月12日上午9时许,甲与同村的乙一同到某镇政府询问拆迁补偿款事宜,因对拆迁有异议而与工作人员发生争执。由于对相关工作人员的答复不满意,甲、乙便在政府办公大楼内乱骂、哭闹,继而在地上乱滚、敲打办公室的门,不听他人劝阻,引起多人围观。

该镇政府领导见事态无法平息,便向公安机关报警。后某县公安局指派该镇派出所五名民警前去处理此事。在劝阻无效的情况下,民警将两人用警车带离现场至派出所内。在民警已做必要解释、没有限制甲人身自由的情况下,甲拒绝离开警车,继续在警车上哭闹,辱骂工作人员。后经镇政府领导、两人所在村委会领导及村邻对

① 张荣丽,2010. 诊所教育教学案例. 北京:中国政法大学出版社:133.

两人及其家属做工作，甲均不听劝阻，一直在警车上呆至6月13日中午。

6月13日下午，派出所依法对甲进行传唤，在询问、调查的基础上，报请某县公安局领导批准，于下午4时许宣布对甲治安拘留10日，并于当晚将甲送至某县看守所执行拘留。

拘留期满释放后，甲以自己未哄闹政府，是相关人员讲粗话并动手打她才引发该案，以某县公安局做出的行政处罚程序违反法律规定，未举行听证为由，向某县人民法院提起行政诉讼，请求判令撤销某县公安局的处罚决定并赔偿各种损失1000元。

某县人民法院审理后认为，原告甲因为自家拆迁款问题到某县某镇政府询问，在相关工作人员做了解释并答复后，应通过协商等合法途径解决。甲不听他人劝阻，在政府办公楼内乱骂、哭闹、打滚、拍门等行为，客观上扰乱了政府正常办公秩序。在民警到达现场劝阻后，本应停止自己的不当行为，但其不听劝阻。民警为制止其不当行为，平息事态，依职责将其带离现场到派出所，在做了必要解释，且并未限制其人身自由、多人劝说的情况下，甲仍执意坐在警车上至第二日中午。其行为客观上影响了派出所的正常工作，符合《中华人民共和国治安管理处罚法》的相关规定且情节较为严重，公安机关在询问、调查、依法审批后，对甲做出治安拘留10日的处罚决定并无不当。该行政处罚决定证据确凿、适用法律正确，符合法定程序，依法应当维持。

原告甲主张该处罚决定未举行听证程序，由于该行政处罚不符合《中华人民共和国行政处罚法》第42条规定的应当听证的行政处罚范围，其要求法院判决撤销该处罚决定的主张无相关事实和法律依据，依法不予支持。因该处罚决定不存在违法情形，故对原告甲要求按照《中华人民共和国国家赔偿法》相关规定赔偿各种损失1000元的诉讼请求依法不予支持。

（二）问题与思考

1. 本案为什么不以派出所为被告？

2. 如果本案原告改变诉讼要求，认为公安局做出的治安拘留10日的处罚决定明显不当，作为代理人，如何判断“明显不当”？

3. 如果在当时的确是相关工作人员讲粗话并动手打甲才引发此案，那么甲针对行政机关工作人员粗暴的工作态度和行为，可否提起行政诉讼？

4. 你认为限制人身自由的行政处罚是否应当适用听证程序？

（三）重要提示

《中华人民共和国行政处罚法》第42条规定，行政机关做出责令停产停业、吊销许可证或者执照、较大数额罚款等行政处罚决定前，应当告知当事人有要求举行听证的权利；当事人要求听证的，行政机关应当组织听证。《中华人民共和国治安管理处罚法》第98条规定，公安机关作出吊销许可证以及处2000元以上罚款的治安管理处罚决定前，应当告知违反治安管理行为人有权要求举行听证；违反治安管理行为人要求听证的，公安机关应当及时依法举行听证。

（四）规范指引

1.《中华人民共和国行政处罚法》

2.《中华人民共和国治安管理处罚法》

3.《中华人民共和国国家赔偿法》

## 第八节 走出诊所

诊所法律教育倡导“从实践和经验中学习法律知识和法律执业技能”，强调“以学生为本”的教学理念。其特点突出表现为注重培养学生的创造性思维，将所学的理论知识用于实践，帮助当事人解决实际问题。诊所法律教育作为现代法律教育的全新尝试，正不断推陈出新，不仅引领教学观念的巨大转变，同时也带来师生关系的重新定位。诊所法律教育正是在这样的理念指引下，将以学习方法的学习作为教学的主要内容（李傲，2004）。

诊所教育作为以培养和训练学生的实务能力为目标的教学模式，不仅要让学生熟悉诉讼活动的一般环节，还必须让学生真正参与到具体的法律服务活动中。在法律实务中，法律工作最需要有敬业精神和团队精神、心理素质良好、写作能力较强，以及语言表达能力、协调能力较强的高素质技能型人才。但并非所有法学专业学生都具备这些能力，因此，学生需要走出诊所直接参与各类社会实践活动，锻炼自己对法律知识的应用能力。

### 一、参与听证会立法调研

#### （一）参与听证会

听证制度是指政府组织在做出直接涉及公众或公民利益的公共决策时，听取利害关系人、社会各方及有关专家的意见以实现良好治理的一种必要的规范性程序设计（彭宗超等，2004）。由于目前我国听证制度尚未有法律明文规定的程序，仅是各地出台了相关行政规范性文件，故诊所学生作为第三人参与听证会的具体程序可以参照现行的这些相关规范性文件进行。此外，许多单位在发布听证通知时也规定了相应参与程序，诊所学生只需依据其所规定的程序参与听证会即可。诊所学生参与听证会，一方面提高了学生的社会责任感及社会生活参与度，另一方面，参与各种听证会还是让学生切身体验制度民主的一种方式，学生可以通过这种形式了解民主社会意见表达的合法途径。

### （二）立法调研

法律诊所可以接受当地省市人大、人民政府部门委托，对正在起草的地方法规与规章进行立法建议。一般情况下，立法调研应该包括以下程序：(1)对立法调研问题进行背景式讲解，针对调研主题确定调研对象，分小组进行实地调查；(2)各小组汇报调查情况，进行数据统计及相关信息分析；(3)讨论立法论证及提出立法建议。同时诊所学生在老师的指导下，进行立法调查、草案拟定、信息反馈和筹办、主持立法论证会议等，帮助当地市县人大、人民政府制定相关的地方法规和政府部门规章。在调研活动中，学生有机会接触社会，通过与民众的接触、立法资料的收集，及时发现社会问题的状况及影响，尝试站在立法者的角度思考解决问题。通过参与立法，影响立法的进程和决策，体验引导社会发展的成就感。

## 二、参与社区法律服务

法律诊所的宗旨是提高学生的实际动手和操作能力，诊所课程应立足于当地社区，通过普法宣传、法律咨询、义务法律培训等多种方式开展法律宣传与服务，在提升社会公众法律意识的同时，锻炼学生的宣教能力。一般而言，法律诊所针对社区的普法活动可以通过以下方式进行。

### （一）法律咨询

诊所课程通过各种渠道扩大对外宣传，服务于社区，为社区居民提供义务咨询和帮助。诊所学生在回答法律咨询的过程中，应本着对当事人负责的态度，耐心细致地回答当事人的问询，在法律咨询时，要注意以下几个问题：(1)如果咨询者提出的问题，现行的法律法规与政策均没有相应的规定，诊所学生应当在合法的前提下，积极思考，为咨询者出谋划策，力争找到最佳的解决问题的途径国；(2)如果咨询者情绪激动，试图以一些超常规的手段解决纠纷时，诊所学生应稳定咨询者的情绪，待其平静后向其分析利弊，为其做出正确的判断和决策；(3)现实生活中有些事情一时难以明确回答，诊所学生可以采取变通手段，征得对方同意，留下联系方式，待问题梳理清楚后，以电话、邮件等方式答复(王立民等，2004)。

### （二）普法讲座及义务法律培训

诊所学生积极深入社区、学校，通过举办法律讲座等形式进行普法宣传，向社区居民宣传与生活密切相关的法律，使其了解一些法律规定和法律知识，提高依法维护自己权利的法律意识。同时可以配合教师做一些相关的法律培训，以利于社区法律工作的展开(王立民等，2004)。

### (三)社区法律值班

诊所与社区或其他基层单位订立诊所学生法律值班制度，约定好法律值班日。这样学生可以利用课余时间，定期进社区或其他基层单位值班。通过各种形式的社区法律值班，可以了解社区的民情动态，维护社会安定，将诊所法律教育的社会价值辐射到社区中。

## 三、参与调查

参与调查是指诊所学生接受当事人的委托或老师的指派，就有关事项或内容向有关单位、个人进行调研、收集相关资料和信息的活动。实践中，诊所学生的调查范围十分广泛，既可以是在学校参与的课题研究，也可以是当事人委托其在法律范围内可以进行的调查取证活动。

以研究性调查为例，在调查中，诊所学生要首先明确调查目的和任务。只有明确了调查目的和任务，才能开展有的放矢的调查研究活动。实践中，我们可以把调查分为调查的准备、实施、总结及信息反馈、分析等阶段。具体可包括以下程序：(1)明确调查的目的，如果是学校参与的课题研究，就要与指派老师沟通好调研的对象、任务、范围；(2)围绕调查目的，设计调查方案、调查方式并制订调查计划；(3)按照调查方案实施调查计划，如分发问卷、个别访谈、焦点小组等；(4)对探访材料和收集到的信息进行审核和分析；(5)在信息资料分析的基础上撰写调查报告；(6)向项目委托人提交调查结果。

## 四、参与其他法律活动

开设法律诊所的法学院校大多与所在地区的基层政府机构或非政府组织、公益机构建立了密切的合作关系，同时也因学术交流的需要，开展与其他国家法学院校法律诊所的交流合作。例如复旦大学法律系与上海市司法局合作进行社会实践；中南财经政法大学法律诊所曾邀请美国哥伦比亚大学的法学院诊所教授来学校对学生进行培训；南京信息工程大学法律诊所邀请英国及意大利法学院著名教授对法律诊所进行指导，并与多家律所和社区建立了合作交流。

作为政府社会工作的一个重要补充，我国非政府组织近年来发展迅猛。一方面得益于我国经济持续不断发展，另一方面得益于社会公众法律意识的不断提高。各地高校的各类诊所也通过多种形式参与非政府组织的活动，已经成为社会公益事业的重要组成部分，为提高弱势群体的法律意识和社会地位、消除社会不平等、促进社会公平正义做出了独特的贡献。例如，清华大学法律诊所与北京市海淀区消费者协会开展合作，维护消费者合法权益；中华女子学院“妇女儿童权益法律诊所”与北京农家女文化发展中心的"打工妹之家"、学院周边社区等多家单位开展合作，围绕家政工、打工妹等女性弱势群体的从业及权益保护现状，以代理案件、合作调研、编写法律手册、法律咨询等方式，为这些组织提供法律帮助。苏州大学劳动法律诊所是由美国的国际劳工权利基金组织资助，依托苏州大学王健法学院所建立的集劳动法教学和劳动争议案件咨询代理为一体的法律服务机构，通过处理社会中真实的劳动纠纷案件来培养学生处理法律实务的能力，熟练接待当事人、分析案件、出庭代理等一系列流程。同时，"劳动法律诊所"为社会低收入劳动者提供法律援助，给弱势劳动者一个维权的法律武器。南京信息工程大学法律诊所通过与南京市江北各社区合作为南京特别是江北城郊居民以及流动人口提供法律援助，维护他们的合法权益。

正如莱斯利·P. 斯特弗等人在《教育中的建构主义》中提到的：真正的学习是在社会互动中，在冲突、混乱和惊慌中产生的。上述这些学生的实践活动走出了课堂中的诊所，与课堂中的诊所互相融合，共同构成法律诊所教学的内容。学生参与的社会实践活动也推动了诊所法律教育的本土化，学生将受益于这种教育方式，成长为真正的高层次复合型专业人才。

# 参考文献


阿·考夫曼,温·哈斯默尔,2002.当代法哲学和法律理论导论[M].郑永流,译.北京:法律出版社:495-496.

柏杰,2001.加入WTO对我国高等教育的影响与对策[J].高等教育研究,(5):66.

曹兴权,2009.商法案例教学模式的拓展探索[J].中国大学教学,(9):32.

曾宪义,2002.诊所法律教育在中国[M].北京:法律出版社.

曾宪义,张文显,2002.中国法学专业教育改革与发展战略研究[M].北京:高等教育出版社.

陈莉,2003.第二课堂活动与法学实践教学改革[J].中国农业教育,(5):37.

陈铁水,2006.法学本科教育改革的思考[J].云南大学学报法学版,(3):32.

大木雅夫,1999.比较法[M].范愉,译.北京:法律出版社:286.

戴安娜·特赖布,2006.法律谈判之道[M].高如华,译.北京:法律出版社:5.

邓建民,2006.论法学实践教学形式的完善和更新[J].西南民族大学学报(10):11.

刁维国,1989.教学过程的模式[J].教育探索,(2):19.

弗拉斯科纳X M,赫瑟林顿H李,2005.法律职业就是谈判——律师谈判制胜战略[M].高如华,译.北京:法律出版社.

郭成伟,2000.法学教育的现状与未来[M].北京:中国法制出版社.

韩赤风,2004.当代德国法学教育及其启示[J].比较法研究,(1):122-125.

何家弘,2000.证据调查实用教程[M].北京:中国人民大学出版社.

何克抗,1998.建构主义——革新传统教学的理论基础(下)[J].电化教育研究,(1):31.

何勤华,2002.外国法制史[M].上海:复旦大学出版社.

赫尔塔·多伊布勒—格梅林,2003.德国法学教育的新动向——国际化、调解和斡旋[J].中德法学论坛,(3):86-87.

胡雪梅,2013.法律诊所实用教程[M].厦门:厦门大学出版社:7.

胡中安,1997.辩护技巧与方略[M].北京:中央民族大学出版社:219.

霍宪丹,2002.法律职业的特征与法学教育的二元结构[J].中国高等教育,(7):10-11.

霍宪丹,2003.域外法律职业与法学教育丛书[M].北京:中国政法大学出版社.

霍宪丹,2006.法学教育的一个基本前提——试析法律职业的特殊性[J].华东政法学院学报,(1):49.

蒋志宏,刘朝晖,2006.论法律教学中的案例教学法[J].成都教育学院学报,(9):58-59.

拉里·特普利,2005.法律谈判[M].北京:法律出版社.

李傲,2004.互动教学法——诊所式法律教育[M].北京:法律出版社.
李嘉瑶,2001.教学与科研关系的困惑与思考[J].中国大学教学,(6):24.
李劲,2004.论法学教育对实践能力的培养[J].辽宁工学院学报,(2):103-104.
李林启,2011.高校法学专业实践教学探讨[J].中南林业科技大学学报(哲学社会科学版),(10):186-188.
刘洁辉,2007.构建法学专业实践教学模式的新思路[J].教育与职业,(9):105.
刘晓霞,2011.《模拟法庭》考核方法的创新[J].教育教学研究,(9):91-93.
刘毅,张陈果,2007.德国法学教育访谈[J].社会科学论坛,(3):99-107.
龙著华,2011.创新型法律人才培养目标下的法学实践教学[J].重庆电子工程职业学院学报,(1):81-84.
马万华,喻岳青,2002.目前大学教学改革中的一些实际问题[J].中国大学教学,(2):38.
莫筱梅,2001.多媒体技术在教学使用中的若干问题[J].兵团教育学院学报,(3):80-81.
彭宗超,薛谰,2004.听证制度[M].北京:清华大学出版社:2.
邵建东,2002.德国法学教育制度及其对我们的启示[J].法学论坛,(1):100-101.
宋方青,2001.中国近代法律教育探析[J].中国法学,(5):78.
孙晓楼,1997.法律教育[M].北京:中国政法大学出版社.
孙笑侠,1995.论法律与社会利益[J].中外法学,(4):56-58.
王晨光,陈建民,2007.实践性法律教学与法学教育改革[J].法学,(7):4-7.
王立民,牟逍媛,2004.诊所法律教育研究[M].上海交通大学出版社:213.
王贞会,2015.法律实证研究中的问卷设计与抽样调查[J].中国政法大学学报,(3):111.
吴恒山,1990.教学模式的理论价值及其实践意义[J].辽宁师大学报(社科版),(3):17-18.
吴长波,2011.法科学生专业实习的目标重塑和措施调整[J].安徽警官职业学院学报,(3):102-103.
颜运秋,2002.公益诉讼理念研究[M].北京:中国检察出版社:25.
杨海坤,2002.法学应用人才培养模式的反思与重构[M].北京:法律出版社.
姚国艳,2006.法学教育与社会需求矛盾分析[J].安庆师范学院社会科学版,(3):49.
张晓云,杨俊,2011.应用型人才培养目标下的法学实践教学研究[J].高等农业教育,(4):56-58.
赵相林,2002.对法学本科教育改革的几点思考[J].中国高等教育,(7):15-17.
甄贞,2002.诊所法律教育在中国[M].北京:法律出版社.
周世中,倪业群,等,2004.法学教育与法科学生实践能力的培养[M].北京:中国法制出版社.
周天玮,1999.法治理想国——苏格拉底与孟子的虚拟对话[M].北京:商务印书馆.
邹育理,2000.从美国的法律教育谈"判例教学法"[J].现代法学,(2):139-141.
Gills P,Fischer N,2007.2003年德国法学教育改革法——兼论德国新一轮法学教育改革论战[J].张陈果,译.司法改革论评:197-200.

# 附录　法律诊所工作规程

## 一、诊所值班制度

（一）值班原则：诊所值班实行轮流制，应减少与学校课程的冲突。

（二）值班时间：每周一到周五，每天上午 09:00—11:30，下午 14:00—17:30。

（三）值班人员职责

1. 按时值班，进行签到；

2. 着装整洁，佩戴诊所标志，坚守岗位；

3. 按时打扫诊所办公室、接待室卫生；

4. 做好接待前的准备工作，并依相关规定完成咨询、接待等工作。

## 二、接案与代理

### （一）接案

1. 当事人电话咨询的，应当及时在电话咨询表上做好记录，并为当事人提供相应的法律答复。若在电话中遇到疑难问题无法作答的，应予以记录，留下当事人的联系方式，便于回答。

2. 当事人来访的，接待人员应热情大方地予以接待，态度真诚，平等对待，耐心听取当事人的陈述，接待过程中首先应填写来访人员登记表，制作谈话笔录，接待人员和当事人应签名。（一般情况下，应当有两名诊所工作人员接待）

3. 对于当事人提出代理要求的，应当及时组织诊所人员与之接洽，根据代理案件的性质与内容，确定合适的人选进行代理，同时应当与当事人签订委托授权书。

4. 接案同学应自行组成小组，提前制订计划，进行小组讨论，形成初步意见，征求指导老师的意见。所接案件一般要求事实比较清楚，权利义务较为明确，复杂或者外地案件应当在征求教师意见之后决定是否受理。

(二)代理

诊所学生可以帮助符合法律援助条件的当事人起草起诉书、答辩状、赡养协议、遗嘱、离婚财产分割协议等法律文书,草拟法律文书应留复印件存档。援助对象为特定的弱势群体,包括老年人、妇女儿童、残疾人、农民工、下岗职工等。一般来说,代理的流程如下。

1. 立案

(1)诊所实行代理案件小组负责制。由诊所统一接受委托,按照所代理案件的性质,由诊所指导老师负责成立专门的办案小组并进行指导,并为每一个办案小组指定一名负责人。

(2)诊所代理案件的案源原则上应来源于咨询接待中的案件和诊所教师交办的案件。对于来咨询的当事人提出法律援助申请的,接待人员应当将当事人的证据材料复印件、请求法律援助的申请表、是否应予法律援助的意见书、当事人提交的其他证明材料提交诊所指导老师。经诊所指导老师讨论后认为符合法律援助条件的,由诊所做出接受当事人委托的决定。

(3)诊所决定接受案件后,对该案负责指导的老师应立即成立专门的办案小组,办案小组应当在一周内向当事人做询问笔录,由当事人陈述详细案情,并告之当事人诊所的工作范围及权限、告知当事人的权利义务、告之办案小组的联系方式以及告知当事人尽快向诊所预交诉讼中必要费用。负责该办案小组的老师应对办案小组进行监督以及提供必要的指导意见。

(4)接案后办案小组应集体讨论,分析案情,在一周内拟出办案计划和法律适用意见书,并交案件的指导老师批准;逾期未提交者,由指导老师视案情予以辅助,若不能完成,由指导老师另行组成办案小组负责该案。

(5)以上期限,因当事人的原因而不能遵守者,经案件的指导老师批准,可适当延长,但不得超过一周。

2. 办案

(1)各小组负责人负责安排组员的具体工作任务,协调各组员的工作量,保证各组员的实践机会。

(2)案件承办人员应慎重书写各类诉讼文书,要求格式规范、语言精练。需提交法院的文书必须经指导老师审阅签字。

(3)案件办理过程中做好每次活动的记录。

(4)小组需每半月向案件的指导老师交一份案情进展报告,但等待开庭等特殊情况下除外。

(5)案件承办人员应妥善保存卷宗。除确需使用卷宗的情形,并经指导老师批准外，不得擅自将卷宗带离诊所。

(6)出庭人员一般在案件调查结束后，由案件的指导老师和各组负责人视组员的工作表现确定，但有特殊情况的除外。

3. 办案经费管理

(1)办案所需经费由诊所统一收取、统一管理、统一支出，应按时做好记录并向学院报备。

(2)案件承办人员在办案前可向诊所预支一定费用，以后视支出状况再向诊所支取。

(3)案件承办人员应该及时向诊所老师汇报支出情况。要求报账时应项目清楚、票据齐全，并应在票据后注明时间、事件、支出人姓名并由支出人签字。

(4)案件承办人员外出办案一切从俭，应注意节省开支，不得浪费。交通以公共交通工具为主，住宿以经济型宾馆为主，餐费每人每餐以 15 元为标准。

4. 结案

(1)案件终结以取得有效判决书、裁定书、裁决书、调解协议、和解书为准。

(2)案件终结后，办案人员应该在一周内到诊所结清开支，并告之当事人到诊所结账。

(3)案件代理人要在取得有效判决书、裁定书、裁决书、调解协议、和解书后一周内写出结案报告。小组负责人将案卷材料连同结案报告整理后交存档，并备份提交给诊所。

(4)办案人员应该在结案后写办案心得。完成委托代理的案件应及时结案存档，包括纸质和电子文档。

## 三、诊所财务管理制度

1. 诊所财务采取专人负责，专款专用的原则。

2. 诊所设立三人组成的财务小组，对每笔支出明细登记，定期向成员公布，定期向负责人汇报。

3. 外出办案所花费用必须出具正式发票方可报销。报销范围为：外出办案的车费、文件复印费、电话费、误餐补助费及宣传所需费用等。

4. 诊所人员将报销的单据背书写明详细用途，经指导老师签字方可付款。

5. 诊所购置财物需登记，领用时填表领取，若有损坏，按价赔偿。

## 四、诊所日常管理制度

### (一)诊所信息管理制度

信息应保持公开和通畅，实现资源共享，但涉及当事人隐私、商业秘密等除外。

### (二)诊所人员管理制度

诊所日常事务实行小组负责制,每组设一名组长负责。值班老师对各组工作有监督和指导的权利。

### (三)诊所资料管理制度

图书不得随便外借,对其使用应限于办公室和接待室。应爱护图书,不得圈点,丢失图书应原价赔偿,用完后应放回原处。电脑与打印机等应用于诊所事务,存入资料应依相关要求进行,禁止存入非诊所事务信息资料。电话传真机应用于诊所事务,不得用于私人事务。

### (四)诊所档案管理制度

各类档案材料应按规定存放。值班过程中及值班结束应检查室内设备,确保完好,离开时应切断电源,关好门窗,保证案例,保持良好的值班秩序。